中華文化促進會主持編纂

國家“十一五”~“十四五”重點圖書出版規劃項目

中國社會科學院哲學社會科學創新工程學術出版資助項目

出品人 王石 段先念

今注本二十四史

後漢書

一〇 傳〔六〕

南朝宋 范曄 撰 唐 李賢等 注

卜憲群 周天游 主持校注

中國社會科學出版社

後漢書　卷三六

列傳第二十六

鄭興 子衆　范升　陳元　賈逵　張霸 子楷 楷子陵 陵弟玄

鄭興字少贛，河南開封人也。[1]少學《公羊春秋》。[2]晚善《左氏傳》，[3]遂積精深思，通達其旨，同學者皆師之。[4]天鳳中，[5]將門人從劉歆講正大義，[6]歆美興才，使撰條例、章句、傳詁，及校《三統歷》。[7]

[1]【今注】河南：郡名。治河南縣（今河南洛陽市東北）。開封：縣名。治所在今河南開封市。

[2]【今注】公羊春秋：即《春秋公羊傳》，《春秋》三傳之一。

[3]【今注】左氏傳：即《春秋左氏傳》，又稱《左氏春秋》。《春秋》三傳之一。

[4]【李賢注】《東觀記》曰："興從博士金子嚴爲《左氏春秋》。"

[5]【李賢注】王莽年也。【今注】天鳳：新莽年號（14—19）。

［6］【李賢注】《左氏》義也。【今注】劉歆：字子駿，沛（今江蘇沛縣）人。劉向之子。西漢古文經學家、目録學家。曾受詔與其父劉向領校群書。劉向死後，劉歆繼續領校書籍，編著《七略》，爲中國歷史上第一部圖書分類目録。王莽時爲國師。傳見《漢書》卷三六。

［7］【李賢注】《説文》曰："詁，訓古言也。"音古度反。《三統歷》，劉歆撰，謂夏、殷、周歷也。【今注】案，傳，大德本、殿本作"訓"。中華本校勘記云："注專釋'詁'字，引《説文》'詁，訓古言也'，似正文不作'訓詁'。下《賈逵傳》云'寫其傳詁'，亦當作'傳詁'之一證也。"　三統歷：即三正曆。西漢劉歆據太初曆而造。即夏正以建寅（正月）爲人統，商正以建丑（十二月）爲地統，周正以建子（十一月）爲天統。一説，三正指天地人之正道。

更始立，[1]以司直李松行丞相事，[2]先入長安，松以興爲長史，[3]令還奉迎遷都。更始諸將皆山東人，[4]咸勸留洛陽。興説更始曰："陛下起自荆楚，權政未施，[5]一朝建號，而山西雄桀争誅王莽，開關郊迎者，何也？[6]此天下同苦王氏虐政，而思高祖之舊德也。今久不撫之，臣恐百姓離心，盗賊復起矣。《春秋》書'齊小白入齊'，不稱侯，未朝廟故也。[7]今議者欲先定赤眉而後入關，[8]是不識其本而争其末，恐國家之守轉在函谷，[9]雖卧洛陽，庸得安枕乎？"[10]更始曰："朕西決矣。"拜興爲諫議大夫，[11]使安集關西及朔方、涼、益三州，[12]還拜涼州刺史。會天水有反者，[13]攻殺郡守，興坐免。

［1］【今注】更始：兩漢之際更始政權建立者劉玄，劉玄號更始將軍，被擁立爲天子，建元曰更始元年。

［2］【今注】司直：官名。西漢武帝元狩五年（前118）初置丞相司直，省稱司直，秩比二千石，掌佐丞相舉不法。

［3］【今注】長史：官名。戰國時置，秦、漢因之。爲所在官署掾屬之長，秩千石。

［4］【今注】山東：戰國、秦漢時稱崤山或華山以東地區爲山東，又稱關東。

［5］【李賢注】更始起南陽，南陽屬荆州，故曰荆楚也。

［6］【李賢注】山西謂陜山已西也。【今注】王莽：字巨君。孝元皇后之弟子。平帝即位，年僅九歲，元后以太皇太后臨朝稱制，以王莽爲大司馬，委政於莽，號安漢公。平帝死，以孺子嬰爲帝，王莽自稱攝皇帝。三年後自稱皇帝，改國號爲新。史稱王莽篡漢。公元9年至23年在位。傳見《漢書》卷九九。

［7］【李賢注】小白，齊桓公也。《春秋》“齊小白入于齊”。《公羊傳》曰：“曷爲以國氏？當國也。其言入何？篡辭也。”【今注】朝廟：諸侯逢每月初一至祖廟，殺羊致祭。

［8］【今注】赤眉：西漢末樊崇等領導的農民起義軍，因用赤色塗眉做記號，故稱赤眉。　關：指函谷關。

［9］【李賢注】言若不早都關中，有人先入，則國家鎮守轉在函谷也。

［10］【李賢注】庸，用也。

［11］【今注】諫議大夫：官名。秦置。專掌論議。西漢初廢，武帝時置諫大夫。東漢光武帝復置諫議大夫。秩六百石。掌侍從顧問、參諷謀議。名義上隸光禄勳。

［12］【今注】關西：地區名。亦稱關右。漢時泛指函谷關或潼關以西地區。　朔方：西漢武帝時所置十三刺史部之一，轄有朔方、五原、北地、上郡、西河五郡。　涼：涼州。西漢武帝時所置

十三刺史部之一，轄有隴西、天水、金城、安定、酒泉、敦煌、武威、張掖八郡。東漢時刺史治隴縣（今甘肅清水縣北）。　益：益州。西漢武帝時所置十三刺史部之一，轄有巴郡、蜀郡、漢中、廣漢、犍爲、牂牁、越嶲、益州等郡。

［13］【今注】天水：郡名。西漢武帝元鼎三年（前114）置，治平襄縣（今甘肅通渭縣）。東漢永平十七年（74）改爲漢陽郡，並移治冀縣（今甘肅甘谷縣南）。

時赤眉入關，東道不通，興乃西歸隗囂，[1]虚心禮請，[2]而興恥爲之屈，稱疾不起。[3]囂矜己自飾，常以爲西伯復作，[4]乃與諸將議自立爲王。興聞而説囂曰："《春秋傳》云：'口不道忠信之言爲嚚，耳不聽五聲之和爲聾。'[5]閒者諸將集會，無乃不道忠信之言；大將軍之聽，無乃阿而不察乎？昔文王承積德之緒，加之以睿聖，三分天下，尚服事殷。[6]及武王即位，八百諸侯不謀同會，皆曰'紂可伐矣'，武王以未知天命，還兵待時。[7]高祖征伐累年，[8]猶以沛公行師。今令德雖明，世無宗周之祚，威略雖振，未有高祖之功，而欲舉未可之事，昭速禍患，無乃不可乎？惟將軍察之。"囂竟不稱王。後遂廣置職位，以自尊高。興復止囂曰："夫中郎將、大中大夫、使持節官皆王者之器，[9]非人臣所當制也。孔子曰：'唯器與名，不可以假人。'[10]不可以假人者，亦不可以假於人也。無益於實，有損於名，非尊上之意也。"囂病之而止。[11]

［1］【今注】隗囂：字季孟，天水成紀（今甘肅静寧縣西南）

人。傳見本書卷一三。

［2］【今注】案，王先謙《後漢書集解》引劉攽曰："案文少一'囂'字。"

［3］【今注】案，王先謙《後漢書集解》引蘇輿曰："此疑非事實。興爲涼州刺史，囂爲西州將軍，已有僚屬之誼，豈有囂禮請而興反恥屈辱者。興自言以將軍僚屬歸身明德，幸蒙覆載之恩，得全性命云云，是興實自歸囂也。此殆其子孫以囂後敗爲之諱飾，而史仍之耳。"

［4］【李賢注】西伯，文王也。作，起也。

［5］【李賢注】《左傳》富辰諫周襄王之辭（見《左傳》僖公二十四年）。【今注】案，云，殿本作"曰"。

［6］【李賢注】《論語》孔子曰（殿本無"論語"二字）："三分天下有其二，以服事殷。"

［7］【李賢注】《史記》曰，武王觀兵孟津，諸侯不期而至者八百人（至，大德本、殿本作"會"，是），皆曰："紂可伐矣。"王曰："汝未知天命。"乃還師。後聞紂殺比干，囚箕子，乃告諸侯以伐之。故曰待時也。【今注】案，事見《史記》卷四《周本紀》。

［8］【今注】高祖：西漢高祖劉邦，公元前 206 年至前 195 年在位。紀見《史記》卷八、《漢書》卷一。

［9］【今注】中郎將：官名。秦、西漢爲中郎長官，秩比二千石，隸郎中令（光禄勳）。職掌宫禁宿衛，隨行護駕，協助郎中令（光禄勳）考核選拔郎官及從官，亦常奉詔出使。　大中大夫：官名。亦作太中大夫。秦、西漢初位居諸大夫之首。武帝太初元年（前 104）以後次於光禄大夫，秩比千石。掌顧問應對。案，大，紹興本、大德本、殿本作"太"，下文底本作"大"者，諸本多作"太"，不再一一出注説明。　使持節：官名。漢朝官吏奉旨出使，有的由皇帝授予節杖，提高其權威。

［10］【李賢注】《左傳》杜預注曰："器，車服；名，爵號也。"

［11］【李賢注】病猶難也。【今注】病：恨。

及囂遣子恂入侍，將行，興因恂求歸葬父母，囂不聽而徙興舍，益其秩禮。[1]興入見囂曰："前遭赤眉之亂，以將軍僚舊，故敢歸身明德。[2]幸蒙覆載之恩，[3]復得全其性命。興聞事親之道，生事之以禮，死葬之以禮，祭之以禮，奉以周旋，弗敢失墜。[4]今爲父母未葬，請乞骸骨，若以增秩徙舍，中更停留，是以親爲餌，[5]無禮甚矣。將軍焉用之！"囂曰："囂將不足留故邪？"興曰："將軍據七郡之地，[6]擁羌胡之衆，以戴本朝，德莫厚焉，威莫重焉。居則爲專命之使，入必爲鼎足之臣。[7]興，從俗者也，不敢深居屏處，因將軍求進，不患不達，因將軍求入，何患不親，此興之計不逆將軍者也。興業爲父母請，不可以已，願留妻子獨歸葬，將軍又何猜焉？"囂曰："幸甚。"促爲辨裝，遂令與妻子俱東。時建武六年也。[8]

［1］【今注】秩禮：俸禄。引申爲職位和品階。

［2］【李賢注】興嘗爲凉州刺史，囂爲西州將軍，故曰"僚舊"也。

［3］【今注】覆載：天覆地載。此指保護。

［4］【李賢注】周旋猶遵奉也（奉，大德本誤作"舉"）。《左傳》季文子曰"先大夫臧文仲教行父事君之禮，奉以周旋，弗敢失墜"也。（此句底本多漫漶不清，今據諸本補）【今注】

案，語出《左傳》文公十八年。

［5］【李賢注】猶釣餌也。

［6］【李賢注】七郡，天水、隴西、武威、張掖、酒泉、敦煌（敦，殿本作“燉”）、金城也。【今注】案，涼州之安定郡此時爲盧芳占據。

［7］【今注】鼎足：猶三公之臣。

［8］【今注】建武：東漢光武帝劉秀年號（25—56）。

侍御史杜林先與興同寓隴右，[1]乃薦之曰：“竊見河南鄭興，執義堅固，敦悦《詩》《書》，[2]好古博物，見疑不惑，有公孫僑、觀射父之德，[3]宜侍帷幄，典職機密。昔張仲在周，燕翼宣王，而詩人悦喜。[4]惟陛下留聽少察，以助萬分。”乃徵爲大中大夫。

［1］【今注】侍御史：官名。西漢時爲御史大夫屬官，秩六百石，掌受公卿奏事，監察文武官員等。王莽時改侍御史爲執法。東漢復舊，爲御史臺屬官，於糾彈本職之外，常奉命出使州郡，巡行風俗，督察軍旅，職權頗重。 杜林：字伯山，扶風茂陵（今陝西興平市東北）人。博洽多聞，時稱通儒。初從隗囂，後跟隨光武帝劉秀，爲侍御史。傳見本書卷二七。 隴右：地區名。泛指隴山以西地區，相當今甘肅隴山、六盤山以西，黄河以東一帶。

［2］【李賢注】《左傳》趙衰曰“臣亟聞郤縠之言矣，郤縠悦禮樂而敦《詩》《書》”也（衰，大德本誤作“襄”；郤，紹興本作“郤”，可從）。

［3］【李賢注】《左傳》，子產辨黄熊，晉侯聞之，曰：“博物君子也。”觀射父，楚大夫也，對楚昭王以重黎、羲和之事。見《國語》。【今注】公孫僑：名橋，字子產。鄭簡公時擔任執政，頗有政績。 觀射父：春秋楚國大夫。善於辭令，因賢能出衆，被譽

爲楚國的國寶。

[4]【李賢注】張仲，周宣王時賢臣也。燕，樂也。翼，敬也。《詩·小雅》曰："侯誰在矣，張仲孝友。"

明年三月晦，[1]日食。興因上疏曰：

[1]【今注】晦：陰曆每月的最後一天。

《春秋》以天反時爲災，地反物爲妖，人反德爲亂，亂則妖灾生。[1]往年以來，謫咎連見，[2]意者執事頗有闕焉。[3]案《春秋》"昭公十七年夏六月甲戌朔，日有食之"。[4]傳曰："日過分而未至，[5]三辰有灾，[6]於是百官降物，[7]君不舉，[8]避移時，[9]樂奏鼓，[10]祝用幣，[11]史用辭。"[12]今孟夏，[13]純乾用事，[14]陰氣未作，其灾尤重。夫國無善政，則謫見日月，變咎之來，不可不慎，其要在因人之心，擇人處位也。[15]堯知鮌不可用而用之者，[16]是屈己之明，因人之心也。齊桓反政而相管仲，晉文歸國而任郄縠者，是不私其私，擇人處位也。[17]今公卿大夫多舉漁陽大守郭伋可大司空者，[18]而不以時定，道路流言，咸曰"朝廷欲用功臣"，[19]功臣用則人位謬矣。[20]願陛下上師唐、虞，下覽齊、晉，以成屈己從衆之德，以濟群臣讓善之功。[21]

[1]【李賢注】《左傳》晉伯宗之辭。天反時爲灾謂寒暑易節

也。地反物爲妖謂群物失性也。【今注】反時：指氣候反常。　反物：指動植物失其本性。

［2］【今注】讁咎：變異、災禍。

［3］【今注】執事：古時指侍從左右供使令的人。舊時書信中常用以稱對方，謂不敢直陳，故向執事者陳述，表示尊敬。

［4］【李賢注】杜預注曰："於周爲六月，於夏爲四月，純陽用事，陰氣未動而侵陽也。"【今注】朔：陰曆每月初一。

［5］【李賢注】言過春分而未及夏至也。

［6］【李賢注】三辰，日、月、星也。

［7］【李賢注】降物，素服。

［8］【李賢注】不舉盛饌。【今注】不舉：指不進豐盛的菜餚。

［9］【李賢注】避正寢過日食時也。

［10］【李賢注】伐鼓（伐鼓，大德本作"奏鼓代鼓"）。【今注】案，奏，大德本作"用"。

［11］【李賢注】用幣於社。【今注】祝：祠廟中司祭禮的人。幣：繒帛。古時以束帛爲祭祀品。

［12］【李賢注】用辭以自責也。此以上皆《左傳》載魯大史答季平子之詞也（大，紹興本作"太"；史，大德本、殿本作"夫"）。【今注】史：史官。主掌祭祀和記事。

［13］【今注】孟夏：夏天第一個月，即陰曆四月。

［14］【今注】乾：卦名。這裏指陽氣。

［15］【李賢注】《左傳》晉士文伯曰"國無政，不用善，則自取讁于日月之災，故政不可不慎也。務三而已，一曰擇人，二曰因人，三曰從時"也。【今注】要：關鍵。　因：隨順，根據。

［16］【今注】案，鮌，紹興本作"鯀"。

［17］【李賢注】《史記》曰，桓公與兄子糾爭位，糾使管仲將兵遮道，射桓公鉤帶，及桓公即位，任政於管仲也。又晉文公自秦歸國，懷公故臣郄芮謀燒公宫，殺文公，宦者勃鞮告之，後

文公以郄縠爲中軍帥。縠即郄芮之族，文公不以爲讎而任焉，言唯賢是用，不私其私也。【今注】案，事分見《史記》卷三二《齊太公世家》、卷三九《晉世家》。　案，郄，紹興本作“郤”。下不出注。

［18］【今注】漁陽：郡名。治漁陽縣（今北京市懷柔區北房鎮梨園莊東）。　郭伋：字細侯，扶風茂陵（今陝西興平市東北）人。傳見本書卷三一。　大司空：官名。三公之一。西漢成帝綏和元年（前8）由御史大夫改名，秩萬石。哀帝建平二年（前5）復名御史大夫，元壽二年（前1）又名大司空，遂成定制。東漢初年因之，光武帝建武二十七年（51）去“大”字，改名司空。

［19］【今注】案，惠棟《後漢書補注》曰：“袁宏《紀》建武七年二月日蝕，是時宰相多以功舉，率由舊恩，天子勤吏治，俗頗苛刻，因是變也。”

［20］【今注】案，《資治通鑑》卷四二《漢紀》光武皇帝建武七年胡三省注云：“人不稱其位，位不宜其人也。”

［21］【李賢注】濟，成也。

夫日月交會，數應在朔，[1]而頃年日食，每多在晦。先時而合，皆月行疾也。日君象而月臣象，君亢急則臣下促迫，故行疾也。今年正月繁霜，自爾以來，率多寒日，[2]此亦急咎之罰。[3]天於賢聖之君，猶慈父之於孝子也，丁寧申戒，[4]欲其反政，[5]故災變仍見，此乃國之福也。今陛下高明而群臣惶促，宜留思柔剋之政，垂意《洪範》之法，[6]博採廣謀，納群下之策。

［1］【今注】數：理，道理。

[2]【李賢注】正月，夏之四月。

[3]【李賢注】《書》曰："急恒寒若。"【今注】案，惠棟《後漢書補注》曰："《尚書大傳》云聽之不聽，是謂不謀，厥咎急厥，罰恒寒。"

[4]【今注】丁寧：同"叮嚀"。

[5]【今注】反政：歸於正道。

[6]【李賢注】剋，能也。柔剋謂和柔而能立事也。《尚書·洪範》曰："高明柔剋。"（此段李賢注底本多漫漶不清，今據諸本補）【今注】洪範：《尚書》篇名。

書奏，多有所納。

帝嘗問興郊祀事，曰："吾欲以讖斷之，[1]何如？"興對曰："臣不爲讖。"帝怒曰："卿之不爲讖，非之邪？"興惶恐曰："臣於書有所未學，而無所非也。"帝意乃解。興數言政事，依經守義，文章温雅，然以不善讖故不能任。

[1]【今注】讖：即讖書或圖讖。一種宣揚神學迷信的隱語或寓言，以此作爲吉凶的符應或徵兆。

九年，使監征南、積弩營於津鄉，[1]會征南將軍岑彭爲刺客所殺，[2]興領其營，遂與大司馬吴漢俱擊公孫述。[3]述死，詔興留屯成都。[4]頃之，侍御史舉奏興奉使私買奴婢，坐左轉蓮勺令。[5]是時喪亂之餘，郡縣殘荒，[6]興方欲築城郭，修禮教以化之，會以事免。

[1]【李賢注】征南將軍岑彭、積弩將軍傅俊屯津鄉，以拒

公孫述。津鄉在今荆州也。【今注】征南：征南將軍。雜號將軍名。掌征伐或鎮守，秩二千石，四征將軍之一。　積弩：積弩將軍。雜號將軍名。掌征伐。　津鄉：在今湖北荆州市荆州區故江陵縣城東。

［2］【今注】岑彭：字君然，南陽棘陽（今河南新野縣東北）人。傳見本書卷一七。

［3］【今注】大司馬：官名。《周禮》中所載的夏官之長，掌武事。漢初承秦制，以太尉爲武官之長，且亦不常置，更不設大司馬一職。西漢武帝於元狩四年（前119）漠北大捷後，設大司馬爲加官，分别封衛青、霍去病。自霍光封大司馬大將軍之後，此職乃成爲常置固定之職，内朝官之領袖。成帝時改官制，又以此職比附漢初之太尉，成爲三公之一。　吴漢：字子顔，南陽宛（今河南南陽市卧龍區）人。傳見本書卷一八。　公孫述：字子陽，扶風茂陵（今陝西興平市東北）人。曾自立爲蜀王，進稱天子。傳見本書卷一三。

［4］【今注】成都：縣名。治所在今四川成都市。

［5］【李賢注】蓮勺，縣，屬左馮翊，故城在今同州下邽縣東北（邽，大德本誤作“邳”）。蓮音輦，勺音酌。【今注】左轉：猶左遷，指降職。　蓮勺：縣名。治所在今陝西渭南市東北來化鎮村。

［6］【今注】案，殘荒，大德本作“荒殘”。

興好古學，尤明《左氏》《周官》，[1]長於歷數，自杜林、桓譚、衛宏之屬，[2]莫不斟酌焉。[3]世言《左氏》者多祖於興，[4]而賈逵自傳其父業，故有鄭、賈之學。興去蓮勺，後遂不復仕，客授閿鄉，[5]三公連辟不肯應，卒于家。子衆。

［1］【今注】案，惠棟《後漢書補注》曰：“《左氏》見上。《經典序録》云王莽時劉歆爲國師，始建立《周官經》，以爲《周禮》。河南緱氏杜子春受業於歆，還家以教門徒。好學之士鄭興父子等多往師之。案，今康成所注《周禮》多引子春及二鄭之説。”

［2］【今注】桓譚：字君山，沛國相（今安徽濉溪縣西北）人。能文章，尤好古學。傳見本書卷二八上。　衛宏：字敬仲。少與河南鄭興俱好古學。傳見本書卷七九下。

［3］【李賢注】斟酌謂取其意指也。

［4］【今注】案，殿本無“於”字。

［5］【李賢注】闅音聞，古字也，建安中改作“聞”。【今注】闅鄉：在今河南靈寶市西北。案，王先謙《後漢書集解》引沈欽韓曰：“《説文》闅，低目視也。弘農湖縣有闅鄉。《廣韻》闅俗作閺。《前書》孟康注，古閺字從門中旻，建安中正改作聞。蓋建安中改作閺，非聞也。此注亦誤爲聞。”

衆字仲師。年十二，從父受《左氏春秋》，精力於學，明《三統歷》，作《春秋難記條例》，[1]兼通《易》《詩》，知名於世。建武中，皇大子及山陽王荆，[2]因虎賁中郎將梁松以縑帛聘請衆，[3]欲爲通義，[4]引籍出入殿中。[5]衆謂松曰：“大子儲君，[6]無外交之義，[7]漢有舊防，[8]蕃王不宜私通賓客。”遂辭不受。松復風衆以“長者意，不可逆”。衆曰：“犯禁觸罪，不如守正而死。”大子及荆聞而奇之，亦不强也。及梁氏事敗，[9]賓客多坐之，唯衆不染於辭。[10]

［1］【今注】案，惠棟《後漢書補注》曰：“《經籍志》鄭衆《春秋左氏傳條例》九卷。”王先謙《後漢書集解》引沈欽韓曰：

"《公羊》疏云衆作《長儀》十九條十七事，專論《公羊》之短，《左氏》之長。"

［2］【今注】皇大子：大，大德本、殿本作"太"，此應作"太"。下文同，不再出注。皇太子，指東漢明帝劉莊。建武十九年(43)，立爲皇太子。紀見本書卷二。　山陽王荆：指劉荆，明帝同母弟。傳見本書卷四二。

［3］【今注】虎賁中郎將：官名。漢置，爲光禄勳屬官，俸比二千石，掌虎賁宿衛，光武帝、明帝時常以侍中兼領之，其後多以貴戚充任，或領兵出征。　梁松：字伯孫，安定烏氏（今寧夏固原市東南）人。尚光武女舞陰長公主。傳見本書卷三四。

［4］【今注】案，沈欽韓《後漢書疏證》卷三曰："《光武十王傳》沛獻王輔作《五經論》，時號之曰《沛王通論》。通義亦此類，如《白虎通義》是也。"

［5］【今注】引籍：引人和門籍。漢制，宫門有禁，無引人及門籍者不得妄入。引人，即門使。籍，用三尺竹牒，記載出入者的年齡、姓名、相貌，懸於宫門，以備查對。經核對無誤，方始入内。

［6］【今注】儲君：副主，指皇太子。

［7］【今注】外交：與宫外人來往。

［8］【今注】案，惠棟《後漢書補注》曰："王幼學云：防謂漢家舊制也，防通作坊。《禮記經解》云，以舊坊爲無所用而壞之者，坊音房，本又作防。"

［9］【李賢注】梁松坐懸飛書誹謗下獄死，事見《梁統傳》也。(此句李賢注底本漫漶不清，今據諸本補)

［10］【今注】染：牽連。

永平初，[1]辟司空府，以明經給事中，[2]再遷越騎司馬，[3]復留給事中。是時北匈奴遣使求和親。八年，顯宗遣衆持節使匈奴。[4]衆至北庭，[5]虜欲令拜，衆不爲屈。單于大怒，圍守閉之，不與水火，欲脅服衆。衆拔刀自誓，單于恐而止，乃更發使隨衆還京師。朝議復欲遣使報之，[6]衆上疏諫曰："臣伏聞北單于所以要致漢使者，欲以離南單于之衆，堅三十六國之心也。又當揚漢和親，誇示鄰敵，[7]令西域欲歸化者局足狐疑，[8]懷土之人絶望中國耳。漢使既到，便偃蹇自信。[9]若復遣之，虜必自謂得謀，其群臣駁議者不敢復言。[10]如是，南庭動摇，烏桓有離心矣。[11]南單于久居漢地，具知形埶，萬分離析，旋爲邊害。今幸有度遼之衆揚威北垂，雖勿報答，不敢爲患。"[12]帝不從，復遣衆。衆因上言："臣前奉使不爲匈奴拜，單于恚恨，故遣兵圍臣。今復銜命，[13]必見陵折。臣誠不忍持大漢節對氈裘獨拜。[14]如令匈奴遂能服臣，將有損大漢之强。"帝不聽，衆不得已，既行，在路連上書固争之。詔切責衆，追還繫廷尉，會赦歸家。

[1]【今注】永平：東漢明帝劉莊年號（58—75）。

[2]【今注】給事中：官名。秦朝始置，漢因之。爲列侯、將軍、九卿、謁者、博士、議郎等之加官。職掌侍從皇帝左右，備顧問應對等事。

[3]【李賢注】《漢官儀》曰"越騎司馬一人，秩千石"也。（此句李賢注底本漫漶不清，今據諸本補）

[4]【今注】顯宗：東漢明帝劉莊，公元57年至75年在位。顯宗爲其廟號。紀見本書卷二。

[5]【今注】北庭：東漢光武帝建武二十四年（48）匈奴分爲

南北，北單于王庭稱北庭。在今蒙古國烏蘭巴托市。

［6］【今注】案，復欲，大德本、殿本作“欲復”，可從。

［7］【今注】案，誇，大德本作“誨”。

［8］【李賢注】武帝開通西域，本三十六國。【今注】案，《資治通鑑》卷四五《漢紀》明帝永平八年胡三省注云：“武帝開通西域，本三十六國，余謂堅其心者欲使之專附匈奴。”又，足，殿本作“促”，可從。

［9］【李賢注】信音申。【今注】偃蹇：傲慢。 信：通“申”，伸展。

［10］【李賢注】駮議謂勸單于歸漢。【今注】駮議：規勸。

［11］【今注】烏桓：本東胡也。漢初，匈奴冒頓滅其國，餘類保烏桓山，因以爲號焉。傳見本書卷九〇。

［12］【李賢注】明帝八年，初置度遼將軍，屯五原曼柏。

［13］【今注】銜命：奉命。

［14］【今注】氈裘：匈奴人的服裝，此代指匈奴君主。

其後帝見匈奴來者，問衆與單于争禮之狀，皆言匈奴中傳衆意氣壯勇，雖蘇武不過。[1]乃復召衆爲軍司馬，[2]使與虎賁中郎將馬廖擊車師。[3]至敦煌，[4]拜爲中郎將，使護西域。[5]會匈奴脅車師，圍戊己校尉，[6]衆發兵救之。遷武威大守，[7]謹修邊備，虜不敢犯。遷左馮翊，[8]政有名迹。

［1］【今注】蘇武：字子卿。西漢武帝天漢元年（前100）奉命出使匈奴，結果被扣近二十年。他心懷漢室，雖遭多方威逼利誘，終不屈服。昭帝始元六年（前81），漢匈和好，蘇武纔被放歸漢朝。傳見《漢書》卷五四。

［2］【今注】軍司馬：官名。漢置，位在部校尉、校尉、將兵長史之下，秩比千石，掌領兵。

［3］【今注】馬廖：字敬平，扶風茂陵（今陝西興平市東北）人。馬援之子。傳見本書卷二四。　車師：漢西域國名。在今新疆烏魯木齊市、吐魯番市一帶。傳見本書卷八八。

［4］【今注】敦煌：郡名。西漢武帝元鼎六年（前111）分酒泉郡置，治敦煌縣（今甘肅敦煌市西）。

［5］【今注】護：監領。

［6］【今注】戊己校尉：官名。西漢元帝初元元年（前48）始置，掌管屯田事務，治所在車師前王庭，隸西域都護，單獨設府，有丞、司馬、候等屬官。所領吏士亦任征伐。秩比二千石。新莽至東漢初或置或省。東漢明帝永平十七年（74）復置二員，一屯車師後王部金蒲城，一屯車師前王部柳中城，相去千餘里。後或置或罷。

［7］【今注】武威：郡名。治姑臧縣（今甘肅武威市）。

［8］【今注】左馮翊：西漢武帝時改左内史置。《漢書·百官公卿表上》注："馮，輔也。翊，佐也。"職掌相當於郡太守，轄區相當於一郡。

建初六年，[1]代鄧彪爲大司農。[2]是時肅宗議復鹽鐵官，衆諫以爲不可。[3]詔數切責，至被奏劾，衆執之不移。帝不從。在位以清正稱。其後受詔作《春秋删》十九篇。八年，卒官。

［1］【今注】建初：東漢章帝劉炟年號（76—84）。

［2］【今注】鄧彪：字智伯，南陽新野（今河南新野縣）人。傳見本書卷四四。

［3］【李賢注】武帝時國用不足，乃賣鹽鐵，置官以主之。

昭帝罷之，今議欲復之。【今注】肅宗：東漢章帝劉炟，公元 75 年至 88 年在位。紀見本書卷三。

子安世，亦傳家業，爲長樂、未央厩令。[1] 延光中，[2] 安帝廢大子爲濟陰王，[3] 安世與大常桓焉、大僕來歷等共正議諫争。[4] 及順帝立，[5] 安世已卒，追賜錢帛，除子亮爲郎。衆曾孫公業，[6] 自有傳。

［1］【李賢注】《續漢志》曰："厩令一人，秩六百石。"【今注】長樂：長樂宫。本秦之興樂宫。西漢高祖五年（前 202）重加擴建，改名長樂宫。在今陝西西安市西北、漢長安城東隅。　未央：未央宫。漢正宫。在秦章臺基礎上修建，位於漢長安城地勢最高西南角龍首原上，因在長安城安門大街之西，又稱西宫。參見李毓芳《漢長安城未央宫的考古發掘與研究》（《文博》1995 年第 3 期）、陳蘇鎮《未央宫四殿考》（《歷史研究》2016 年第 5 期）。

［2］【今注】延光：東漢安帝劉祜年號（122—125）。

［3］【今注】安帝：東漢安帝劉祜，公元 106 年至 125 年在位。紀見本書卷五。　大子：大，諸本皆作"太"。太子，即東漢安帝劉祜長子劉保。中常侍江京與安帝乳母王聖等陷害順帝（時爲皇太子），廢爲濟陰王。後中黄門孫程等人斬殺江京等，迎濟陰王即皇帝位。安帝乳母被流放到雁門。事見本書卷六《順帝紀》。

［4］【今注】桓焉：字叔元，沛郡龍亢（今安徽懷遠縣西北）人。永寧中，順帝立爲皇太子，以焉爲太子少傅、太子太傅。拜光禄大夫，遷太常。時廢皇太子爲濟陰王，焉與太僕來歷、廷尉張晧諫，不能得。傳見本書卷三七。　來歷：字伯珍，南陽新野（今河南新野縣）人。其母爲顯宗女武安公主。延光元年（122），尊歷母爲長公主。二年，遷歷爲太僕。傳見本書卷一五。

［5］【今注】順帝：東漢順帝劉保，公元 125 年至 144 年在位。

紀見本書卷六。

［6］【今注】公業：即鄭太，字公業，河南開封（今河南開封市祥符區西南）人。傳見本書卷七〇。

范升字辯卿，代郡人也。[1]少孤，依外家居。九歲通《論語》《孝經》，及長，習《梁丘易》《老子》，教授後生。[2]

［1］【今注】代郡：治代縣（今河北蔚縣東北）。

［2］【李賢注】宣帝時梁丘賀之《易》也。【今注】梁丘易：梁丘賀所傳授之《易》。梁丘賀，字長翁。西漢宣帝時，從太中大夫京房受《易》。傳見《漢書》卷八八。

王莽大司空王邑辟升爲議曹史。[1]時莽頻發兵役，徵賦繁興，升乃奏記邑曰："升聞子以人不間於其父母爲孝，臣以下不非其君上爲忠。[2]今衆人咸稱朝聖，皆曰公明。蓋明者無不見，聖者無不聞。今天下之事，昭昭於日月，震震於雷霆，而朝云不見，公云不聞，則元元焉所呼天？公以爲是而不言，則過小矣；知而從令，則過大矣。二者於公無可以免，宜乎天下歸怨於公矣。朝以遠者不服爲至念，升以近者不悦爲重憂。[3]今動與時戾，事與道反，馳騖覆車之轍，探湯敗事之後，[4]後出益可怪，晚發愈可懼耳。方春歲首，而動發遠役，藜藿不充，[5]田荒不耕，穀價騰躍，斛至數千，吏人陷於湯火之中，非國家之人也。如此，則胡、貊守關，[6]青、徐之寇在於帷帳矣。[7]升有一言，可以解天下倒縣，[8]免元元之急，不可書傳，願蒙引見，極陳所懷。”邑雖然其言，而竟不用。升稱病乞身，邑不聽，令乘傳使上黨。[9]升遂與漢兵會，因留不還。

[1]【今注】王邑：王商之子，與王莽爲堂兄弟。　議曹史：官名。又稱議曹從事史。州郡的佐吏。掌參與謀議。

[2]【李賢注】《論語》孔子曰（殿本無“孔子”二字）：“孝哉閔子騫，人不間於其父母兄弟之言（兄，大德本、殿本作‘昆’，是）。”間，非也。言子騫之孝，化其父母兄弟，言人無非之者。忠臣事君，有過即諫。在下無有非君者，是忠臣也。【今注】案，王先謙《後漢書集解》引錢大昕曰：“《漢書》杜鄴對策言，孔子善閔子騫守禮，不苟從親，所行無非理者，故無可間也。范升説與鄴略同。蓋漢儒相承古義。”

[3]【今注】案，《資治通鑑》卷三八《漢紀》王莽天鳳六年胡三省注云：“遠者不服，謂四夷也；近者不悦，謂人心不便於莽之法令也。”

[4]【李賢注】賈誼曰：“前車覆，後車誡。”《論語》曰：“見不善如探湯。”

[5]【今注】藜藿：野菜。案，藿，殿本作“霍”。

[6]【今注】貊：古代北方少數民族名。案，王先謙《後漢書集解》引劉攽曰：“胡貊守關。案關當作闕，方喻迫近，不當云關。”

[7]【李賢注】王莽時，青徐二部爲寇（部，殿本誤作“郡”），號“青徐賊”。

[8]【今注】倒縣：即倒懸。比喻處境極困苦危急。案，縣，大德本、殿本作“懸”。

[9]【今注】乘傳：乘坐驛站的傳車。　上黨：郡名。治長子縣（今山西長子縣西南）。東漢末移治壺關（今山西長治市北）。

建武二年，光武徵詣懷宫，拜議郎，[1]遷博士，[2]上疏讓曰："臣與博士梁恭、山陽大守吕羌俱修《梁丘易》。二臣年並耆艾，[3]經學深明，而臣不以時退，與恭並立，深知羌學，又不能達，[4]慚負二老，無顔於世。誦而不行，知而不言，不可開口以爲人師，願推博士以避恭、羌。"帝不許，然由是重之，數詔引見，每有大議，輒見訪問。

[1]【今注】議郎：官名。秦置，漢因之，屬光禄勳（郎中令），徵賢良之士任之，俸六百石，掌顧問應對，無常事，唯詔命所使。

[2]【今注】博士：官名。秦置，漢因之，隸屬九卿之一奉常（太常）。西漢武帝罷黜百家之前，博士治各家之學，其後乃專立儒學一家。掌議政、制禮、藏書、顧問及教授經學、考核人才、奉命出使等。初秩比四百石，後升比六百石。東漢以降，議政職能逐漸削弱。

[3]【今注】耆艾：古稱六十歲爲耆，五十歲爲艾。

[4]【李賢注】達，進也。

時尚書令韓歆上疏，[1]欲爲《費氏易》《左氏春秋》立博士，[2]詔下其議。四年正月，朝公卿、大夫、博士，見於雲臺。[3]帝曰："范博士可前平説。"[4]升起對曰："《左氏》不祖孔子，而出於丘明，師徒相傳，又無其人，且非先帝所存，無因得立。"[5]遂與韓歆及大中大夫許淑等互相辯難，日中乃罷。升退而奏曰："臣聞主不稽古，無以承天；臣不述舊，無以奉君。陛下愍學微缺，勞心經蓺，情存博聞，故異端競進。近有司請置《京氏易》博士，[6]群下執事，莫能據正。《京氏》既立，《費氏》怨望，《左氏春秋》復以比類，亦希置立。《京》《費》已行，次復《高氏》，[7]《春秋》之家，又有《騶》《夾》。[8]如令《左氏》《費氏》得置博士，《高氏》《騶》《夾》，五經奇異，並復求立，各有所執，乖戾分争，從之則失道，不從則失人，將恐陛下必有猒倦之聽。孔子曰：'博學約之，弗叛矣夫。'[9]夫學而不約，必叛道也。顏淵曰：'博我以文，約我以禮。'孔子可謂知教，顏淵可謂善學矣。老子曰：'學道日損。'損猶約也。又曰：'絶學無憂。'絶末學也。[10]今《費》《左》二學，無有本師，而多反異，[11]先帝前世，有疑於此，故《京氏》雖立，輒復見廢。疑道不可由，疑事不可行。《詩》《書》之作，其來已久。孔子尚周流遊觀，至于知命，自衛反魯，乃正《雅》《頌》。[12]今陛下草創天下，紀綱未定，雖設學官，無有弟子，《詩》《書》不講，禮樂不修，奏立《左》《費》，非政急務。孔子曰：'攻乎異端，斯害也已。'[13]傳曰：'聞疑傳疑，聞信傳信，而堯舜之道存。'[14]願陛下疑先帝之所疑，信先帝之所信，以示反本，明不專己。天下之事所以異者，以不一本也。《易》曰：'天下之動，貞夫一也。'[15]又曰：'正其本，萬事理。'[16]《五經》之本自孔子始，謹奏《左氏》之失凡十四事。"時難者以太史公多引《左氏》，升又上太史公違戾《五經》，謬孔子言，及《左氏春秋》

不可録三十一事。詔以下博士。

［1］【今注】尚書令：官名。秦、西漢爲尚書署長官，掌收發文書，隸少府，初秩六百石。武帝之後，職權稍重，爲宫廷機要官員，升秩千石。東漢爲尚書臺長官，兼具宫官、朝官職能。秩位雖低，但總領政務。如以公任其職，增秩至二千石。　韓歆：字翁君，南陽（今河南南陽市）人。好直言。東漢光武帝建武十三年（37），沛郡太守韓歆爲大司徒。建武十五年，大司徒韓歆坐非帝讀隗囂書而被免，後不得已與子自殺。事見本書卷二六《侯霸傳》。

［2］【李賢注】費直字長翁，善《易》，長於卦筮，見《前書》（此句李賢注漫漶不清，今據諸本補）。【今注】費氏易：西漢古文易學“費氏易”開創者費直解説的《易》學。費直，字長翁。治《易》爲郎，長於卦筮，無章句，徒以彖象繫辭十篇文言解説上下經。傳見《漢書》卷八八。

［3］【今注】雲臺：在今河南洛陽市東北漢魏故城中。漢築於南宫，以其高起於雲，故曰雲臺。

［4］【今注】案，惠棟《後漢書補注》曰：“王充云《春秋》爲漢制法，《論衡》爲漢平説。平説者，謂平其然否。而下説猶平奏、平署之類也。”

［5］【今注】案，惠棟《後漢書補注》云：“此則傳《左氏》者非遂無人。但漢人傳經各守師説，謂之家學。《左氏》自漢元以來，不立學官，傳者絶少，故升謂無其人也。”存，問，闕注。

［6］【今注】京氏易：即《京氏易傳》。西漢今文易學“京氏易”開創者京房所撰。京房，傳見《漢書》卷八八。

［7］【李賢注】沛人高相善《易》，與費直同時，見《前書》。【今注】高氏：高相所傳授之《易》。高相，沛人。治《易》與費公同時，其學亦無章句，專説陰陽災異，未立於學官。傳見《漢書》卷八八。

［8］【李賢注】《前書》曰，《騶氏》無師，《夾氏》未有其書也（有，大德本、殿本作“知”，是）。【今注】案，《漢書·藝文志》載“故《春秋》分爲五”，韋昭曰：“謂《左氏》《公羊》《穀梁》《鄒氏》《夾氏》也。”又載“《鄒氏傳》十一卷。《夾氏傳》十一卷（有録無書）”。又案，阮孝緒《七録》云，建武中鄒夾氏皆絶。

［9］【李賢注】《論語》孔子之言。弗叛言不違道也（叛，殿本作“畔”）。

［10］【今注】末學：指没有本源的膚淺的學説。

［11］【今注】案，惠棟《後漢書補注》曰：“王伯厚述晁氏云，先儒謂費直專以彖象文言參解易爻。以彖象文言雜入卦中者，自費氏始，故云反異也。”

［12］【李賢注】孔子以魯哀公十一年自衛還魯。是時道衰樂廢，孔子來還，乃正之，故《雅》《頌》各得其所。見《史記》。（此段李賢注底本漫漶不清，今據諸本補）

［13］【李賢注】政猶習也（政，紹興本、大德本、殿本作“攻”，是）。異端謂奇技也。【今注】案，惠棟《後漢書補注》曰：“何晏云：‘攻，治也。善道有統，故殊塗而同歸。異端不同歸也。’何若瑶曰：‘《鄭玄傳》競設異端，百家互起。’訓奇技，非。”

［14］【李賢注】《穀梁傳》曰：“信以傳信，疑以傳疑。”《公羊傳》曰：“君子曷爲《春秋》？樂堯舜之道也。”

［15］【李賢注】《易·下繫》之文也。

［16］【李賢注】今《易》無此文也。

後升爲出妻所告，[1]坐繫，得出，[2]還鄉里。永平中，爲聊城令，[3]坐事免，卒於家。

[1]【今注】出妻：古指離棄妻子。

[2]【今注】案，此事又見本書卷七九上《楊政傳》。

[3]【今注】聊城：縣名。治所在今山東聊城市西北。

陳元字長孫，蒼梧廣信人也。[1]父欽，習《左氏春秋》，事黎陽賈護，與劉歆同時而別自名家。[2]王莽從欽受《左氏》學，以欽爲猒難將軍。[3]元少傳父業，爲之訓詁，鋭精覃思，至不與鄉里通。以父任爲郎。

[1]【李賢注】廣信故城在今梧州蒼梧縣。【今注】蒼梧：郡名。治廣信縣（今廣西梧州市）。　廣信：縣名。治所在今廣西梧州市。

[2]【李賢注】元父欽，字子佚。以《左氏》授王莽，自名《陳氏春秋》，故曰别也。賈護字季君。並見《前書》也。【今注】欽：陳欽。字子佚。從賈護受《左氏春秋》。王莽時，爲猒難將軍，在雲中防禦匈奴。後引言誅殺匈奴單于侍子而入獄，被迫自殺。事見《漢書》九九中《王莽傳中》。案，許慎《五經異義》引奉德侯陳欽説《春秋》。　黎陽：縣名。西漢置，屬魏郡。治所在今河南浚縣東。　賈護：字季君，西漢哀帝時待詔爲郎。胡常授黎陽賈護，賈護授蒼梧陳欽。參見《漢書》卷八八《儒林傳》。

[3]【李賢注】猒，一葉反。

建武初，元與桓譚、杜林、鄭興俱爲學者所宗。[1]時議欲立《左氏傳》博士，范升奏以爲《左氏》淺末，不宜立。元聞之，乃詣闕上疏曰：

[1]【今注】宗：推崇。

陛下撥亂反正，文武並用，[1]深愍經蓺謬雜，真僞錯亂，每臨朝日，輒延群臣講論聖道。知丘明至賢，親受孔子，[2]而《公羊》《穀梁》傳聞於後世，[3]故詔立《左氏》，博詢可否，示不專己，盡之群下也。今論者沈溺所習，翫守舊聞，固執虛言傳受之辭，[4]以非親見實事之道。《左氏》孤學少與，[5]遂爲異家之所覆冒。[6]夫至音不合衆聽，故伯牙絶弦；[7]至寶不同衆好，故卞和泣血。[8]仲尼聖德，而不容於世，[9]況於竹帛餘文，其爲雷同者所排，固其宜也。非陛下至明，孰能察之！

[1]【李賢注】撥，理也。語見《公羊傳》。

[2]【今注】案，惠棟《後漢書補注》曰："沈重云《嚴氏春秋》引《觀周篇》云孔子將修《春秋》，與左邱明乘如周，觀書于周史，歸而修《春秋》之經，邱明爲之傳，共爲表裏。"

[3]【今注】案，惠棟《後漢書補注》曰："桓譚《新論》云《左氏》傳世，遭戰國寢藏，後百餘年，魯穀梁赤作《春秋》，殘略多，有遺文。又有齊人公羊高緣經文作傳，彌失其本事。《左氏》傳經，猶衣之表裏，相待而成。經而無傳，使聖人閉門思之，十年不能知也。《東觀記》載，陳元奏云光武興立《左氏》，而桓譚、衛宏並共詆訾，故中道而廢。與《新論》殊乖，後人疑之。"

[4]【今注】案，惠棟《後漢書補注》曰："何休注《公羊春秋》言孔子知秦將燔詩書，其説口授相傳，至漢公羊氏及弟子胡母敬等乃始記于竹帛。故云虛言傳受之詞。"

[5]【李賢注】與猶黨也。【今注】與：指學術觀點相同的人。

[6]【今注】覆冒：猶言蒙蔽不令人見。

[7]【李賢注】伯牙善鼓琴，鍾子期善聽，相與爲友。子期

死，伯牙破琴絶弦，不復鼓琴，以時人莫之能聽也。見《吕覽》。【今注】案，事又見《列子·湯問》。

[8]【李賢注】卞和得寶玉，獻楚武王，王示玉人，曰“石也”，刖其右足。武王歿後，復獻之文王，復曰“石也”，刖其左足。至成王時，卞和抱其璞於郊，泣盡以血繼之，王乃使玉尹攻之，果得寶玉。事見《韓子》也。【今注】案，事見《韓非子·和氏》。

[9]【李賢注】仲尼去魯，斥齊，逐乎宋、衞，困於陳、蔡之閒。見《史記》。【今注】案，事見《史記》卷四七《孔子世家》。

臣元竊見博士范升等所議奏《左氏春秋》不可立，及太史公違戾凡四十五事。案升爲所言，前後相違，皆斷截小文，媟黷微辭，以年數小差，掇爲巨謬，[1]遺脱纖微，指爲大尤，抉瑕擿釁，[2]掩其弘美，所謂“小辯破言，小言破道”者也。[3]升等又曰：“先帝不以《左氏》爲經，故不置博士，後主所宜因襲。”臣愚以爲若先帝所行而後主必行者，則盤庚不當遷于殷，周公不當營洛邑，[4]陛下不當都山東也。往者，孝武皇帝好《公羊》，衞大子好《穀梁》，有詔詔大子受《公羊》，不得受《穀梁》。[5]孝宣皇帝在人閒時，聞衞大子好《穀梁》，於是獨學之。[6]及即位，爲石渠論而《穀梁氏》興，[7]至今與《公羊》並存。此先帝後帝各有所立，不必其相因也。孔子曰，純，儉，吾從衆；至於拜下，則違之。[8]夫明者獨見，不惑於朱紫，聽者獨聞，不謬於清濁，故離朱不爲巧眩移目，[9]師曠不爲新聲易耳。[10]方今干戈少弭，戎事略戢，留思聖蓺，眷顧儒雅，採孔子拜下之義，[11]卒淵聖獨見之旨，[12]分明白黑，[13]建立《左氏》，解釋先聖之積結，洮汰學者之累惑，[14]使基業垂於萬世，後進無復狐疑，則天下幸甚。

［1］【李賢注】媟，狎也；黷，垢濁也。掇，拾也，音丁括反。【今注】媟（xiè）黷：輕慢，親近而不莊重。　掇：摘取。

［2］【李賢注】抉音於決反。

［3］【李賢注】《大戴記·小辯篇》孔子曰："小辯破言，小言破義，小義破道。"

［4］【李賢注】盤庚都耿，自耿遷於殷（大德本、殿本無"自耿"二字）。文王都酆，武王都鎬（鎬，大德本、殿本作"鄗"），周公輔成王營洛邑。

［5］【今注】案，《漢書》卷六三《戾太子傳》載，戾太子劉據"少壯，詔受《公羊春秋》，又從瑕丘江公受《穀梁》"。《漢書》卷八八《儒林傳》載："瑕丘江公受《穀梁春秋》及《詩》於魯申公，傳子至孫爲博士。武帝時，江公與董仲舒並。仲舒通《五經》，能持論，善屬文。江公吶於口，上使與仲舒議，不如仲舒。而丞相公孫弘本爲《公羊》學，比輯其議，卒用董生。於是上因尊《公羊》家，詔太子受《公羊春秋》，由是《公羊》大興。太子既通，復私問《穀梁》而善之。其後浸微，唯魯榮廣王孫、皓星公二人受焉。廣盡能傳其《詩》《春秋》，高材捷敏，與《公羊》大師眭孟等論，數困之，故好學者頗復受《穀梁》。"文中多一"詔"字。

［6］【今注】案，《漢書》卷八八《儒林傳》載："宣帝即位，聞衛太子好《穀梁春秋》，以問丞相韋賢、長信少府夏侯勝及侍中

樂陵侯史高，皆魯人也，言穀梁子本魯學，公羊氏乃齊學也，宜興《穀梁》。時千秋爲郎，召見，與《公羊》家並説，上善《穀梁》説，擢千秋爲諫大夫給事中，後有過，左遷平陵令。復求能爲《穀梁》者，莫及千秋。上愍其學且絶，乃以千秋爲郎中户將，選郎十人從受。汝南尹更始翁君本自事千秋，能説矣，會千秋病死，徵江公孫爲博士。劉向以故諫大夫通達待詔，受《穀梁》，欲令助之。江博士復死，乃徵周慶、丁姓待詔保宫，使卒授十人。自元康中始講，至甘露元年，積十餘歲，皆明習。乃召五經名儒太子太傅蕭望之等大議殿中，平《公羊》《穀梁》同異，各以經處是非。時《公羊》博士嚴彭祖、侍郎申輓、伊推、宋顯，《穀梁》議郎尹更始、待詔劉向、周慶、丁姓並論。《公羊》家多不見從，願請内侍郎許廣，使者亦並内《穀梁》家中郎王亥，各五人，議三十餘事。望之等十一人各以經誼對，多從《穀梁》。由是《穀梁》之學大盛。"

[7]【李賢注】石渠閣以藏祕書，在未央殿北。宣帝甘露三年，詔諸儒韋玄成、梁丘賀等講論《五經》於石渠也。【今注】案，《漢書》卷三六《劉向傳》云，初立《穀梁春秋》，徵更生受《穀梁》，講論五經於石渠。

[8]【李賢注】《論語》孔子曰："麻冕，禮也。今也純，儉，吾從衆。拜下，禮也。今拜乎上，泰也。雖違衆，吾從下。"何晏注云："麻冕，緇布冠也，古績麻三十升以爲之。純，絲也。絲易成，故從儉。臣之與君行禮者，下拜然後升。時臣驕泰（泰，大德本作'恭'），故於上拜。今從下，禮之恭也。"

[9]【李賢注】離朱，黄帝時明目者也，一號離婁。慎子曰："離朱之明，察毫末於百步之外。"

[10]【李賢注】桓譚《新論》曰："晉師曠善知音，衛靈公將之晉，宿於濮水之上，夜聞新聲，召師涓告之曰：'爲我聽寫之。'曰：'臣得之矣。'遂之晉。晉平公饗之，酒酣，靈公曰：'有新聲，願奏之。'乃令師涓鼓琴。未終，師曠止之曰：'此亡

國之聲也。'"

［11］【今注】案，拜下，殿本作"下拜"。

［12］【今注】案，王先謙《後漢書集解》引錢大昕曰："章懷注本避唐諱改淵爲深，或爲泉。今本諸淵字，皆後人回改。"

［13］【今注】案，白黑，大德本、殿本作"黑白"。

［14］【李賢注】洮汰猶洗濯也。【今注】洮汰：清除，淘汰。

臣元愚鄙，嘗傳師言。如得以褐衣召見，俯伏庭下，[1]誦孔氏之正道，理丘明之宿冤；若辭不合經，事不稽古，退就重誅，雖死之日，生之年也。

［1］【李賢注】褐，織毛爲布，貧者之服也。

書奏，下其議，范升復與元相辯難，凡十餘上。帝卒立《左氏》學，大常選博士四人，元爲弟一。[1]帝以元新忿争，乃用其次司隸從事李封，[2]於是諸儒以《左氏》之立，論議讙譁，[3]自公卿以下，數廷争之。會封病卒，《左氏》復廢。

［1］【今注】案，弟，大德本、殿本作"第"，是。

［2］【今注】司隸從事：官名。屬司隸校尉，秩百石，分掌司隸校尉所主諸事。　李封：本書七九下《儒林傳下》載："建武中，鄭興、陳元傳《春秋左氏》學。時尚書令韓歆上疏，欲爲《左氏》立博士，范升與歆争之未决，陳元上書訟《左氏》，遂以魏郡李封爲《左氏》博士。後群儒蔽固者數廷争之。及封卒，光武重違衆議，而因不復補。"

[3]【今注】讙譁：同“喧譁”。

元以才高著名，辟司空李通府。[1]時大司農江馮上言，宜令司隸校尉督察三公。[2]事下三府。元上疏曰："臣聞師臣者帝，賓臣者霸。[3]故武王以大公爲師，[4]齊桓以夷吾爲仲父。[5]孔子曰：'百官總己聽於冢宰。'[6]近則高帝優相國之禮，[7]大宗假宰輔之權。[8]及亡新王莽，遭漢中衰，專操國柄，以偷天下，[9]況己自喻，不信群臣。奪公輔之任，損宰相之威，以刺舉爲明，徼訐爲直。[10]至乃陪僕告其君長，子弟變其父兄，[11]罔密法峻，大臣無所措手足。然不能禁董忠之謀，身爲世戮。[12]故人君患在自驕，不患驕臣；失在自任，不在任人。是以文王有日昃之勞，周公執吐握之恭，[13]不聞其崇刺舉，務督察也。[14]方今四方尚擾，天下未一，百姓觀聽，咸張耳目。陛下宜修文武之聖典，襲祖宗之遺德，勞心下士，屈節待賢，誠不宜使有司察公輔之名。"帝從之，宣下其議。[15]

[1]【今注】李通：字次元，南陽宛（今河南南陽市卧龍區）人。傳見本書卷一五。

[2]【今注】司隸校尉：官名。西漢武帝征和四年（前89）始置，秩二千石。初掌管理在中央諸官府服役的徒隸，後職掌京都百官及三輔等地區的犯法者，職權威重。成帝元延四年（前9）省，哀帝即位後復置，隸大司空，位比司直。

[3]【李賢注】言以臣爲師，以臣爲賓也。

[4]【今注】武王：周武王。　太公：姜太公。

［5］【今注】齊桓：齊桓公。　夷吾：管仲。

［6］【李賢注】《論語》文也。【今注】冢宰：周代官名。即後世的宰相。

［7］【李賢注】蕭何爲相國，高帝賜劍履上殿，入朝不趨。【今注】高帝：西漢高祖劉邦，公元前206年至前195年在位。紀見《史記》卷八、《漢書》卷一。　相國：即蕭何。世家見《史記》卷五三，傳見《漢書》卷三九。

［8］【李賢注】大宗，孝文也。申屠嘉爲丞相，坐府召大中大夫鄧通，欲誅之。孝文使持節召通，令人謝嘉，故曰："假權"也。【今注】大宗：即太宗。西漢文帝劉恒，公元前180年至前157年在位。廟號太宗，謚號孝文。紀見《史記》卷一〇、《漢書》卷四。　宰輔：指丞相申屠嘉。傳見《漢書》卷四二。

［9］【李賢注】偷，竊也。

［10］【今注】徼訐：巡察揭發。

［11］【李賢注】王莽時開吏告其將，奴婢告其主。【今注】陪僕：惠棟《後漢書補注》曰："陪僕猶陪臺也。《左傳》申無宇曰僚臣僕，僕臣臺。"

［12］【李賢注】董忠爲王莽大司馬，共劉歆等謀誅莽，事發覺死也。

［13］【李賢注】《尚書》曰："文王自朝至于日中昃，不遑暇食。"《史記》曰，伯禽封魯，周公戒之曰："我文王之子，武王之弟，成王之叔父，亦不賤矣。我一沐三握髮，一飯三吐哺，以待士，猶恐失天下之賢人，汝無以國驕人也。"【今注】案，事見《史記》卷三三《魯周公世家》。

［14］【今注】案，督，大德本作"篤"。

［15］【李賢注】司察猶督察也。

李通罷，元後復辟司徒歐陽歙府，[1] 數陳當世便事、郊廟之禮，帝不能用。以病去，年老，卒於家。子堅卿，有文章。

［1］【今注】歐陽歙：字正思，樂安千乘（今山東高青縣）人。自歐陽生傳伏生《尚書》，至歙八世，皆爲博士。傳見本書卷七九上。

賈逵字景伯，扶風平陵人也。[1]九世祖誼，[2]文帝時爲梁王大傅。[3]曾祖父光，爲常山太守，[4]宣帝時以吏二千石自洛陽徙焉。父徽，從劉歆受《左氏春秋》，兼習《國語》《周官》，又受《古文尚書》於塗惲，[5]學《毛詩》於謝曼卿，[6]作《左氏條例》二十一篇。

［1］【今注】扶風：政區名。即右扶風。因地屬西漢長安京畿地區，故不稱郡。治長安縣（今陝西西安市西北）。　平陵：縣名。治所在今陝西咸陽市。

［2］【今注】誼：賈誼，洛陽（今河南洛陽市）人。西漢大臣、政論家。傳見《漢書》卷四八。

［3］【李賢注】爲文帝子梁王揖之傅也。

［4］【今注】常山：西漢文帝元年（前179），爲避文帝劉恒諱，改恒山郡爲常山郡。治真定縣（今河北正定縣南）。景帝五年（前152）改爲國。武帝元鼎三年（前114）復改爲郡。四年移治元氏縣（今河北元氏縣西北）。

［5］【李賢注】《風俗通》曰："塗姓，塗山氏之後。"惲字子真，受《尚書》於胡常，見《前書》。【今注】案，《漢書》卷八八《儒林傳》載曰："（清河胡）常授號徐敖。敖爲右扶風掾，又傳《毛詩》，授王璜、平陵塗惲子真。子真授河南桑欽君長。王莽時，

諸學皆立。劉歆爲國師，璜、惲等皆貴顯。”據此，李賢注有誤。

［6］【今注】案，本書卷七九下《儒林傳》載：“九江謝曼卿善《毛詩》，乃爲其訓。（衛）宏從曼卿受學，因作《毛詩序》，善得《風雅》之旨，于今傳於世。”

逵悉傳父業，弱冠能誦《左氏傳》及《五經》本文，[1]以《大夏侯尚書》教授，[2]雖爲古學，兼通五家《穀梁》之説。[3]自爲兒童，常在大學，[4]不通人閒事。身長八尺二寸，諸儒爲之語曰：“問事不休賈長頭。”性愷悌，多智思，俶儻有大節。[5]尤明《左氏傳》《國語》，爲之《解詁》五十一篇，[6]永平中，上疏獻之。顯宗重其書，寫臧祕館。[7]

［1］【今注】弱冠：古代男子二十歲行冠禮，故用以指男子二十歲左右的年齡。

［2］【今注】大夏侯尚書：指夏侯勝所傳《尚書》。夏侯勝，字長公，東平（今山東東平縣東南）人。西漢昭帝時爲博士、光禄大夫，宣帝時爲長信少府。傳見《漢書》卷七五、卷八八。案，王先謙《後漢書集解》引沈欽韓曰：“達爲古學，而教授仍用今文。蓋利禄之途，非是則莫肯來學。終漢之世，兼通五經古學者，惟賈、馬、鄭三君耳。”

［3］【李賢注】五家謂尹更始、劉向、周慶、丁姓、王彦等，皆爲《穀梁》，見《前書》也。【今注】案，具體傳承見《漢書》卷八八《儒林傳》。

［4］【今注】大學：即太學。西漢武帝時置，爲國家最高學府，設學官，立五經博士，教授弟子。東漢更加興盛。

［5］【李賢注】愷，樂也。悌，易也。言有和樂簡易之德也。

俶儻，卓異也。【今注】愷悌：平易近人。

[6]【李賢注】《左氏》三十篇，《國語》二十一篇也。

[7]【今注】案，臧，紹興本、大德本、殿本作“藏”，下文同。

時有神雀集宫殿官府，冠羽有五采色，帝異之，以問臨邑侯劉復，[1]復不能對，薦逵博物多識。帝乃召見逵，問之。對曰：“昔武王終父之業，鸑鷟在岐，[2]宣帝威懷戎狄，神雀仍集，此胡降之徵也。”[3]帝敕蘭臺給筆札，[4]使作《神雀頌》，拜爲郎，與班固並校祕書，[5]應對左右。

[1]【李賢注】臨邑，東郡縣也。復，齊武王伯升孫，北海王興子。【今注】臨邑：縣名。治所在今山東東阿縣。

[2]【李賢注】鸑鷟，鳳之别名也。周大夫内史過對周惠王曰：“周之興也，鸑鷟鳴于歧山（歧，殿本作‘岐’）。”事見《國語》也（大德本、殿本無“也”字）。【今注】案，語見《國語·周語上》。鸑鷟，音 yuè zhuó。又案，歧，紹興本、大德本、殿本作“岐”，是。

[3]【李賢注】仍，頻也。宣帝時神雀再見，改爲年號，後匈奴降服，呼韓入朝也。

[4]【今注】蘭臺：漢代宫中藏書的地方。後設蘭臺令史，掌管書奏、修史等。

[5]【今注】班固：字孟堅，扶風安陵（今陝西咸陽市東北）人。東漢史學家，編纂《漢書》。傳見本書卷四〇。

肅宗立，降意儒術，[1]特好《古文尚書》《左氏傳》。建初元年，詔逵入講北宫白虎觀、南宫雲臺。[2]帝善逵説，使發出《左氏傳》大義長於二傳者。[3]逵於是具條奏之曰：[4]

［1］【今注】降意：留意，關注。

［2］【今注】白虎觀：北宫一宫觀。常在此論議經學。章帝時曾召開白虎觀會議。

［3］【今注】案，殿本無“發”字。　又案，王先謙《後漢書集解》引王會汾曰：“監本出字上有發字。案，發出並舉，古人無此等文。今從宋本。”　二傳：指《公羊傳》與《穀梁傳》。

［4］【今注】具條：分條。

臣謹擿出《左氏》三十事尤著明者，斯皆君臣之正義，父子之紀綱。其餘同《公羊》者什有七八，或文簡小異，無害大體。至如祭仲、紀季、伍子胥、叔術之屬，《左氏》義深於君父，《公羊》多任於權變，[1]其相殊絶，固以甚遠，[2]而寃抑積久，莫肯分明。

［1］【李賢注】《左傳》，宋人執鄭祭仲，曰：“不立突，將死。”祭仲許之，遂出昭公而立厲公。杜預注云：“祭仲之如宋，非會非聘，見誘被拘。廢長立少，故事名罪之。”《公羊傳》曰：“祭仲者何？鄭之相也。何以不名？賢也。何賢乎祭仲？以爲知權也。其知權奈何？宋人執之，謂之曰：‘爲我出忽而立突。’祭仲不從其言，則君必死，國必亡；從其言，則君可以生易死，國可以存易亡。”古之有權者，祭仲之權是也。《左傳》，紀季以酅入于齊，紀侯大去其國。賈逵以爲紀季不能兄弟同心以存國，乃背

兄歸讎，書以譏之。《公羊傳》曰："紀季者何？紀侯之弟也。何以不名？賢也。何賢乎？服罪也。其服罪奈何？請後五廟以存姑姊妹（五，殿本誤作'立'）。"《左傳》，楚平王將殺五奢（五，紹興本、大德本、殿本作"伍"，是。下同不再出注），召五奢子五尚、五員曰："來，吾免而父。"尚謂員曰："聞免父之命，不可以莫之奔，親戚爲戮，不可以莫之報。父不可弃，名不可廢。"子胥奔吴，遂以吴師入郢，卒復父讎。《公羊傳》曰："父受誅，子復讎，推刃之道也。"《公羊》不許子胥復讎，是不深父也。《左傳》曰："冬，邾黑肱以濫來奔。賤而書名，重地故也。君子曰：'名之不可不慎。'以地叛，雖賤必書。地以名其人，終爲不義，不可滅已。是以君子動則思禮，行則思義。"《公羊傳》曰（大德本、殿本無"曰"字）："冬，黑弓以濫來奔，文何以無邾婁？通濫也。曷謂通濫？賢者子孫宜有地。賢者孰謂？謂叔術也。何賢乎叔術？讓國也。"

[2]【今注】案，以，殿本作"已"。

臣以永平中上言《左氏》與圖讖合者，先帝不遺芻蕘，[1]省納臣言，寫其傳詁，臧之祕書。建平中，[2]侍中劉歆欲立《左氏》，不先暴論大義，而輕移大常，恃其義長，詆挫諸儒，諸儒内懷不服，相與排之。[3]孝哀皇帝重逆衆心，故出歆爲河内大守。[4]從是攻擊《左氏》，遂爲重讎。至光武皇帝，奮獨見之明，興立《左氏》《穀梁》，會二家先師不曉圖讖，故令中道而廢。凡所以存先王之道者，要在安上理民也。今《左氏》崇君父，卑臣子，彊幹弱枝，勸善戒惡，至明至切，至直至順。[5]且三代異物，損益隨時，故先帝博觀異家，各有所採。《易》有施、孟，復立梁丘，[6]《尚書》歐陽，復有大小夏侯，[7]今三傳之異亦猶是也。又《五經》家皆無以證圖讖明劉氏爲堯後者，而《左氏》獨有明文。[8]《五經》家皆言顓頊代黄帝，而堯不得爲火德。[9]《左氏》以爲少昊代黄帝，即圖讖所謂帝宣也。[10]如令堯不得爲火，則漢不得爲赤。其所發明，補益實多。

[1]【今注】案，惠棟《後漢書補注》曰："《方術傳》序云：光武信讖言，鄭興、賈逵以附同稱顯。《興傳》無附會讖之事，而《逵傳》有之，明附同有别。"芻蕘，割草打柴的人。常用於謙詞。

[2]【李賢注】建平，哀帝年也。【今注】建平：西漢哀帝劉欣年號（前6—前3）。

[3]【李賢注】排，擯却也。劉歆欲建立《左氏》（大德本、殿本脱"欲"字），哀帝令歆與諸儒講論其義，諸博士不肯置對，歆乃移書大常以責之，故被排擯。事見《前書》。【今注】案，事見《漢書》卷三六《楚元王傳》。

[4]【今注】河内：郡名。治懷縣（今河南武陟縣西南）。

[5]【李賢注】《左傳》曰："翼戴天子，加之以恭。"又曰："君命，天也，天可讎乎？委質策名，貳乃辟也。父教子貳，何以事君？"又曰："弃父之命，恶用子矣，以有無父之國則可。"是崇君父，卑臣子也。《左氏》王人雖微，序在諸侯之上。又曰："五大不在邊，五細不在庭，末大必折，尾大不掉。"是彊幹弱枝也。又曰："盡而不污，懲恶而勸善，非聖人誰能修之？"《史記》曰，孔子曰："我欲載之空言，不如見之行事深切著明也。"

[6]【李賢注】施讎、孟喜、梁丘賀也。

[7]【李賢注】歐陽和伯、大夏侯勝、小夏侯建也。並見

《前書》。

[8]【李賢注】《春秋》晉大夫蔡墨曰："陶唐氏既衰，其後有劉累，學擾龍，事孔甲，范氏其後也。"范會自秦還晉，其處者爲劉氏。明漢承堯後也。

[9]【李賢注】《史記》曰"黄帝崩，其孫昌意之子立，是爲帝顓頊"。當時《五經》家同爲此説。若以顓頊代黄帝以土德王，即顓頊當爲金德，高辛爲水德，堯爲木德。漢承堯後，自然不得爲火德也。

[10]【李賢注】《左氏傳》曰："黄帝氏以雲紀，少昊氏以鳥紀。"是以少昊代黄帝也。《河圖》曰："大星如虹，下流華渚，女節意感，生白帝朱宣。"宋均注曰："朱宣，少昊氏也。"

陛下通天然之明，建大聖之本，改元正歷，垂萬世則，[1]是以麟鳳百數，嘉瑞雜遝。[2]猶朝夕恪勤，遊情六蓺，研機綜微，靡不審覈。[3]若復留意廢學，以廣聖見，庶幾無所遺失矣。[4]

[1]【李賢注】改元謂改建初九年爲元和元年，正歷謂元和二年始用四分歷也。

[2]【李賢注】雜遝言多也。章帝時，鳳皇見百三十九，騏麟五十二（騏，大德本、殿本作"麒"，是），白虎二十九（二，大德本、殿本作"一"），黄龍三十四，神雀、白燕等史官不可勝紀。見《東觀記》。

[3]【李賢注】覈，實也。

[4]【李賢注】廢學謂《左氏傳》也。

書奏，帝嘉之，賜布五百匹，衣一襲，令逵自選

《公羊》嚴、顔諸生高才者二十人，教以《左氏》，[1]與簡紙經傳各一通。[2]

[1]【李賢注】公羊高作《春秋》傳，號曰《公羊春秋》。嚴彭祖、顔安樂俱受《公羊春秋》，故《公羊》有嚴、顔之學。見《前書》也（殿本無“也”字）。【今注】案，事見《漢書》卷八八《儒林傳》。

[2]【李賢注】竹簡及紙也。【今注】案，王先謙《後漢書集解》引周壽昌曰：“簡是舊傳，紙是後寫者。自是遂多用紙，而竹簡希矣。”

逵母常有疾，帝欲加賜，以校書例多，特以錢二十萬，使潁陽侯馬防與之。[1]謂防曰：“賈逵母病，此子無人事於外，[2]屢空則從孤竹之子於首陽山矣。”[3]

[1]【今注】潁陽：縣名。治所在今河南許昌市西南。　馬防：字江平，扶風茂陵（今陝西興平市）人。經學家馬援之子。傳見本書卷二四。

[2]【李賢注】無人事，謂不廣交通也。

[3]【李賢注】屢，數也。空，乏也。《史記》曰，伯夷、叔齊，孤竹君之子也，隱於首陽山，卒餓死也。【今注】案，伯夷、叔齊事見《史記》卷六一《伯夷列傳》。

逵數爲帝言《古文尚書》與經傳《爾雅》詁訓相應，詔令撰《歐陽》《大》《小夏侯》《尚書古文》同異。逵集爲三卷，帝善之。復令撰《齊》《魯》《韓詩》與《毛氏》異同。并作《周官解故》。[1]遷逵爲衛士令。[2]八年，乃詔諸儒各選高才生，受《左氏》《穀梁春秋》《古文尚書》《毛詩》，由是四經遂行於世。皆拜逵所選弟子及門生爲千乘王國郎，[3]朝夕受業黄門署，學者皆欣欣羡慕焉。

[1]【李賢注】轅固，齊人也，爲《齊詩》；申公，魯人也，爲《魯詩》；韓嬰爲《韓詩》；毛萇爲《毛詩》。故謂事之指意也。【今注】案，見《漢書》卷八八《儒林傳》。

[2]【李賢注】北宫衛士令一人，掌南、北宫，秩比六百石，見《續漢志》也（殿本無"也"字）。

[3]【李賢注】千乘王伉，章帝子也。【今注】弟子：指親受業者。 門生：漢時特指再傳弟子。 千乘王：千乘王伉，章帝之子。傳見本書卷五五。

和帝即位，[1]永元三年，[2]以逵爲左中郎將。[3]八年，復爲侍中，領騎都尉。内備帷幄，[4]兼領祕書近署，甚見信用。

[1]【今注】和帝：東漢和帝劉肇，公元88年至105年在位。紀見本書卷四。

[2]【今注】永元：東漢和帝劉肇年號（89—105）。

[3]【今注】左中郎將：漢時宫廷宿衛諸郎之一。

[4]【今注】帷幄：指備宫内顧問應對。

逵薦東萊司馬均、陳國汝郁，[1]帝即徵之，並蒙優禮。均字少賓，安貧好學，隱居教授，不應辟命。信誠行乎州里，鄉人有所計争，輒令祝少賓，[2]不直者終無敢言。位至侍中，以老病乞身，帝賜以大夫禄，歸鄉里。郁字叔異，[3]性仁孝，[4]及親殁，遂隱處山澤。後累遷爲魯相，[5]以德教化，百姓稱之，流人歸者八九千户。

[1]【今注】東萊：郡名。治掖縣（今山東萊州市）。　陳國：東漢章帝章和二年（88）改淮陽國置，治陳縣（今河南淮陽縣）。

[2]【李賢注】祝，詛也。《東觀記》曰："争曲直者，輒言'敢祝少賓乎？'心不直者，終不敢祝也。"【今注】案，王先謙《後漢書集解》引顧炎武曰："注非也。言敢于少賓之前發誓乎？事之如神明也。古人文簡爾。"引何焯曰："祝與呪同，指少賓以誓也。"

[3]【今注】案，中華本校勘記曰："《集解》引沈欽韓説，謂《文選》四十六注引《東觀記》作'字幼異'。按：今聚珍本《東觀記》亦作'字叔異'。"

[4]【李賢注】《東觀記》曰："郁年五歲，母病不能食，郁常抱持啼泣，亦不食。母憐之，强爲飯。宗親共異之，因字曰'異'也。"【今注】案，今本《太平御覽》卷四一二引《東觀記》云："汝郁，字叔異，陳國人。年五歲，母病，不能飲食，郁常抱持啼泣，亦不肯飲食。母憐之，强爲餐飯，欺言已愈。郁察母親色不平，輒復不食。宗親共奇異之，因字曰'異'。"

[5]【今注】案，《文選》卷四三嵇康《與山巨源絶交書》李善注引《東觀記》云："汝郁再徵，載病詣公車，尚書勑郁自力受拜。郁乘輦白衣詣止車門，臺遣兩當關扶郁，入拜郎中。"

逵所著經傳義詁及論難百餘萬言，又作詩、頌、誄、書、連珠、酒令凡九篇，學者宗之，後世稱爲通儒。[1]然不修小節，當世以此頗譏焉，故不至大官。永元十三年卒，時年七十二。朝廷愍惜，除兩子爲大子舍人。[2]

[1]【李賢注】應劭《風俗通義》曰："授先王之制，立當時之事，綱紀國體，原本要化，此通儒也。"【今注】案，《風俗通義·逸文》曰："儒者，區也。言其區別古今，居則玩聖哲之詞，動則行典籍之道，稽先王之制，立當時之事，綱紀國體，原本要化，此通儒也。若能納而不能出，能言而不能行，講誦而已，無能往來，此俗儒也。"

[2]【今注】大子舍人：即太子舍人。官名。掌行令書、表啓等。秦置此官，西漢因之，比郎中。東漢無員限，更直宿衛。

論曰：鄭、賈之學，行乎數百年中，遂爲諸儒宗，[1]亦徒有以焉爾。[2]桓譚以不善讖流亡，鄭興以遜辭僅免，賈逵能附會文致，最差貴顯。[3]世主以此論學，悲矣哉！[4]

[1]【今注】案，惠棟《後漢書補注》曰："漢晉諸儒稱康成云鄭君，稱逵曰賈侍中。是爲儒宗也。"

[2]【李賢注】言賈、鄭雖爲儒宗，而不爲帝所重，故曰"亦徒有以焉爾"。【今注】案，王先謙《後漢書集解》曰："注非也。言鄭賈學顯，亦以善讖焉爾。"

[3]【李賢注】賈逵附會文致，謂引《左氏》明漢爲堯後也。【今注】文致：粉飾。

[4]【李賢注】言時主不重經而重讖也。

張霸字伯饒，蜀郡成都人也。[1]年數歲而知孝讓，雖出入飲食，自然合禮，鄉人號爲“張曾子”。[2]七歲通《春秋》，復欲進餘經，父母曰“汝小未能也”，霸曰“我饒爲之”，[3]故字曰“饒”焉。

［1］【今注】蜀郡：治成都縣（今四川成都市）。　成都：縣名。治所在今四川成都市。

［2］【今注】張曾子：曾子，名參。孔子學生，以孝著稱。張霸有孝心，故鄉人號爲“張曾子”。

［3］【李賢注】饒猶益也。【今注】案，王先謙《後漢書集解》引何若瑶曰：“上云復欲進餘經，既曰復，何又曰益。饒，餘也。言爲之有餘力。”王先謙曰：“猶言優爲之。”

後就長水校尉樊儵受《嚴氏公羊春秋》，[1]遂博覽五經。諸生孫林、劉固、段著等慕之，各市宅其傍，[2]以就學焉。

［1］【今注】長水校尉：官名。西漢武帝初置，爲北軍八校尉之一，秩二千石，位次列卿。領長水宣曲胡騎，屯戍京師，兼任征伐。東漢光武帝建武七年（31）省，十五年復置，爲北軍五校尉之一，秩比二千石，隸北軍中候。掌宿衛禁兵，下設司馬、胡騎司馬各一員。地位親要，官顯職閑，多以宗室外戚近臣充任。　樊儵：字長魚，南陽湖陽（今河南唐河縣南）人。傳見本書卷三二。

［2］【今注】市宅：租賃房屋。

舉孝廉光禄主事，稍遷，[1]永元中爲會稽太守，[2]表用郡人處士顧奉、公孫松等。[3]奉後爲潁川太守，[4]松爲司隸校尉，並有名稱。其餘有業行者，皆見擢用。[5]郡中争厲志節，習經者以千數，道路但聞誦聲。

[1]【李賢注】光禄勳之主事也，見《漢官》。【今注】光禄：即光禄勳。秦稱郎中令，西漢因之，武帝太初元年（前104）更名光禄勳，掌宫殿掖門户。王莽改光禄勳曰司中。東漢復爲光禄勳，卿一人，俸中二千石，掌宿衞宫殿門户，郊祭之事。丞一人，俸比千石。屬官有五官中郎將，左右中郎將，虎賁中郎將，羽林中郎將，光禄大夫，謁者僕射等。

[2]【今注】會稽：郡名。秦始皇二十五年（前222）置，治吴縣（今江蘇蘇州市）。東漢順帝永建四年（129）徙治山陰縣（今浙江紹興市）。

[3]【今注】案，王先謙《後漢書集解》引惠棟曰："張勃《吴録》云奉字季鴻。《儒林傳》云奉受《嚴氏春秋》于豫章程曾。"

[4]【今注】潁川：郡名。治陽翟縣（今河南禹州市）。

[5]【今注】案，王先謙《後漢書集解》引惠棟曰："案《華陽國志》霸致達名士，奉、松而外，又有畢海、胡母官、萬虞先、王演、李根皆至大位。"

初，霸以樊儵删《嚴氏春秋》猶多繁辭，乃減定爲二十萬言，更名張氏學。

霸始到越，賊未解，郡界不寧，乃移書開購，[1]明用信賞，賊遂束手歸附，不煩士卒之力。童謡曰："弃我戟，捐我矛，盜賊盡，吏皆休。"[2]視事三年，[3]謂掾史曰："大守起自孤生，致位郡守。蓋日中則移，月滿則虧。[4]老氏有言：[5]'知足不辱。'"遂上病。

［1］【今注】開購：懸賞徵求。

［2］【今注】案，王先謙《後漢書集解》謂《藝文類聚》卷一五引《續漢書》作“棄子戟”。

［3］【今注】視事：管理政事。

［4］【李賢注】《史記》蔡澤之辭也。《易·豐卦》曰“日中則昃，月盈則食”也。

［5］【今注】案，老氏，殿本作“老子”，可從。

後徵，四遷爲侍中。時皇后兄虎賁中郎將鄧騭，[1]當朝貴盛，聞霸名行，欲與爲交，霸逡巡不答，[2]衆人笑其不識時務。後當爲五更，[3]會疾卒，年七十。遺敕諸子曰：“昔延州使齊，子死嬴、博，因坎路側，遂以葬焉。[4]今蜀道阻遠，不宜歸塋，可止此葬，足臧髮齒而已。務遵速朽，副我本心。[5]人生一世，但當畏敬於人，若不善加己，直爲受之。”諸子承命，葬於河南梁縣，[6]因遂家焉。將作大匠翟酺等與諸儒門人追録本行，[7]謚曰憲文。中子楷。

［1］【今注】鄧騭：字昭伯，南陽新野（今河南新野縣）人。傳見本書卷一六。

［2］【今注】逡巡：遲疑。

［3］【今注】五更：有學者指出，“五更”是一位知曉五行之道且在仕的年耆德茂的長老，“五更”的身份地位是卿大夫；設置“五更”的目的是陳明悌順之道，教化天下；“五更”與“三老”分別代表了傳統的悌、孝倫理，是帝王宣教孝悌之道的行爲象徵，是忠事君主的倫理依據；“五更”的選拔標準與要求比較高，其社會職責是輔助“三老”教學孝悌之道，地位低於“三老”；東漢後

三老五更制時興時廢，“五更”的社會地位有所變化（參見温樂平《漢代“五更”考析》，《史學月刊》2010 年第 7 期）。案，惠棟《後漢書補注》曰：“《華陽國志》霸遷侍中，遂受五更，尊禮于文學。案，《漢官儀》云三老五更，皆取有首妻男女完具。是以國三老袁良碑云群司以君父子俱列三臺，夫人結髮，上爲三老，知結髮爲首妻也。然常璩載霸妻馬氏撫霸前妻子女，恩愛若一。則後妻亦得爲五更矣。”

［4］【李賢注】嬴、博，二縣名，屬泰山郡。《禮記》曰：“延陵季子適齊，其長子死於嬴、博之閒，因葬焉。”【今注】延州：指延陵季子。春秋時吴王諸樊之弟，多次推讓君位。先是封於延陵（今江蘇常州市），稱延陵季子。後又封於州來（今安徽鳳臺縣），遂稱延州來季子。

［5］【今注】副：符合。

［6］【今注】案，惠棟曰：“《華陽國志》霸妻馬氏名敬司。霸卒，葬河南。敬司與諸子還蜀。疾病，遺令告諸子曰：舜葬蒼梧，三妃不從。汝父在梁，吾自在蜀，亦各其志，勿違，吾敕遂葬蜀。”河南，郡名。治河南縣（今河南洛陽市西北）。梁縣，治所在今河南汝州市西。

［7］【今注】將作大匠：官名。秦稱將作少府，掌治宫室。西漢景帝中元六年（前 144）改稱將作大匠。東漢沿置，秩二千石，掌修作宗廟、路寢、宫室、陵園土木工程等。　翟酺：字子超，廣漢雒（今四川廣漢市東）人。傳見本書卷四八。　案，儒門人，大德本、殿本作“門人”。　行：即行狀。追述死者生平事迹的文章。

楷字公超，通《嚴氏春秋》《古文尚書》，門徒常百人。賓客慕之，自父黨夙儒，偕造門焉。車馬填街，徒從無所止，黄門及貴戚之家，[1]皆起舍巷次，以候過客往來之利。楷疾其如此，輒徙避之。家貧無以爲業，常乘驢車至縣賣藥，足給食者，輒還鄉里。司隸舉茂才，[2]除長陵令，[3]不至官。隱居弘農山中，學者隨之，所居成市，後華陰山南遂有公超市。五府連辟，舉賢良方正，不就。[4]

［1］【今注】黄門：指宦官。

［2］【今注】茂才：即秀才。東漢時避光武帝劉秀諱而稱茂才。漢代選拔人才的科目之一。每年由郡國推舉一人。

［3］【今注】長陵：西漢高祖十二年（前195）置，屬左馮翊。治所在今陝西咸陽市東北。以漢高祖陵墓而得名。東漢屬京兆尹。

［4］【李賢注】五府，大傅、大尉、司徒、司空、大將軍也。【今注】賢良方正：中國古代選拔人才的科目之一。西漢文帝時，由郡國推舉文學之士充選。亦稱"賢良文學"。賢良，指品德高尚；方正，指品行端正。案，惠棟《後漢書補注》曰："韋嗣立云，古者取士，先鄉曲之譽，然後辟于州，州已試，然後辟五府，五府著聞，乃升諸朝。"

漢安元年，[1]順帝特下詔告河南尹曰：[2]"故長陵令張楷行慕原憲，操擬夷、齊，[3]輕貴樂賤，竄跡幽藪，高志確然，[4]獨拔群俗。[5]前比徵命，[6]盤桓未至，[7]將主者翫習於常，[8]優賢不足，使其難進歟？郡時以禮發遣。"楷復告疾不到。

［1］【今注】漢安：東漢順帝劉保年號（142—144）。

［2］【今注】河南尹：官名。東漢光武帝建武十五年（39）置，爲京都雒陽所在河南郡長官，設一員，二千石；有丞一員，爲其副貳。主掌京都事務。案，惠棟《後漢書補注》曰："《釋名》云

上敕下曰告，告，覺也，使之覺悟知己意也。《獨斷》曰：詔書者，詔誥也。有三品，其文曰告某官，官如故事，是爲詔書。"

[3]【李賢注】原憲，魯人，字子思，孔子弟子。清約守節，貧而樂道。【今注】夷齊：指伯夷、叔齊。

[4]【今注】確然：剛强。

[5]【今注】案，惠棟《後漢書補注》曰："一作群儒。"

[6]【今注】案，比，大德本、殿本作"此"。

[7]【今注】盤桓：徘徊，逗留不前。

[8]【今注】將：或許。

性好道術，能作五里霧。時關西人裴優亦能爲三里霧，自以不如楷，從學之，楷避不肯見。桓帝即位，[1]優遂行霧作賊，事覺被考，[2]引楷言從學術。楷坐繫廷尉詔獄，積二年，恒諷誦經籍，作《尚書注》。後以事無驗，見原還家。建和三年，[3]下詔安車備禮聘之，[4]辭以篤疾不行。年七十，終於家。子陵。

[1]【今注】桓帝：東漢桓帝劉志，公元146年至167年在位。紀見本書卷七。

[2]【今注】案，考，大德本誤作"老"。

[3]【今注】建和：東漢桓帝劉志年號（147—149）。

[4]【今注】安車：可以坐乘的小車。高官告老，君主往往賜予安車，以示優容。安車多用一馬，禮尊者用四馬，故稱結駟。

陵字處沖，官至尚書。元嘉中，[1]歲首朝賀，大將軍梁冀帶劍入省，[2]陵呵叱令出，[3]敕羽林、虎賁奪冀劍。冀跪謝，陵不應，即劾奏冀，請廷尉論罪，有詔以一歲俸贖，而百僚肅然。

［1］【今注】元嘉：東漢桓帝劉志年號（151—153）。

［2］【今注】梁冀：字伯卓，安定烏氏（今寧夏固原市東南）人。梁統玄孫。父梁商去世，冀繼爲大將軍。傳見本書卷三四。省：省宫。即皇宫。

［3］【今注】案，大德本、殿本“呵叱”後有一“之”字。

初，冀弟不疑爲河南尹，舉陵孝廉。不疑疾陵之奏冀，因謂曰：“昔舉君，適所以自罰也。”陵對曰：“明府不以陵不肖，[1]誤見擢序，[2]今申公憲，以報私恩。”不疑有愧色。陵弟玄。

［1］【今注】明府：賢明的府君。漢代尊稱郡守、縣令一類的官職爲府君。

［2］【今注】擢序：選拔，推舉。

玄字處虚，沈深有才略，以時亂不仕。司空張温數以禮辟，[1]不能致。中平二年，[2]温以車騎將軍出征涼州賊邊章等，[3]將行，玄自田廬被褐帶索，要説温曰：[4]“天下寇賊雲起，豈不以黄門常侍無道故乎？聞中貴人公卿已下當出祖道於平樂觀，[5]明公總天下威重，握六師之要，[6]若於中坐酒酣，鳴金鼓，整行陣，召軍正執有罪者誅之，引兵還屯都亭，以次翦除中官，[7]解天下之倒縣，報海内之怨毒，然後顯用隱逸忠正之士，則邊章之徒宛轉股掌之上矣。”温聞大震，不能對，良久謂玄曰：“處虚，非不悦子之言，顧吾不能行，如何！”玄乃歎曰：“事行則爲福，不行則爲賊。今與公長辭矣。”即仰藥欲飲之。温前執其手曰：“子忠於我，我不能用，是吾罪也，子何爲當然！且出口入耳之言，誰今知之！”[8]玄遂去，隱居魯陽山中。[9]及董卓秉政，聞之，辟以爲掾，舉侍御史，不就。卓臨之以兵，不得已彊起，至輪氏，道病終。[10]

[1]【今注】張温：字伯慎。東漢靈帝時任司空，後爲車騎將軍、衛尉。董卓乃使人誣衛尉張温與袁術交通，遂殺之。事見本書卷七二《董卓傳》。

[2]【今注】中平：東漢靈帝劉宏年號（184—189）。

[3]【今注】涼州：西漢武帝元封五年（前106）置，爲十三刺史部之一。東漢時刺史治隴縣（今甘肅清水縣北）。

[4]【今注】要：通“邀”。中途攔截。

[5]【今注】中貴人：皇帝所寵幸的近臣或宦官。《史記》卷一〇九《李將軍列傳》：“天子使中貴人從廣勒習兵擊匈奴。”裴駰《集解》引《漢書音義》：“内官之幸貴者。” 祖道：祭祀路神。 案，已下，大德本、殿本作“以下”，是。

[6]【今注】六師：即六軍，統指軍隊。 要：樞要，重權。

[7]【今注】中官：宦官。

[8]【李賢注】《左傳》曰：“言出於余口，入於爾耳。”【今注】案，王先謙《後漢書集解》曰：“今當爲令之誤。文言出於子口入於我耳，我不言誰令他人知之。語意自順。”中華本校勘記按：“今猶即也，則也，言誰則知之，王説未諦。”

[9]【李賢注】山在今汝州南。【今注】魯陽山：在今河南汝州市南。

[10]【李賢注】輪氏，縣，屬潁川郡，故城在今洛州洛陽縣

城西南。【今注】輪氏：縣名。治所在今河南登封市西。

贊曰：中世儒門，賈、鄭名學。衆馳一介，争禮氈幄。[1]升、元守經，義偏情較，[2]霸貴知止，辭交戚里。公超善術，所舍成市。

[1]【李賢注】一介，單使也。《左傳》曰："君亦不使一介行李告於寡君。"氈幄謂匈奴也。

[2]【今注】案，較，殿本作"駮"。

後漢書　卷三七

列傳第二十七

桓榮 子郁　孫焉　玄孫典　曾孫鸞　子曄[1]　玄孫彬　丁鴻

[1]【今注】案，紹興本、大德本、殿本均無“子曄”二字。

桓榮字春卿，沛郡龍亢人也。[1]少學長安，習《歐陽尚書》，[2]事博士九江朱普。[3]貧窶無資，[4]常客傭以自給，[5]精力不倦，十五年不闚家園。至王莽篡位乃歸。[6]會朱普卒，榮奔喪九江，負土成墳，因留教授，徒衆數百人。莽敗，天下亂。榮抱其經書與弟子逃匿山谷，雖常飢困而講論不輟，後復客授江淮間。

[1]【李賢注】《續漢書》曰：“榮本齊人，遷于龍亢，至榮六葉。”《東觀記》曰：“榮本齊桓公後也。桓公作伯，支庶用其謚立族命氏焉。”【今注】沛郡：郡名。治相縣（今安徽淮北市相山區）。　龍亢：縣名。治所在今安徽懷遠縣西北。

[2]【今注】歐陽尚書：指西漢歐陽高所傳的今文《尚書》。

[3]【李賢注】朱普字公文，受業於平當，爲博士，徒衆尤盛。見《前書》。【今注】博士：官名。秦置，漢因之，隸屬九卿之一奉常（太常）。漢武帝罷黜百家之前，博士治各家之學，其後

乃專立儒學一家。掌議政、制禮、藏書、顧問及教授經學、考核人材、奉命出使等。初秩比四百石，後升比六百石。　九江：郡名。治壽春縣（今安徽壽縣）。東漢移治陰陵縣（今安徽定遠縣西北）。案，《漢書》卷八八《儒林傳》載曰："林尊字長賓，濟南人也。事歐陽高，爲博士，論石渠。後至少府、太子太傅，授平陵平當、梁陳翁生。當至丞相，自有傳。翁生信都太傅，家世傳業。由是歐陽有平、陳之學。翁生授琅邪殷崇、楚國龔勝。崇爲博士，勝右扶風，自有傳。而平當授九江朱普公文、上黨鮑宣。普爲博士，宣司隸校尉，自有傳。徒衆尤盛，知名者也。"

［4］【李賢注】《字林》曰："窶，空也。"

［5］【今注】客傭：寄居他鄉，被人僱用。

［6］【今注】王莽：字巨君。孝元皇后之弟子。平帝即位，年僅九歲，元后以太皇太后臨朝稱制，以王莽爲大司馬，委政於莽，號安漢公。平帝死，以孺子嬰爲帝，王莽自稱攝皇帝。三年後自稱皇帝，改國號爲新。史稱王莽篡漢。公元 9 年至 23 年在位。傳見《漢書》卷九九。

建武十九年，[1]年六十餘，始辟大司徒府。[2]時顯宗始立爲皇大子，[3]選求明經，乃擢榮弟子豫章何湯爲虎賁中郎將，[4]以《尚書》授太子。世祖從容問湯[5]本師爲誰，湯對曰："事沛國桓榮。"帝即召榮，令説《尚書》，甚善之。[6]拜爲議郎，[7]賜錢十萬，入使授太子。[8]每朝會，輒令榮於公卿前敷奏經書。[9]帝稱善，曰："得生幾晚！"會《歐陽》博士缺，帝欲用榮。榮叩頭讓曰："臣經術淺薄，不如同門生郎中彭閎、揚州從事皋弘。"帝曰："俞，往，女諧。"[10]因拜榮爲博士，引閎、弘爲議郎。

［1］【今注】建武：東漢光武帝劉秀年號（25—56）。

［2］【今注】大司徒：建武十五年，關内侯戴涉爲大司徒。建武二十年，大司徒戴涉下獄死。故此大司徒指戴涉。

［3］【今注】顯宗：東漢明帝劉莊，公元57至75年在位。顯宗爲其廟號。紀見本書卷二。　案，大子，紹興本、大德本、殿本作“太子”，本卷下文不再出注。

［4］【今注】豫章：郡名。治南昌縣（今江西南昌市東）。虎賁中郎將：官名。漢置，爲光禄勳屬官，掌虎賁宿衛，光武帝、明帝時常以侍中兼領之，其後多以貴戚充任，或領兵出征。秩比二千石。

［5］【李賢注】從音七容反。【今注】世祖：東漢光武帝劉秀，公元25年至57年在位。世祖爲其廟號。紀見本書卷一。

［6］【李賢注】《謝承書》曰：“何湯字仲弓，豫章南昌人也。榮門徒常四百餘人，湯爲高第（第，殿本誤作‘弟’），以才明知名。榮年四十無子，湯乃去榮妻爲更娶，生三子，榮甚重之。後拜郎中，守開陽門候。上微行夜還，湯閉門不納，更從中東門入。明旦，召詣太官賜食（太，殿本誤作‘大’），諸門候皆奪俸。建武十八年夏旱（八，大德本、殿本誤作‘六’），公卿皆暴露請雨。洛陽令著車蓋出門，湯將衞士鉤令車收案，有詔免令官，拜湯虎賁中郎將。上嘗歎曰：‘赳赳武夫（赳赳，大德本、殿本誤作“糾糾”），公侯干城，何湯之謂也。’湯以明經當授太子（當，紹興本、殿本誤作‘嘗’），推薦榮，榮拜五更，封關内侯。榮常言曰（常，殿本誤作‘嘗’）：‘此皆何仲弓之力也。’”【今注】案，王先謙《後漢書集解》引周壽昌曰：“漢法以無子出妻爲常律。若在後世，駭人聽聞矣。又漢時頗多夫婦之獄，如馮衍兩出其妻，黄允附貴出妻，范升爲出妻所控，被繫幾困於獄。殆一時風氣使然。榮之出妻，或别有不得已，非但以無子也。”可參見趙妍、秦進才《兩漢“無子出妻”問題芻議》（《牡丹江師範學院學報》2017年第5期），趙妍《淺析兩漢士人出妻問題》（《邢臺學院

學報》2017年第3期)。

［7］【今注】議郎：西漢置，隸光禄勳。爲高級郎官，不入直宿衛，職掌顧問應對，參與議政，指陳得失，爲皇帝近臣，秩比六百石。東漢更爲顯要，常選任耆儒名士、高級官吏，除議政外，亦或給事宫中近署。

［8］【今注】案，王先謙《後漢書集解》引劉攽曰："案文'入使'當作'使入'。"王先謙亦曰："《書鈔》五十六引《續漢書》正作'使入授太子'。"中華本校勘記則曰："按：孔廣陶校注本《北堂書鈔》五十六引《續漢書》作'入授太子'，無'使'字。張森楷《校勘記》謂《治要》無'使'字。"

［9］【今注】敷奏：陳述解説。

［10］【李賢注】《續漢書》曰："閣字作明。"俞，然也。然其所舉，勑令往，言汝能和諧此官。《謝承書》曰："皋弘字秦卿(秦，大德本、殿本作'奉'，是)，吴郡人也。家代爲冠族。少有英才，與桓榮相善。子徽，至司徒長史"也。【今注】案，女，大德本、殿本作"汝"。

車駕幸大學，[1]會諸博士論難於前，榮被服儒衣，温恭有藴籍，[2]辯明經義，每以禮讓相猒，不以辭長勝人，儒者莫之及，[3]特加賞賜。又詔諸生雅吹擊磬，盡日乃罷。[4]後榮入會庭中，詔賜奇果，受者皆懷之，榮獨舉手捧之以拜。帝笑指之曰："此真儒生也。"以是愈見敬厚，常令止宿大子宫。[5]積五年，榮薦門下生九江胡憲侍講，乃聽得出，[6]旦一入而已。榮嘗寢病，大子朝夕遣中傅問病，賜以珍羞、帷帳、奴婢，[7]謂曰："如有不諱，無憂家室也。"[8]後病愈，復入侍講。

［1］【今注】車駕：代指皇帝。　案，大學，大德本、殿本作

"太學"。

[2]【李賢注】蘊籍猶言寬博有餘也。蘊音於問反。【今注】蘊籍：大度。

[3]【李賢注】猒，服也。音一葉反。

[4]【李賢注】吹管奏雅頌也。

[5]【今注】案，惠棟《後漢書補注》曰："《抱朴子》曰，明帝在東宫從榮受《孝經》。"

[6]【今注】聽：許可。

[7]【今注】羞：食物。

[8]【李賢注】不諱謂死也。死者人之常，故言不諱也。

二十八年，大會百官，詔問誰可傅大子者，群臣承望上意，皆言大子舅執金吾原鹿侯陰識可。[1]博士張佚正色曰："今陛下立大子，爲陰氏乎？爲天下乎？即爲陰氏，則陰侯可；爲天下，則固宜用天下之賢才。"帝稱善，曰："欲置傅者，以輔大子也。今博士不難正朕，況大子乎？"即拜佚爲大子大傅，[2]而以榮爲少傅，[3]賜以輜車、乘馬。榮大會諸生，陳其車馬、印綬，曰："今日所蒙，稽古之力也，可不勉哉！"榮以大子經學成畢，上疏謝曰："臣幸得侍帷幄，[4]執經連年，而智學淺短，無以補益萬分。今皇大子以聰叡之姿，通明經義，觀覽古今，儲君副主莫能專精博學若此者也。斯誠國家福祐，天下幸甚。臣師道已盡，皆在大子，謹使掾臣汜再拜歸道。"[5]大子報書曰："莊以童蒙，[6]學道九載，而典訓不明，無所曉識。夫五經廣大，聖言幽遠，非天下之至精，豈能與於此！[7]況以不才，敢承誨命。昔之先師謝弟子者有矣，上則通達經旨，分明章句，[8]下則去家慕鄉，求謝師門。[9]今蒙下列，[10]不敢有辭，願君慎疾加餐，重愛玉體。"[11]

[1]【李賢注】言可任也。【今注】執金吾：西漢武帝太初元年（前104）由中尉改名。職掌京師治安，督捕盜賊，負責宮廷之外、京城之內的警衛，戒備非常水火之事，管理中央武庫，皇帝出行則掌護衛及儀仗隊。秩中二千石。王莽始建國元年（9）更名奮武，東漢復舊。京師治安多委司隸校尉，遂減省屬官，唯領一丞及武庫令、丞，罷其兵，領緹騎二百人，專掌巡察宮外及主中央武庫。　原鹿：侯國名。東漢建武十五年（39）置，屬汝南郡。治所在今安徽阜南縣西南公橋集東。　陰識：字次伯，南陽新野（今河南新野縣）人。光烈皇后同父異母兄。傳見本書卷三二。

[2]【今注】大子大傅：太子太傅，官名。與太子少傅並稱太子二傅。西漢初掌保養、監護、輔翼太子，昭、宣以後兼掌教諭訓導。秩二千石。與太子少傅同領太子門大夫、庶子、洗馬、舍人等東宫官屬。新莽改名太子師。東漢復故，秩中二千石，掌輔導太子，不領東宫官屬及庶務，諸屬官由少傅主之。太子於二傅執弟子之禮，太傅不稱臣。案，大傅，紹興本、大德本、殿本作"太傅"。本卷下文不再出注。

[3]【今注】少傅：太子少傅。

[4]【今注】帷幄：帳幕。此處代指太子。

[5]【李賢注】《續漢書》曰："三公東西曹掾四百石，餘掾比二百石。"歸猶謝也。

[6]【今注】報書：回信。　莊：漢明帝劉莊自稱。

[7]【李賢注】此上二句，《周易》之繫辭。與音預。

[8]【李賢注】《前書》丁寬受學於田何，學成，何謝寬，寬東歸，何謂門人曰："《易》東矣。"是先師謝弟子。

[9]【李賢注】《韓詩外傳》曰"孔子行，見皋魚哭。孔子曰：'子非有喪，何哭悲也?'皋魚曰：'吾少而好學，周流諸侯，

以没吾親。樹欲静而風不止，子欲養而親不待。往而不可追者年也，去而不見者親也。’孔子曰：‘弟子識之。’於是門人辭歸者十有三”也。

［10］【今注】今蒙下列：指在弟子之列。

［11］【李賢注】《史記》曰：“伏聞大后玉體不安（大，紹興本、大德本作‘太’，是）。”君子於玉比德，故以言也。

三十年，拜爲大常。[1]榮初遭倉卒，[2]與族人桓元卿同飢厄，而榮講誦不息。元卿嗤榮曰：“但自苦氣力，何時復施用乎？”榮笑不應。及爲大常，元卿歎曰：“我農家子，豈意學之爲利乃若是哉！”[3]

［1］【今注】大常：太常。位列九卿之首，官居清要，職務繁重，多由列侯充任。主管祭祀社稷、宗廟和朝會、喪葬禮儀，管理皇帝陵墓、寢廟所在縣邑，每月巡視諸陵，兼管文化教育，博士和博士弟子的考核、薦舉、補吏亦由其主持。西漢中期以後職權逐漸分化削弱，考試之權轉歸尚書，陵邑劃屬三輔。新莽時改名秩宗。東漢復舊，秩中二千石。大常，紹興本、大德本作“太常”，本卷下文不再出注。

［2］【今注】倉卒：指處境艱難。

［3］【李賢注】《東觀漢記》曰：“榮爲大常（大，紹興本、大德本作‘太’），元卿來候榮，榮諸弟子謂曰：‘平生笑盡氣力，今何如？’元卿曰：‘我安能知此哉！’”【今注】案，《東觀漢記》卷一五《桓榮傳》曰：“後榮爲太常，元卿來候榮，榮諸弟子謂曰：‘平生笑君盡氣，今何如？’元卿曰：‘我農民，安能預知此。’”與李賢注略有不同。

顯宗即位，尊以師禮，甚見親重，拜二子爲郎。

榮年踰八十，自以衰老，數上書乞身，[1]輒加賞賜。乘輿嘗幸大常府，令榮坐東面，設几杖，[2]會百官驃騎將軍東平王蒼以下及榮門生數百人，[3]天子親自執業，[4]每言輒曰"大師在是"。[5]既罷，悉以大官供具賜大常家。[6]其恩禮若此。

［1］【今注】乞身：古代官員因年老而自請退職，又稱"乞骸骨"。

［2］【今注】几杖：几案和手杖，以供老人坐時依靠或行時扶持。古代設几杖爲敬老之禮。

［3］【今注】驃騎將軍：官名。驃，亦作"票"。西漢武帝置爲重號將軍，僅次於大將軍，秩萬石。東漢位比三公，地位尊崇。東平王蒼：光武帝子。建武十五年（39）封東平公，十七年進爵爲王。少好經書，明帝時曾參與制定南北郊冠冕車服制度。明帝、章帝時備受禮遇，常諮訪政事。有《光武受命中興頌》，文辭典雅。卒後謚憲王。傳見本書卷四二。

［4］【今注】執業：持經書誦習。《資治通鑑》卷四四《漢紀》顯宗孝明皇帝永平二年胡三省注云"執業猶執經也"。《初學記》卷一二引《華嶠書》作"執經"。

［5］【李賢注】《東觀記》曰"時執經生避位發難，上謙曰'大師在是'"也。

［6］【今注】大官：太官。官名，也是官署名，戰國秦置。見《睡虎地秦墓竹簡·秦律雜抄》。秦漢沿置，掌宫廷膳食，由令、丞主之，屬少府。大官，紹興本、大德本作"太官"，本卷下文不再出注。

永平二年，[1]三雍初成，拜榮爲五更。[2]每大射養老禮畢，帝輒引榮及弟子升堂，執經自爲下説。[3]乃封榮爲關内侯，[4]食邑五千户。[5]

［1］【今注】永平：東漢明帝劉莊年號（58—75）。

［2］【李賢注】三雍，宫也，謂明堂、靈臺、辟雍。《前書音義》曰："皆叶天人雍和之氣爲之，故謂三雍。"五更，解見《明紀》。【今注】五更：有學者指出，"五更"是一位知曉五行之道且在仕的年耆德茂的長老，"五更"的身份地位是卿大夫；設置"五更"的目的是陳明悌順之道，教化天下；"五更"與"三老"分别代表了傳統的悌、孝倫理，是帝王宣教孝悌之道的行爲象徵，是忠事君主的倫理依據；"五更"的選拔標準與要求比較高，其社會職責是輔助"三老"教學孝悌之道，地位低於"三老"；東漢後三老五更制時興時廢，"五更"的社會地位有所變化。（參見温樂平《漢代"五更"考析》，《史學月刊》2010年第7期）

［3］【李賢注】下説謂下語而講説之也。【今注】執經自爲下説：意謂捧着經書以自問自答的方式向桓榮求教。

［4］【今注】關内侯：二十等爵制的第十九級，地位僅次於列侯。列侯有封邑，能食其邑之租税。而關内侯僅有封號而無封邑，寄食於關内三輔地區。

［5］【李賢注】《東觀記》曰："榮以《尚書授朕十有餘年。《詩》云：'日就月將，示我顯德行。'乃封之。"【今注】案，《北堂書鈔》卷四八引《東觀記》曰："榮以《尚書》授朕十有餘年。《詩》云：'日就月將，示我顯德行。'其賜爵關内侯，食邑五千户。"吴樹平《東觀漢記校注》曰："姚本、聚珍本作'五百户'，而范曄《後漢書·明帝紀》《桓榮傳》作'五千户'，《書鈔》卷六七引同。"（中華書局2008年版，第640頁）沈欽韓《後漢書疏證》曰："《東觀記》作'五百户'爲是。"

榮每疾病，帝輒遣使者存問，大官、大醫相望於道。[1]及篤，[2]上疏謝恩，讓還爵土。帝幸其家問起居，入街下車，擁經而前，[3]撫榮垂涕，賜以牀茵、帷帳、刀劍、衣被，良久乃去。自是諸侯將軍大夫問疾者，不敢復乘車到門，皆拜床下。榮卒，帝親自變服，臨喪送葬，賜冢塋于首山之陽。[4]除兄子二人補四百石，都講生八人補二百石，其餘門徒多至公卿。[5]子郁嗣。[6]

[1]【今注】案，大醫，紹興本、大德本、殿本作“太醫”，本卷下文不再出注。

[2]【今注】篤：病重。

[3]【今注】案，沈欽韓《後漢書疏證》曰：“《宋書·禮志》國子太學生執一卷經以代手版。蓋明帝以弟子自處。”

[4]【李賢注】首陽山在今偃師縣西北也。【今注】首山之陽：即首陽山。在今河南偃師市西北。

[5]【李賢注】《華嶠書》曰：“榮弟子丁鴻學最高。”

[6]【李賢注】《華嶠書》曰：“榮長子雍早卒，少子郁嗣。”

論曰：張佚訐切陰侯，[1]以取高位，危言犯衆，[2]義動明后，[3]知其直有餘也。若夫一言納賞，志士爲之懷恥；[4]受爵不讓，風人所以興歌。[5]而佚廷議戚援，自居全德，[6]意者以廉不足乎？昔樂羊食子，有功見疑；西巴放麑，以罪作傅。[7]蓋推仁審僞，本乎其情。君人者能以此察，則真邪幾於辨矣。[8]

[1]【今注】訐切：責備，檢舉。

[2]【今注】危言：正直的言論。

[3]【今注】明后：明帝。后，指君主。

[4]【李賢注】秦兵圍趙，時魯仲連在趙，因説令退兵。平

原君趙勝乃以千金爲仲連壽，連笑曰："所貴於天下之士者，能排患解紛而無取也。即有取者，是商賈之事也，而連不忍爲也。"遂去，終身不復見。見《史記》也。【今注】案，事見《史記》卷八三《魯仲連鄒陽列傳》、《戰國策·趙策三》。

[5]【李賢注】《詩·小雅·角弓篇》曰："受爵不讓，至於己斯亡。"風人猶詩人也。

[6]【李賢注】佚諫云"當用天下之賢才"，而乃自當其任，故曰"自居全德"。全德言無玷缺也。《莊子》曰"是謂全德"也。

[7]【李賢注】並解見《吴漢傳》。【今注】樂羊食子有功見疑：事見《戰國策·魏策一》。樂羊擔任魏國將領攻打中山，其子在中山國。中山國君烹殺樂羊的兒子，並用他兒子的肉煮成湯送給樂羊喝，樂羊在帳幕中飲了一口。戰事後，魏文侯在獎賞樂羊戰功時，却懷疑樂羊的品德。 西巴放麑以罪作傅：事見《韓非子·説林上》。孟孫獵獲了一隻麑，讓秦西巴帶回家。麑母一直跟着啼哭，秦西巴不忍心就放了這隻麑。孟孫大怒，趕走了秦西巴。過了三月，孟孫又召回秦西巴，且請他當了孩子的老師。

[8]【李賢注】幾，近也，音鉅依反。【今注】案，王先謙《後漢書集解》謂"真"蓋"貞"之誤。

郁字仲恩，少以父任爲郎。敦厚篤學，傳父業，以《尚書》教授，門徒常數百人。榮卒，郁當襲爵，上書讓於兄子汎，顯宗不許，不得已受封，悉以租入與之。帝以郁先師子，有禮讓，甚見親厚，常居中論經書，問以政事，稍遷侍中。[1]帝自制《五家要説章句》，令郁校定於宣明殿，[2]以侍中監虎賁中郎將。[3]

[1]【李賢注】《東觀記》曰"永平十四年爲議郎，遷侍中"

也。【今注】侍中：官名。秦朝始置，西漢爲加官。侍從皇帝左右。王莽秉政，復令與宦官同止禁中。東漢置爲正式職官，秩比二千石。

［2］【李賢注】《華嶠書》曰“帝自制《五行章句》”，此言“五家”，即謂五行之家也。宣明殿在德陽殿後。《東觀記》曰：“上謂郁曰：‘卿經及先師，致復文雅。’其冬，上親於辟雍，自講所制《五行章句》已，復令郁説一篇。上謂郁曰：‘我爲孔子，卿爲子夏，起予者商也。’又問郁曰：‘子幾人能傳學？’郁曰：‘臣子皆未能傳學，孤兄子一人學方起’。上曰：‘努力教之，有起者即白之。’”【今注】案，沈欽韓《後漢書疏證》曰：“五家謂歐陽、林尊、平當、朱普、桓榮也。《華嶠書》作五行似專言《洪範五行》，非也。”

［3］【今注】監：似作“兼”。

永平十五年，入授皇太子經，[1]遷越騎校尉，[2]詔敕太子、諸王各奉賀致禮。郁數進忠言，多見納録。[3]肅宗即位，[4]郁以母憂乞身，[5]詔聽以侍中行服。[6]建初二年，[7]遷屯騎校尉。[8]

［1］【今注】皇太子：東漢章帝劉炟，公元75年至88年在位。紀見本書卷三。

［2］【今注】越騎校尉：官名。兩漢皆置，爲八校尉之一，掌越騎。西漢秩二千石，有丞，掌治文書；有司馬，掌領兵。東漢秩比二千石，無丞，有司馬一人，掌領宿衛兵。吏員一百二十七人，領士七百人。

［3］【李賢注】《東觀記》曰：“皇太子賜郁鞍馬、刀劍，郁乃上疏皇太子曰：‘伏見太子體性自然，包含今古，謙謙允恭，天下共見。郁父子受恩，無以明益，夙夜慙懼，誠思自竭。愚以爲太子上當合聖心，下當卓絶於衆，宜思遠慮，以光朝廷。’”

[4]【今注】肅宗：漢章帝劉炟。

[5]【今注】母憂：母親喪事。

[6]【李賢注】《華嶠書》曰"郁上書乞身，天子憂之，有詔公卿議。議者皆以郁身爲名儒，學者之家（家，殿本作'宗'，是），可許之，於是詔郁以侍中行服"也。【今注】行服：服喪守孝。

[7]【今注】建初：東漢章帝劉炟年號（76—84）。

[8]【今注】屯騎校尉：漢武帝初置，掌騎士，屬官有丞和司馬，秩二千石。東漢時秩比二千石，領宿衛兵七百人。

和帝即位，[1]富於春秋，侍中竇憲自以外戚之重，[2]欲令少主頗涉經學，[3]上疏皇大后曰：[4]"《禮記》云：'天下之命，懸於天子；天子之善，成乎所習。習與智長，則切而不勤；化與心成，則中道若性。昔成王幼小，[5]越在襁保，周公在前，[6]史佚在後，[7]大公在左，[8]召公在右。[9]中立聽朝，四聖維之。[10]是以慮無遺計，舉無過事。'[11]孝昭皇帝八歲即位，[12]大臣輔政，[13]亦選名儒韋賢、蔡義、夏侯勝等入授於前，平成聖德。[14]近建初元年，張酺、魏應、召訓亦講禁中。[15]臣伏惟皇帝陛下，躬天然之姿，[16]宜漸教學，而獨對左右小臣，未聞典義。昔五更桓榮，親爲帝師，子郁，結髮敦尚，[17]繼傳父業，故再以校尉入授先帝，父子給事禁省，更歷四世，今白首好禮，經行篤備。又宗正劉方，[18]宗室之表，善爲《詩經》，先帝所褒。宜令郁、方並入教授，以崇本朝，光示大化。"由是遷長樂少府，[19]復入侍講。頃之，轉爲侍中奉車都尉。[20]永元四年，[21]代丁鴻爲大常。明年，病卒。

［1］【今注】和帝：東漢和帝劉肇，公元 88 年至 105 年在位。紀見本書卷四。

［2］【今注】竇憲：字伯度，扶風平陵（今陝西咸陽市西北）人。傳見本書卷二三。

［3］【今注】少主：指漢和帝劉肇。

［4］【今注】皇大后：東漢章帝竇皇后。紹興本、大德本、殿本作“皇太后”。

［5］【今注】成王：周成王。

［6］【今注】周公：周公旦。

［7］【今注】史佚：西周史官。

［8］【今注】大公：姜太公。紹興本、大德本、殿本作“太公”。

［9］【今注】召公：周召公奭。

［10］【今注】四聖：指周公、史佚、太公、召公。

［11］【李賢注】自《禮記》以下，至此以上，皆《大戴禮》之文也。切而不勤，謂習與智長，則常自切厲而不須勤勑，若性猶自然也。襁絡也（絡，大德本、殿本作“縕”）；保（保，大德本、殿本作“褓”），小兒被也。“保”當作“褓”，古字通也。史佚，成王時史官，名佚，賢者也。維，持也。遺，失也。

［12］【今注】孝昭皇帝：西漢昭帝劉弗陵，公元前 87 年至前 74 年在位。紀見《漢書》卷七。

［13］【今注】大臣輔政：指霍光等輔佐昭帝。

［14］【李賢注】韋賢字長孺（孺，大德本作“儒”），魯國鄒人，治《魯詩》。蔡義，河内温人也，爲《韓詩》，給事中也。夏侯勝，魯人也，字長公，治《歐陽尚書》。並見《前書》。【今注】韋賢：字長孺，魯國鄒（今山東鄒城市東南）人。號稱鄒魯大儒，爲博士、給事中，進授昭帝《詩》。宣帝時爲長信少府。後爲丞相。傳見《漢書》卷七三。　蔡義：河内温（今河南温縣）人。爲昭帝説《韓詩》而拜光禄大夫、給事中。後爲丞相。傳見

《漢書》卷六六。　夏侯勝：字長公，東平（今山東東平縣東南）人。西漢昭帝時爲博士、光禄大夫，宣帝時爲長信少府。傳見《漢書》卷七五、卷八八。　平成：形成。

[15]【李賢注】酺等並自有傳。【今注】張酺：字孟侯，汝南細陽（今安徽太和縣東南）人。傳見本書卷四五。　魏應：字君伯，任城（今山東濟寧市東南）人。傳見本書卷七九下。　召訓：又作“召馴”。字伯春。傳見本書卷七九下。

[16]【今注】案，惠棟《後漢書補注》曰：“桓譚《新論》曰，聖人天然之姿，所以絶人遠者也。”

[17]【今注】結髮：束髮。指年輕的時候。

[18]【今注】劉方：王先謙《後漢書集解》引錢大昕曰：“方，平原人。范史無傳。考章帝元和二年，詔書稱襄城令劉方，則其時方尚爲縣令。至永元四年，由宗正拜司空，首尾裁八年爾。頗怪其遷轉之驟。今觀竇憲疏乃知方以宗室，通經術，故有不次之擢也。”

[19]【今注】長樂少府：官名。西漢平帝元始四年（4）改長信少府置。掌皇太后宫中事務，秩二千石。東漢因之，不常置。長樂，即長樂宫。本秦之興樂宫。西漢高祖五年（前202）重加擴建，改名長樂宫。在今陝西西安市西北十五里、漢長安城東隅。

[20]【今注】奉車都尉：武帝初置，掌御乘輿車，出則陪乘，入則侍從，秩比二千石。後也奉命外屯或領兵征伐。

[21]【今注】永元：東漢和帝劉肇年號（89—105）。

郁經授二帝，[1]恩寵甚篤，賞賜前後數百千萬，顯於當世。門人楊震、朱寵，皆至三公。[2]

[1]【今注】案，經授，大德本作“教授”。從文意看，底本更確。

[2]【李賢注】《鄧騭傳》曰：“朱寵字仲威，京兆人也。篤

行好學，從桓榮受《尚書》（受，大德本、殿本作'授'，是），位至大尉（大，紹興本、大德本作'太'，是）。"【今注】楊震：字伯起，弘農華陰（今陝西華陰市東）人。傳見本書卷五四。

初，榮受朱普學章句四十萬言，浮辭繁長，多過其實。[1]及榮入授顯宗，減爲二十三萬言。郁復删省定成十二萬言。由是有《桓君大小大常章句》。

[1]【李賢注】長音直亮反。

子普嗣，傳爵至曾孫。郁中子焉，能世傳其家學。[1]孫鸞、曾孫彬，並知名。

[1]【李賢注】《華嶠書》曰："郁六子，普、延、焉、俊、酆、良。普嗣侯，傳國至曾孫，絶。酆、良子孫皆博學有才能。"

焉字叔元，少以父任爲郎。明經篤行，有名稱。永初元年，[1]入授安帝，[2]三遷爲侍中步兵校尉。永寧中，[3]順帝立爲皇大子，[4]以焉爲大子少傅，月餘，遷大傅，以母憂自乞，聽以大夫行喪。踰年，詔使者賜牛酒，奪服，[5]即拜光禄大夫，[6]遷大常。時廢皇大子爲濟陰王，焉與大僕來歷、廷尉張皓諫，[7]不能得，事已具《來歷傳》。

[1]【今注】永初：東漢安帝劉祜年號（107—113）。

[2]【今注】安帝：東漢安帝劉祜，公元106年至125年在位。紀見本書卷五。

［3］【今注】永寧：東漢安帝劉祜年號（120—121）。

［4］【今注】順帝：東漢順帝劉保，公元125年至144年在位。紀見本書卷六。

［5］【今注】奪服：沈欽韓《後漢書疏證》曰："後世所謂奪情。《皇甫誕碑》尋詔奪情，復其舊任。趙昇《朝野類要》云已解官持服，而朝廷特再推用者，名起復。起復即奪情也。今人以禫後即吉爲起復者，誤。"

［6］【今注】光禄大夫：西漢武帝時改中大夫置，掌論議。西漢晚期，多作爲貴戚重臣的加官。屬光禄勳，秩比二千石。無員限。東漢時，因權臣不復冠此號，漸成閑散之職，雖仍掌顧問應對，但多用以拜假賵贈之使，及監護諸國嗣喪事。

［7］【今注】大僕：秦漢皆置，掌皇帝專用車馬。秩中二千石，位列九卿。大僕，紹興本、大德本、殿本作"太僕"，本卷下文不再出注。　來歷：字伯珍，南陽新野（今河南新野縣）人。其母爲顯宗女武安公主。延光元年（122），尊歷母爲長公主。二年，遷歷太僕。傳見本書卷一五。　張皓：字叔明，犍爲武陽（今四川眉山市彭山區）人。傳見本書卷五六。

順帝即位，拜大傅，與大尉朱寵並録尚書事。焉復入授經禁中，因讌見，建言宜引三公、尚書入省事，[1]帝從之。以焉前廷議守正，封陽平侯，固讓不受。視事三年，坐辟召禁錮者爲吏免。復拜光禄大夫。陽嘉二年，[2]代來歷爲大鴻臚，[3]數日，遷爲大常。永和五年，[4]代王龔爲大尉。[5]漢安元年，[6]以日食免。明年，卒於家。

［1］【李賢注】省猶視也（也，大德本、殿本作"事"）。

［2］【今注】陽嘉：東漢順帝劉保年號（132—135）。

［3］【今注】大鴻臚：秦和西漢初稱典客，掌管歸降的少數民族。漢景帝中六年（前 144）改稱大行令，漢武帝太初元年（前 104）又更名大鴻臚。王莽時改稱典樂。東漢又復稱大鴻臚，設卿一人，秩中二千石。掌諸侯和四方歸降的少數民族。本書《百官志二》："大鴻臚，卿一人，中二千石。本注曰：掌諸侯及四方歸義蠻夷。其郊廟行禮，贊導，請行事，既可，以命群司。諸王入朝，當郊迎，典其禮儀。及郡國上計，匡四方來，亦屬焉。皇子拜王，贊授印綬。及拜諸侯、諸侯嗣子及四方夷狄封者，臺下鴻臚召拜之。王薨則使弔之，及拜王嗣。"

［4］【今注】永和：東漢順帝劉保年號（136—141）。

［5］【今注】王龔：字伯宗，山陽高平（今山東鄒城市西南）人。傳見本書卷五六。

［6］【今注】漢安：東漢順帝劉保年號（142—144）。

弟子傳業者數百人，黄瓊、楊賜最爲顯貴。[1]焉孫典。[2]

［1］【今注】黄瓊：字世英，江夏安陸（今湖北雲夢縣）人。傳見本書卷六一。　楊賜：字伯獻，弘農華陰（今陝西華陰市東）人。傳見本書卷五四。

［2］【李賢注】《華嶠書》曰："焉長子衡，早卒。中子順，順子典。"

典字公雅，復傳其家業，[1]以《尚書》教授潁川，[2]門徒數百人。舉孝廉爲郎。居無幾，會國相王吉以罪被誅，[3]故人親戚莫敢至者。典獨弃官收斂歸葬，服喪三年，負土成墳，爲立祠堂，盡禮而去。

［1］【李賢注】《華嶠書》曰“典十二喪父母，事叔母如事親（親，大德本誤作‘焉’）。立廉操，不取於人，門生故吏問遺，一無所受”也。

［2］【今注】潁川：郡名。治陽翟縣（今河南禹州市）。

［3］【李賢注】沛相。【今注】國相：沛國相。　王吉：陳留浚儀（今河南開封市鼓樓區）人。傳見本書卷七七。

辟司徒袁隗府，[1]舉高第，[2]拜侍御史。[3]是時宦官秉權，典執正無所回避。[4]常乘驄馬，京師畏憚，爲之語曰：“行行且止，避驄馬御史。”及黄巾賊起滎陽，[5]典奉使督軍。賊破，還，以忤宦官賞不行。[6]在御史七年不調，[7]後出爲郎。

［1］【今注】司徒：官名。西漢哀帝元壽二年（前1）改丞相爲大司徒，東漢光武帝建武二十七年（51）改名司徒，與太尉、司空並爲三公，分掌宰相職能，秩萬石。　袁隗：字次陽。袁安曾孫。獻帝初，隗爲太傅。後被董卓殺害。事見本書卷四五《袁安傳》。

［2］【今注】高第：舊稱考試或官吏考績列入優等。

［3］【今注】侍御史：官名。西漢時爲御史大夫屬官，掌受公卿奏事，監察文武官員等，秩六百石。王莽時改侍御史爲執法。東漢復舊，爲御史臺屬官，於糾彈本職之外，常奉命出使州郡，巡行風俗，督察軍旅，職權頗重。

［4］【今注】案，正，紹興本、大德本、殿本作“政”。王先謙《後漢書集解》引劉攽曰：“案，典爲御史，非執政者。政當作正。”

［5］【今注】滎陽：縣名。治所在今河南鄭州市西北古滎鎮。

［6］【今注】忤：牴觸。

［7］【今注】案，七年，《華嶠書》作“十年”。

靈帝崩，[1]大將軍何進秉政，[2]典與同謀議，三遷羽林中郎將。[3]獻帝即位，[4]三公奏典前與何進謀誅閹官，功雖不遂，忠義炳著。詔拜家一人爲郎，賜錢二十萬。

［1］【今注】靈帝：東漢靈帝劉宏，公元168年至189年在位。紀見本書卷八。

［2］【今注】何進：字遂高，南陽宛（今河南南陽市卧龍區）人。傳見本書卷六九。

［3］【李賢注】《華嶠書》曰"遷平津都尉、鉤盾令、羽林中郎將"也。【今注】羽林中郎將：西漢宣帝令中郎將監羽林禁軍，稱羽林中郎將，主羽林郎，掌宿衛侍從。屬光禄勳，秩比二千石。東漢沿置，多由外戚或功臣子弟等親信充任。案，王先謙《後漢書集解》引劉攽曰："案，平津非郡，何得有都尉。蓋是平準令誤。準爲津，因轉令爲都尉也。典又爲鉤盾令，故知其必是中都官也。"而陳景雲曰："靈帝中平元年，因黄巾之變，特置八關都尉官，平津其一也。見《帝紀》注。劉説非。"

［4］【今注】獻帝：東漢獻帝劉協，公元189年至220年在位。紀見本書卷九。

從西入關，拜御史中丞，[1]賜爵關内侯。車駕都許，[2]遷光禄勳。建安六年，[3]卒官。

［1］【今注】御史中丞：西漢始置，東漢獨立爲御史臺長官，名義上隸少府，專掌監察、執法，領治書侍御史、侍御史，常受命領兵，出督軍旅。與司隸校尉、尚書令並號"三獨坐"，爲京師顯官，職權甚重。秩千石。

［2］【今注】許：在今河南許昌市東古城。東漢建安初，曹操

迎獻帝都此。

［3］【今注】建安：東漢獻帝劉協年號（196—220）。

鸞字始春，焉弟子也。[1]少立操行，縕袍糟食，不求盈餘。[2]以世濁，州郡多非其人，恥不肯仕。

［1］【李賢注】《東觀記》曰"鸞父良，龍舒侯相"也。

［2］【李賢注】《東觀記》曰"鸞貞亮之性，著乎幼沖。學覽六經，莫不貫綜。推財孤寡，分賄友朋。泰於待賢，狹於養己。常著大布縕袍，糲食醋餐"也（糲，大德本誤作"麤"）。【今注】縕袍：粗布衣服。　糟食：粗劣的飲食，或言苦食。

年四十餘，時大守向苗有名迹，乃舉鸞孝廉，遷爲膠東令。[1]始到官而苗卒，鸞即去職奔喪，終三年然後歸，淮汝之間高其義。後爲巳吾、汲二縣令，[2]甚有名迹。諸公並薦，復徵辟拜議郎。[3]上陳五事：舉賢才，審授用，黜佞倖，省苑囿，息役賦。書奏御，牾内豎，故不省。以病免。中平元年，[4]年七十七，卒于家。子曄。

［1］【今注】膠東：縣名。東漢改鬱秩縣置，屬北海國。治所在今山東平度市。案，中華本校勘記曰："《校補》引錢大昭説，謂鸞，沛國人，苗當爲國相，桓典之爲孝廉，國相王吉舉之，是其證。此云'太守'誤。"

［2］【李賢注】《東觀記》曰："陳留巳吾長（殿本'陳'前有'除'字），旬月閒遷河内汲令。"【今注】巳吾：縣名。東漢和帝永元十一年（99）置，屬陳留郡。治所在今河南寧陵縣西南三十九里己吾城。　汲：縣名。治所在今河南衛輝市西南二十里

汲城。

［3］【今注】案，王先謙《後漢書集解》引劉攽曰："案，徵則上徵之，辟則諸府辟之。議郎當云徵而已。明多'辟'字。"

［4］【今注】中平：東漢靈帝劉宏年號（184—189）。

曄字文林，一名嚴，[1]尤修志介。[2]姑爲司空楊賜夫人。初鸞卒，姑歸寧赴哀，[3]將至，止於傳舍，整飾從者而後入，曄心非之。及姑勞問，終無所言，號哭而已。賜遣吏奉祠，因縣發取祠具，曄拒不受。後每至京師，未嘗舍宿楊氏。其貞忮若此。[4]賓客從者，皆祇其志行，[5]一餐不受於人。仕爲郡功曹。後舉孝廉、有道、方正、茂才，[6]三公並辟，皆不應。

［1］【李賢注】《東觀記》"嚴"作"礹"。

［2］【今注】志介：猶言志節。

［3］【今注】歸寧：已嫁女子回娘家省親。

［4］【李賢注】忮，堅也。【今注】貞忮：堅貞。

［5］【今注】案，大德本"其"前有"直"字。

［6］【今注】方正：賢良方正，中國古代選拔人才的科目之一。賢良，指品德高尚；方正，指品行端正。　茂才：即秀才。東漢時避光武帝劉秀諱而稱茂才。漢代選拔人才的科目之一。每年由郡國推舉一人。

初平中，[1]天下亂，避地會稽，[2]遂浮海客交阯，[3]越人化其節，至閭里不爭訟。爲凶人所誣，遂死于合浦獄。[4]

［1］【今注】初平：東漢獻帝劉協年號（190—193）。

［2］【今注】會稽：郡名。秦始皇二十五年（前222）置，治吴縣（今江蘇蘇州市）。東漢順帝永建四年（129）徙治山陰縣（今浙江紹興市）。

［3］【李賢注】《東觀記》曰“礹到吴郡，揚州刺史劉繇振給穀食衣服所乏者，悉不受。後東適會稽，住止山陰縣故魯相鍾離意舍，太守王朗餉給糧食、布帛、牛羊，一無所當（當，殿本作‘留’，是）。臨去之際，屋中尺寸之物，悉疏付主人，纖微不漏。移居揚州從事屈豫室中，中庭橘樹一株，遇實孰（孰，殿本作‘熟’，是），乃以竹藩樹四面，風吹落兩實，以繩繫著樹枝。每當危亡之急，其志彌固，賓客從者皆肅其行”也。【今注】交阯：郡名。治龍編縣（今越南河北省仙遊東）。

［4］【今注】合浦：郡名。西漢武帝元鼎六年（前111）置，治徐聞縣（今廣東徐聞縣南）。東漢移治合浦縣（今廣西浦北縣南舊州村）。

彬字彦林，焉之兄孫也。

父麟，字元鳳，早有才惠。[1]桓帝初，[2]爲議郎，入侍講禁中，以直道牾左右，出爲許令，[3]病免。會母終，麟不勝喪，未祥而卒，[3]年四十一。所著碑、誄、讚、説、書凡二十一篇。[4]

［1］【李賢注】《華嶠書》曰“酆生麟”也。

［2］【今注】桓帝：東漢桓帝劉志，公元146年至167年在位。紀見本書卷七。

［3］【李賢注】許，縣名，今許州許昌縣也。【今注】許：縣名。治所在今河南許昌市。

［4］【李賢注】案摯虞《文章志》，麟文見在者十八篇，有碑九首，誄七首，《七説》一首，《沛相郭府君書》一首。

彬少與蔡邕齊名。[1]初舉孝廉，拜尚書郎。[2]時中常侍曹節女壻馮方亦爲郎，[3]彬厲志操，與左丞劉歆、右丞杜希同好交善，[4]未嘗與方共酒食之會，方深怨之，遂章言彬等爲酒黨。事下尚書令劉猛，雅善彬等，[5]不舉正其事。節大怒，劾奏猛，以爲阿黨，請收下詔獄，在朝者爲之寒心。猛意氣自若，旬日得出，免官禁錮。彬遂以廢。光和元年，[6]卒於家，年四十六。諸儒莫不傷之。

[1]【今注】蔡邕：字伯喈，陳留圉（今河南杞縣）人。精通經史、天文、音律，善辭賦，工書法，尤善隸書，熹平年間曾爲太學石經書丹。所著《獨斷》《勸學》《釋誨》等各體文共一百多篇，爲東漢末著名學者。傳見本書卷六〇下。

[2]【今注】尚書郎：漢制，尚書自令、僕射、丞下有郎，初任稱守尚書郎，任滿一年稱郎中，滿三年稱侍郎。西漢員四人，分隸尚書。東漢增至三十四人，皆秩四百石，主文書起草。

[3]【今注】中常侍：官名。初稱常侍，漢元帝以後稱中常侍。凡列侯、將軍、卿大夫、將、都尉、尚書以至郎中，加此得出入禁中，常侍皇帝左右。武帝以後參與朝議，成爲中朝官。無定員。《資治通鑑》卷二八《漢紀》孝元皇帝初元元年胡三省注根據《百官公卿表》，指出侍中、中常侍皆加官，西漢時參用士人，東漢時乃以宦者爲中常侍。

[4]【今注】劉歆：字子駿。沛（今江蘇沛縣）人。劉向之子。西漢古文經學家、目録學家。曾受詔與其父劉向領校群書。劉向死後，劉歆繼續領校書籍，成《七略》，爲中國歷史上第一部圖書分類目録。王莽時爲國師。傳見《漢書》卷三六。

[5]【今注】案，殿本“雅”前有“猛”字。語義更順。

[6]【今注】光和：東漢靈帝劉宏年號（178—184）。

所著《七説》及書凡三篇，蔡邕等共論序其志，僉以爲彬有過人者四：[1]夙智早成，岐嶷也；[2]學優文麗，至通也；仕不苟禄，絶高也；辭隆從窊，絜操也。[3]乃共樹碑而頌焉。

[1]【今注】僉：衆人，大家。

[2]【李賢注】夙，早也。岐，行皃也（皃，殿本作“貌”）。嶷然有所識也。《詩》曰“克岐克嶷”也。【今注】岐嶷：形容行爲中表現有學識。語出《詩·大雅·生民》。

[3]【李賢注】窊，下也，音烏瓜反。【今注】從窊：從下。比喻謙讓。

劉猛，琅邪人。[1]桓帝時爲宗正，直道不容，自免歸家。靈帝即位，太傅陳蕃、大將軍竇武輔政，[2]復徵用之。

[1]【今注】琅邪：郡名。秦置，治琅邪縣（今山東青島市黄島區琅琊鎮）。西漢移治東武縣（今山東諸城市）。東漢章帝建初五年（80）改琅邪國，移治開陽縣（今山東臨沂市北）。

[2]【今注】陳蕃：字仲舉，汝南平輿（今河南平輿縣北）人。與太尉李固等反對宦官專權，後謀誅宦官而事洩被殺。傳見本書卷六六。　竇武：字游平，扶風平陵（今陝西咸陽市西北）人。長女爲桓帝皇后。在位多辟名士，清身疾惡。因立靈帝有功，拜爲大將軍，輔朝政。與太傅陳蕃共商誅滅宦官，不成而自殺。傳見本書卷六九。

論曰：伏氏自東西京相襲爲名儒，以取爵位。[1]中興而桓氏尤盛，自榮至典，世宗其道，父子兄弟代作帝師，受其業者皆至卿相，顯乎當世。子曰："古之學者爲己，今之學者爲人。"[2]爲人者，憑譽以顯物；爲己者，因心以會道。桓榮之累世見宗，豈其爲己乎！

［1］【李賢注】謂伏生已後至伏湛也。【今注】伏氏：指伏生至伏湛的伏氏一族。伏生，字子賤。秦博士。西漢文帝時撰《尚書大傳》。伏湛，字惠公。東漢光武帝時拜大司徒，封陽都侯。傳見本書卷二六。　東西京：代指東漢、西漢。

［2］【李賢注】《論語》文也（文，大德本、殿本作"云"）。【今注】案，語出《論語·憲問》。爲己，修養自己的道德與學業。爲人，向人炫耀。又案，"子曰"大德本、殿本作"孔子曰"。

丁鴻字孝公，[1]潁川定陵人也。[2]

［1］【今注】孝公：王先謙《後漢書集解》謂李善《文選》注作"季公"。

［2］【今注】定陵：縣名。治所在今河南舞陽縣東北。

父綝，字幼春，王莽末守潁陽尉。世祖略地潁陽，潁陽城守不下，綝説其宰，[1]遂與俱降，世祖大喜，厚加賞勞，以綝爲偏將軍，[2]因從征伐。綝將兵先度河，[3]移檄郡國，攻營略地，下河南、陳留、潁川二十一縣。[4]

［1］【今注】宰：縣令。

［2］【今注】偏將軍：西漢置，爲主將之下的副將、小將。新莽時曾普賜諸郡卒正、連帥、大尹此號。東漢時爲雜號將軍中地位較低者，僅高於裨將軍。

［3］【今注】案，度，殿本作“渡”。

［4］【今注】河南：郡名。治河南縣（今河南洛陽市東北）。陳留：郡名。治陳留縣（今河南開封市東南陳留鎮）。

建武元年，拜河南太守。及封功臣，帝令各言所樂，諸將皆占豐邑美縣，唯綝願封本鄉。或謂綝曰：“人皆欲縣，子獨求鄉，何也？”綝曰：“昔孫叔敖勑其子，受封必求墝埆之地，[1]今綝能薄功微，得鄉亭厚矣。”帝從之，封定陵新安鄉侯，食邑五千户，後徙封陵陽侯。[2]

［1］【李賢注】孫叔敖，楚相也。墝埆，瘠薄之地。叔敖將死，戒其子曰：“王封汝，必無居利地也（利地，大德本誤作‘地利’）。楚、越之間，有寢丘者，甚惡，可長有以食也。”見《吕氏春秋》也。【今注】墝（qiāo）埆（què）：貧瘠的土地。

［2］【今注】陵陽：西漢置，初屬鄣郡。武帝元封二年（前109）屬丹陽郡。治所在今安徽青陽縣南五十里陵陽鎮。

鴻年十三，從桓榮受《歐陽尚書》，三年而明章句，善論難，爲都講，[1]遂篤志精鋭，布衣荷擔，不遠千里。

［1］【今注】都講：學舍的主講。

初，綝從世祖征伐，鴻獨與弟盛居，憐盛幼小而共寒苦。及綝卒，鴻當襲封，上書讓國於盛，不報。既葬，乃挂縗絰於冢廬而逃去，[1]留書與盛曰：“鴻貪經書，不顧恩義，弱而隨師，[2]生不供養，死不飯啥，[3]皇天先祖，並不祐助，身被大病，不任茅土。[4]前上疾狀，願辭爵仲公，[5]章寢不報，迫且當襲封。謹自放弃，逐求良醫。如遂不瘳，永歸溝壑。"[6]鴻初與九江人鮑駿同事桓榮，[7]甚相友善，及鴻亡封，與駿遇於東海，[8]陽狂不識駿。駿乃止而讓之曰："昔伯夷、吴札亂世權行，故得申其志耳。[9]《春秋》之義，不以家事廢王事。[10]今子以兄弟私恩而絶父不滅之基，可謂智乎？"鴻感悟，垂涕歎息，乃還就國，開門教授。鮑駿亦上書言鴻經學至行，顯宗甚賢之。[11]

[1]【今注】縗絰：喪服中最重的一種。本爲臣爲君、子爲父所服，自漢代起弟子亦可爲老師服此。

[2]【李賢注】弱，少也。

[3]【今注】飯啥：古時殯禮，將珠玉放入死者口中叫飯啥。

[4]【李賢注】任，堪也。【今注】茅土：指受封爲王侯。古代帝王祭祀土地神的神壇用五色土建成，分封諸侯時，按封地所在的方向取壇上的一色土，用茅包裹，叫作茅土，交給受封者所在封國内建社。案，袁宏《後漢紀》作"身被大病，上不任爲蕃輔，下不能守土"。

[5]【李賢注】仲公，盛之字也。

[6]【今注】溝壑：代指死亡。

[7]【今注】九江：秦置，治壽春縣（今安徽壽縣）。東漢復移治陰陵縣（今安徽定遠縣西北）。　案，駿，袁宏《後漢紀》作"俊"。

[8]【今注】東海：郡名。治郯縣（今山東郯城縣西北）。

[9]【李賢注】伯夷，孤竹君之子，讓其弟叔齊，餓死於首陽之山。吴札，吴王壽夢之季子也，諸兄欲讓其國，季子乃舍其

室而耕。皆是權時所行（皆是，殿本作“是皆”），非常之道也。伯夷當紂時，吴札當周之末，故言亂也（也，殿本作“世”，是）。

［10］【李賢注】《春秋》衛靈公卒，孫輒立，父蒯聵與輒争國。《公羊傳》曰：“輒者曷爲？蒯聵之子。然則曷爲不立蒯聵而立輒？蒯聵無道，靈公逐之而立輒。然則輒之義可以立乎？曰可。不以父命辭於王命，不以家事辭於王事。”故駿引以爲言也。

［11］【李賢注】《續漢書》載駿書曰：“臣聞武王克殷，封比干之墓，表商容之閭，二人無功，下車先封之，表善顯仁，爲國之砥礪也。伏見丁鴻經明行修，志節清妙。”由是上賢之也。

永平十年詔徵，鴻至即召見，説《文侯之命篇》，[1]賜御衣及綬，稟食公車，[2]與博士同禮。頃之，拜侍中。十三年，兼射聲校尉。[3]建初四年，徙封魯陽鄉侯。[4]

［1］【李賢注】周平王東遷洛邑，晉文侯仇有輔佐之功，平王賜以車馬、弓矢而策命之，因以名篇，事見《尚書》也。【今注】文侯之命：《尚書》篇名。

［2］【李賢注】稟，給也。公車，署名，公車所在，因以名。諸待詔者，皆居以待命，故令給食焉。【今注】公車：本爲漢代官署名，設公車令，掌管宫殿中車馬警衛等事。漢代常用公家車馬接送應舉的人。

［3］【今注】射聲校尉：官名。漢武帝置，爲北軍八校尉之一，掌待詔射聲士，秩二千石。所謂待詔射聲士，須詔而射。此士皆善射者，能於冥冥中聞聲而射中，故名。東漢射聲校尉秩比二千石，掌宿衛兵，有司馬一人，秩千石。

［4］【李賢注】《東觀記》曰：“魯陽鄉在尋陽郡”也。【今注】魯陽：縣名。西漢置，治所在今湖北黄梅縣西南。

肅宗詔鴻與廣平王羨及諸儒樓望、成封、桓郁、賈逵等，論定五經同異於北宫白虎觀，[1]使五官中郎將魏應主承制問難，[2]侍中淳于恭奏上，[3]帝親稱制臨決。鴻以才高，論難最明，諸儒稱之，帝數嗟美焉。時人嘆曰："殿中無雙丁孝公。"[4]數受賞賜，擢徙校書，[5]遂代成封爲少府。門下由是益盛，遠方至者數千人。彭城劉愷、北海巴茂、九江朱伥皆至公卿。[6]元和三年，徙封馬亭鄉侯。[7]

[1]【李賢注】廣平王羨，明帝子也。《東觀記》曰"與大常樓望、少府成封、屯騎校尉桓郁、衛士令賈逵等集議"也。白虎，門名。於門立觀，因之以名焉（之以名，大德本、殿本作"以名之"，文意更順）。【今注】樓望：字次子，陳留雍丘（今河南杞縣）人。傳見本書卷七九下。　賈逵：字景伯，扶風平陵（今陝西咸陽市）人。傳見本書卷三六。　白虎觀：北宫一宫觀。常在此論議經學。

[2]【今注】五官中郎將：官名。秦置。西漢隸光禄勳，主中郎，秩比二千石。東漢時，部分侍郎、郎中亦歸其統率。職掌宿衛殿門，出充車騎。

[3]【今注】淳于恭：字孟孫，北海淳于（今山東安丘市東北）人。傳見本書卷三九。

[4]【李賢注】《東觀記》曰："上嘆嗟其才，號之曰'殿中無雙丁孝公'，賜錢二十萬。"《續漢書》亦同。而此書獨作"時人歎"也。

[5]【今注】擢徙校書：王先謙《後漢書集解》引劉攽曰："案，漢校書者郎官而已，鴻已爲二千石，不當以校書爲擢徙也。明衍'校書'二字。"惠棟《後漢書補注》亦曰："案，如劉説，則'擢徙'二字無所附麗，或作'尚書'。"

［6］【今注】彭城：縣名。治所在今江蘇徐州市。　劉愷：字伯豫，沛國豐（今江蘇豐縣）人。傳見本書卷三九。　北海：郡名。西漢治營陵縣（今山東昌樂縣東南）。東漢改爲國，移治劇縣（今山東昌樂縣西）。　朱倀：字孫卿。官至司徒。

［7］【李賢注】《東觀記》曰："元和二年，車駕東巡狩，鴻以少府從。上奏曰：'臣聞古之帝王，統治天下，五載巡狩，至于岱宗，柴祭於天，望秩山川，協時月正日，角斗斛權衡（角，大德本、殿本作"同"，是），使人不争。陛下尊履蒸蒸，奉承弘業，祀五帝於明堂，配以光武，二祖四宗，咸有告祀。瞻望大山（大，紹興本、大德本、殿本作"太"，是），嘉澤降澍，柴祭之日，白氣上升，與燎煙合，黄鵠群翔，所謂神人以和，答響之休符也。'上善焉。"又曰"以廬江郡爲六安國"，所以徙封爲馬亭侯。【今注】元和：東漢章帝劉炟年號（84—87）。

和帝即位，遷大常。永元四年，代袁安爲司徒。[1]是時竇太后臨政，憲兄弟各擅威權。鴻因日食，上封事曰：[2]

［1］【今注】袁安：字邵公，汝南汝陽（今河南商水縣西北）人。少習《孟氏易》。章帝時任楚郡太守，大膽處理楚王劉英謀逆積案，釋放無罪者數百家。歷遷河南尹、太僕、司空、司徒。和帝時，竇氏專權，他常上書指斥，無所回避，並貶其私黨四十餘人。傳見本書卷四五。

［2］【今注】封事：臣下上書奏事。防有漏泄，用袋封緘，稱封事。

臣聞日者陽精，[1]守實不虧，君之象也；月者陰精，盈毀有常，臣之表也。故日食者，臣乘君，[2]陰陵陽；月滿不虧，下驕盈也。昔周室衰季，皇甫之屬專權於外，黨類强盛，侵奪主埶，則日月薄食，[3]故《詩》曰：“十月之交，朔月辛卯，日有食之，亦孔之醜。”[4]春秋日食三十六，殺君三十二。[5]變不空生，各以類應。夫威柄不以放下，利器不可假人。[6]覽觀往古，近察漢興，傾危之禍，靡不由之。是以三桓專魯，田氏擅齊，六卿分晉；諸吕握權，統嗣幾移；哀、平之末，廟不血食。[7]故雖有周公之親，而無其德，不得行其埶也。[8]

［1］【今注】陽精：陽氣的光輝。

［2］【今注】乘：侵犯，欺淩。

［3］【李賢注】周室衰謂幽王時也。皇甫即幽王后之黨也。《詩·小雅》曰：“皇甫卿士，番惟司徒（惟，大德本、殿本作‘維’），家伯維宰（維，殿本作‘冢’），仲允膳夫。”其類非一，故言之屬也。

［4］【李賢注】《十月之交》，《詩·小雅》篇名也。孔，甚也。醜，惡也。周之十月，夏之八月也。八月朔，日月交而日食，陰侵陽，臣侵君之象也。日辰之義，日爲君，辰爲臣。辛，金也。卯，木也。又以卯侵金，故甚惡也。【今注】案，朔月，大德本、殿本作“朔日”。

［5］【今注】案，殺，大德本、殿本作“弑”。

［6］【李賢注】劉向上書云：“弑君三十六。”今據《春秋》與劉向同，而《東觀》及《續漢》范氏諸本皆云“三十二”，蓋誤也。威柄謂周禮之八柄，即爵、禄、生、置、予、奪、廢、誅也。利器謂國之權埶。假，借也。《左傳》曰“唯器與名，不可以假人”也。

［7］【李賢注】三桓謂季孫氏、叔孫氏、仲孫氏。三家皆出自魯桓公，故言三桓。並專權魯國。至魯昭公，遂爲季氏所逐，平子乃攝行君事。田氏，陳敬仲之後，因自陳奔齊，改爲田氏，遂執齊政，至田和乃篡齊。六卿謂晉之智氏、中行氏、范氏、韓氏、趙氏、魏氏，並專晉政，韓、趙、魏卒三分晉國也。諸吕謂吕産、吕禄也。産領南軍，禄領北軍，謀危劉氏，故曰"統嗣幾移"。

［8］【李賢注】言親賢兼重，方可執政。孟子曰："有伊尹之心則可（心，殿本作'志'，本注下同），無伊尹之心則篡也。"

今大將軍雖欲勑身自約，不敢僭差，然而天下遠近皆惶怖承旨，刺史二千石初除謁辭，求通待報，[1]雖奉符璽，受臺勑，[2]不敢便去，久者至數十日。背王室，向私門，此乃上威損，下權盛也。人道悖於下，效驗見於天，雖有隱謀，神照其情，垂象見戒，以告人君。間者月滿先節，過望不虧，[3]此臣驕溢背君，專功獨行也。陛下未深覺悟，故天重見戒，誠宜畏懼，以防其禍。《詩》云："敬天之怒，不敢戲豫。"[4]若勑政責躬，杜漸防萌，則凶妖銷滅，[5]害除福湊矣。

［1］【今注】初除謁辭求通待報：王先謙《後漢書集解》："《通鑑》胡注：'初除而謁之官則辭，求通者求通名也。待報者，得謁與不得謁，得辭與不得辭，皆待報也。'惠棟曰：'初除者先謁辭于大將軍，然後之官也。胡氏以爲初除則謁之官則辭，殊爲費解。'王補曰：'觀下文雖奉符璽受臺敕，不敢便去，畢竟以胡注爲長。'"

［2］【今注】臺勑：《資治通鑑》卷四八《漢紀》孝和皇帝永

元四年胡三省注曰："初除者詣尚書臺受敕。"

［3］【李賢注】《易》曰"天垂象，見吉凶"，故言見戒也。月滿先節謂未及望而滿也。《東觀記》亦云作"先節"（紹興本無"云"字），俗本作"失節"，字之誤也。

［4］【李賢注】《詩·大雅》也。雷電震燿，天怒也。戲豫猶逸豫也。不敢自逸，所以敬天也。

［5］【今注】案，凶，紹興本爲空格。

夫壞崖破巖之水，源自涓涓；干雲蔽日之木，起於蔥青。禁微則易，救末者難，人莫不忽於微細，以致其大。恩不忍誨，義不忍割，去事之後，未然之明鏡也。[1]臣愚以爲左官外附之臣，[2]依託權門，傾覆諂諛，以求容媚者，宜行一切之誅。間者大將軍再出，威振州郡，莫不賦斂吏人，遣使貢獻。大將軍雖云不受，[3]而物不還主，部署之吏無所畏憚，縱行非法，不伏罪辜，故海內貪猾，競爲姦吏，小民吁嗟，怨氣滿腹。臣聞天不可以不剛，不剛則三光不明；[4]王不可以不彊，不彊則宰牧從横。[5]宜因大變，改政匡失，以塞天意。

［1］【今注】未然之明鏡：《資治通鑑》卷四八《漢紀》孝和皇帝永元四年胡三省注曰："言禍伏於隱微，人多忽之，及發見之後，昭昭而不可掩，是爲未然之明鏡。"案，"明鏡"二字，紹興本爲空格。

［2］【李賢注】《前書》："左官附益阿黨之法設。"左官者，人道尚右，舍天子而事諸侯爲左官。外附謂背正法而附私家。

［3］【今注】案，大德本、殿本無"云"字，可從。

［4］【李賢注】三光，日、天、星也（天，紹興本、殿本作

"月"，是）。天道尚剛。《周易》曰："乾，健也。"《左傳》曰："天爲剛德（左傳曰天爲剛德，大德本、殿本作'天道終日乾乾是其剛也'）。"【今注】案，王先謙《後漢書集解》引王應麟曰："《春秋繁露》'天不剛則列星亂其行，君不堅則邪臣亂其官，故爲天者務剛其氣，爲君者務堅其政。'丁鴻封事，言出于此。"

[5]【今注】宰牧：泛指大臣與地方官。

書奏十餘日，帝以鴻行大尉兼衛尉，屯南、北宫。於是收竇憲大將軍印綬，憲及諸弟皆自殺。

時大郡口五六十萬舉孝廉二人，小郡口二十萬并有蠻夷者亦舉二人，帝以爲不均，下公卿會議。鴻與司空劉方上言："凡口率之科，[1]宜有階品，蠻夷錯雜，不得爲數。自今郡國率二十萬口歲舉孝廉一人，四十萬二人，六十萬三人，八十萬四人，百萬五人，百二十萬六人。不滿二十萬二歲一人，不滿十萬三歲一人。"帝從之。

[1]【今注】口率之科：按人口數推舉孝廉的法則。

六年，鴻薨，賜贈有加常禮。子湛嗣。卒，[1]子浮嗣。浮卒，子夏嗣。[2]

[1]【今注】案，殿本"卒"前有"湛"字。

[2]【李賢注】《東觀記》及《續漢書》"夏"字作"夔"也。

論曰：孔子曰"大伯三以天下讓，民無得而稱焉"。[1]孟子曰"聞伯夷之風者，貪夫廉，懦夫有立志”。若乃大伯以天下而違周，伯夷率絜情以去國，並未始有其讓也。[2]故大伯稱至德，伯夷稱賢人。後世聞其讓而慕其風，徇其名而昧其致，所以激詭行生而取與妄矣。[3]至夫鄧彪、劉愷，讓其弟以取義，使弟受非服而己厚其名，於義不亦薄乎![4]君子立言，非苟顯其理，將以啓天下之方悟者；立行，非獨善其身，將以訓天下之方動者。言行之所開塞，可無慎哉！原丁鴻之心，[5]主於忠愛乎？何其終悟而從義也！異夫數子類乎徇名者焉。[6]

[1]【李賢注】此上《論語》載孔子之言也。鄭玄注云："大伯（大伯，大德本、殿本作‘泰伯’，本注下同），周大王之長子（大，大德本作‘泰’，殿本作‘太’），次子仲雍，次子季歷。大王見季歷賢（大，大德本、殿本作‘太’），又生文王有聖人表，故欲立之，而未有命。大王疾（大，大德本作‘泰’，殿本作‘太’），大伯因適吴、越採藥，大王殁而不返（大，殿本作‘太’），季歷爲喪主，一讓也。季歷赴之，不來奔喪，二讓也。免喪之後，遂斷髮文身，三讓也。三讓之美皆蔽隱不著，故人無得而稱焉。"【今注】案，語出《論語·泰伯》。大伯，大德本、殿本作“泰伯”。下同。

[2]【李賢注】違，去也。未始猶未嘗也。言太伯、伯夷率性清絜（太伯，大德本、殿本作“泰伯”），超然去國，未嘗故有求讓之名。

[3]【李賢注】徇，營也。言二子非故立讓風以求聲譽，故至德稱於前古。後代之人直欲營慕其名，而昧其深致，所以激射詭譎之行生，而取與之間多詐妄矣（間，大德本作“聞”）。

[4]【李賢注】彪讓國異母弟荆及鳳，愷以國讓弟憲，帝皆許焉。弟不當襲爵，故言非服，而彪、愷皆獨受美名（皆，大德

本、殿本誤作“豈”），而陷弟於不義也。【今注】鄧彪：字智伯，南陽新野（今河南新野縣）人。傳見本書卷四四。　非服：不合禮法。

［5］【今注】原：推究。

［6］【今注】案，惠棟《後漢書補注》曰：“以上皆華嶠之詞。”

贊曰：五更待問，應若鳴鍾。[1]庭列輜駕，堂修禮容。穆穆帝則，[2]擁經以從。[3]丁鴻翼翼，[4]讓而不飾。高論白虎，深言日食。[5]

［1］【李賢注】《禮記》曰：“夙夜强學以待問。”又曰“善待問者如撞鍾，扣之以小者則小鳴，扣之以大者則大鳴，待其從春而後盡其聲（紹興本無‘從’字，‘春’字後有‘容’字；春，大德本、殿本作‘容’），不善答問者反此”也。

［2］【今注】穆穆：儀表端莊。

［3］【李賢注】從，就也。

［4］【今注】翼翼：繁盛的樣子。

［5］【李賢注】《春秋經》書“日有食之”。杜注云（杜注，大德本、殿本作“杜預注”）：“日食者，月掩日。聖人不言月掩日，而以自食爲文（自，大德本、殿本作‘日’，是），闕於所不見也。”

後漢書　卷三八

列傳第二十八

張宗　法雄　滕撫　馮緄　度尚　揚琁

張宗字諸君，南陽魯陽人也。[1]王莽時，[2]爲縣陽泉鄉佐。[3]會莽敗，義兵起，[4]宗乃率陽泉民三四百人起兵略地，西至長安，[5]更始以宗爲偏將軍。[6]宗見更始政亂，因將家屬客安邑。[7]

[1]【今注】南陽：郡名。治宛縣（今河南南陽市卧龍區）。魯陽：縣名。治所在今河南魯山縣。

[2]【今注】王莽：字巨君。西漢元帝王皇后侄。漢末以外戚掌權。成帝時封新都侯。哀帝死，與王皇后立平帝，專制朝政，稱安漢公。元始五年（5），毒死平帝，另立孺子劉嬰，自稱假皇帝。初始元年（8）稱帝，改國號爲新，年號始建國。實行改制。地皇四年（23），爲緑林、赤眉等義軍推翻，被殺。傳見《漢書》卷九九。

[3]【李賢注】《續漢書》曰："鄉佐，主佐鄉收税賦。"【今注】陽泉：鄉名。治所在今安徽霍丘縣西北。魯陽縣轄鄉。　鄉佐：官名。鄉嗇夫之副，協助鄉嗇夫收取賦税，鄉有秩處理鄉中日

常事務，不必祇主鄉中賦税。本書《百官志五》敘鄉官，在有秩、嗇夫、三老、游徼下，謂“鄉佐，屬鄉，主民收賦税”。《尹灣漢墓簡牘·東海郡吏員簿》載有東海郡下轄各縣鄉佐的設置情況（詳見連雲港市博物館、中國社會科學院簡帛研究中心、東海縣博物館、中國文物研究所編《尹灣漢墓簡牘》，中華書局1997年版，第79—84頁）。長沙五一廣場簡見南鄉佐、劇鄉佐等。

［4］【今注】義兵：指當時劉縯等人率領的反對王莽的隊伍。

［5］【今注】長安：西漢都城。在今陝西西安市西北。漢高祖五年（前202），定都長安，置長安縣。在秦興樂宮基礎上建長樂宮。高祖七年，自櫟陽（今陝西西安市閻良區東南）遷至長安。命蕭何、陽成延築未央宮東闕、北闕、前殿以及武庫和太倉。高祖九年，建成未央宮、北宮。公元前194年，惠帝開始營建都城城墻。至惠帝五年（前190）完工。公元前189年，建西市。武帝時，又進行第二次大規模修建，建光明宮、桂宮、建章宮及上林苑，擴建了北宮，開鑿昆明池。西漢末年，王莽又在長安城南郊修建了禮制建築等。（參見劉慶柱、李毓芳《漢長安城》，文物出版社2003年版，第8—13頁）

［6］【今注】更始：指劉玄。公元23年，光武帝族兄劉玄被擁稱帝，建元更始，劉玄被稱爲“更始帝”。後以“更始”代稱劉玄。更始三年（25），劉玄投降於包圍長安的赤眉軍，被封爲長沙王，不久被殺。事迹見本書卷一一《劉玄傳》。　偏將軍：武官名。雜號將軍。大將軍的輔佐，其職在裨將軍之上。王莽托古改制，曾置前後左右中大司馬之位，賜諸州牧號爲大將軍，郡卒正、連帥、大尹爲偏將軍。偏將軍爲出征用兵臨時而設，系戰時臨時指揮官，其領兵多寡，依戰爭規模大小而定。偏將軍制度爲更始政權和東漢所繼承。重慶出有“偏將軍印章”，龜紐金印，現藏重慶市博物館。

［7］【今注】安邑：縣名。治所在今山西夏縣西北。

及大司徒鄧禹西征，[1]定河東，[2]宗詣禹自歸。禹聞宗素多權謀，乃表爲偏將軍。[3]禹軍到栒邑，[4]赤眉大衆且至，[5]禹以栒邑不足守，欲引師進就堅城，而衆人多畏賊追，憚爲後拒。[6]禹乃書諸將名於竹簡，署其前後，亂著笥中，令各探之。[7]宗獨不肯探，曰："死生有命，張宗豈辭難就逸乎！"禹歎息謂曰："將軍有親弱在營，[8]奈何不顧？"宗曰："愚聞一卒畢力，百人不當；萬夫致死，可以横行。宗今擁兵數千，以承大威，[9]何遽其必敗乎！"[10]遂留爲後拒。諸營既引兵，[11]宗方勒厲軍士，堅壘壁，[12]以死當之。禹到前縣，[13]議曰："以張將軍之衆，當百萬之師，猶以小雪投沸湯，雖欲戮力，[14]其埶不全也。"[15]乃遣步騎二千人反還迎宗。[16]宗引兵始發，而赤眉卒至，宗與戰，却之，乃得歸營，於是諸將服其勇。及還到長安，宗夜將鋭士入城襲赤眉，[17]中矛貫胛，[18]又轉攻諸營保，[19]爲流矢所激，皆幾至於死。

[1]【今注】大司徒：官名。三公之一。西漢哀帝元壽二年（前1），正三公官分職，改丞相爲大司徒。王莽托古改制，重新確定三公分職。東漢光武帝建武二十七年（51），去"大"字，稱司徒。掌全國民政、教化等事宜。秩萬石。東漢三公名稱固定爲太尉、司徒、司空。　鄧禹：字仲華，南陽新野（今河南新野縣）人。更始年間爲劉秀大將。東漢光武帝建武元年，攻取河東，封酇侯。光武帝末期封高密侯。明帝時爲太傅。傳見本書卷一六。

[2]【今注】河東：郡名。治安邑縣（今山西夏縣西北）。

[3]【今注】表：啓奏。向皇帝上奏章。

[4]【今注】栒邑：縣名。治所在今陝西旬邑縣東北。案，紹興本作"拘邑"，下同。"拘"爲形近而誤，當以"栒"爲是。

［5］【今注】赤眉：新莽末年起義軍。新莽天鳳五年（18），琅邪（今山東青島市黃島區西南）人樊崇在莒（今山東莒縣）起兵，因以赤色塗眉爲標志，號稱“赤眉”。又作“赤麋”。赤眉主要事迹，參見本書卷一一《劉盆子傳》。

［6］【今注】後拒：指居後以抗擊敵人的部隊。原指雞的後脚趾。又作“後距”。

［7］【李賢注】笥以竹爲之。鄭玄注《禮記》云：“圓曰簞，方曰笥。”【今注】笥：用竹篾所做的長方形盛具，由相套合的蓋和底兩部分組成，用於盛裝衣物或飯食。有的口緣用藤條或竹片加固，塗漆，施以彩繪。

［8］【今注】親弱：親指父母，弱指妻子、兒女。

［9］【今注】大威：有聲望的事。

［10］【今注】案，何遽其必敗乎，王先謙《後漢書集解》以爲“何”下當有“知”字。

［11］【今注】引兵：退兵。引，退却。

［12］【今注】壘壁：軍營的圍墻。

［13］【今注】前縣：指栒邑。

［14］【今注】戮力：指齊心合力。戮，通“勠”。

［15］【今注】案，埶，殿本作“勢”。二字可通。

［16］【今注】步騎：指步兵和騎兵。

［17］【今注】鋭士：指精鋭部隊。

［18］【李賢注】胛，背上兩膊閒。

［19］【今注】營保：營房堡壘。保，通“堡”。

及鄧禹徵還，光武以宗爲京輔都尉，[1]將突騎與征西大將軍馮異共擊關中諸營保，[2]破之，遷河南都尉。[3]建武六年，[4]都尉官省，[5]拜大中大夫。[6]八年，潁川桑中盜賊群起，[7]宗將兵擊定之。後青、冀盜賊屯聚山澤，[8]宗以謁者督諸部兵討平之。[9]十六年，琅邪、北海盗賊復起，[10]宗督二郡兵討之，乃設方略，明購賞，[11]皆悉破散，於是沛、楚、東海、臨淮群賊懼其威武，[12]相捕斬者數千人，青、徐震慄。[13]後遷琅邪相。[14]其政好嚴猛，敢殺伐。永平二年，[15]卒於官。

[1]【李賢注】秦每郡有尉一人，典兵禁，景帝更名都尉。武帝元鼎四年，置京輔都尉，各一人（各，底本誤作"名"，據紹興本、大德本、殿本改），二千石，見《前書》也。【今注】光武：東漢光武帝劉秀，公元25年至57年在位。紀見本書卷一。 京輔都尉：官名。三輔都尉之一。西漢武帝元鼎四年（前113）置三輔都尉，有京輔都尉、左輔都尉、右輔都尉，秩二千石。有丞，六百石。掌徼循京師。其中京輔都尉治華陰縣（今陝西華陰市東），左輔都尉治高陵縣（今陝西西安市高陵區西南），右輔都尉治郿縣（今陝西眉縣）。

[2]【今注】突騎：指用以突破敵陣的騎兵。《漢書》卷四九《晁錯傳》顏師古注："突騎，言其驍鋭可用衝突敵人也。" 征西大將軍：重號將軍名。東漢光武帝建武三年（27）置，以偏將軍馮異爲之，掌統兵征討赤眉。《東觀漢記》作馮異"拜爲征西將軍"。 馮異：字公孫，潁川父城（今河南寶豐縣東）人。傳見本書卷一七。 關中：古代地理區域名稱，一般指函谷關以西的地區。函谷關原位於今河南靈寶市，西漢武帝元鼎三年，徙至今河南新安縣。

[3]【今注】河南：即河南尹。治洛陽縣（今河南洛陽市東）。原爲河南郡，漢高祖二年（前205）改三川郡所置。東漢時，因建都洛陽，建武十五年改稱河南尹。 都尉：武官名。原作郡尉，西漢景帝時改爲都尉。掌統兵作戰，職位次於將軍。

[4]【今注】建武：東漢光武帝劉秀年號（25—56）。

[5]【今注】都尉官省：建武六年，爲强化皇權，光武帝廢除了内郡的都尉。本書《百官志五》："中興建武六年，省諸郡都尉，

並職太守，無都試之役。省關都尉，唯邊郡往往置都尉及屬國都尉，稍有分縣，治民比郡。"

［6］【今注】大中大夫：官名。秦置，居諸大夫之首。西漢武帝太初元年（前104），次於光禄勳，秩比千石。掌顧問應對、參謀議政、奉詔出使。東漢秩千石。案，紹興本、大德本、殿本作"太中大夫"。"大"古通"太"，下同。

［7］【今注】潁川：郡名。治陽翟縣（今河南禹州市）。　桑中：地名。在今河南許昌市一帶。

［8］【今注】青：青州。西漢武帝所置十三州部刺史之一。東漢治臨菑縣（今山東淄博市臨淄區北）。　冀：冀州。西漢武帝所置十三州部刺史之一。東漢治高邑縣（今河北柏鄉縣固城店），末年移至鄴縣（今河北臨漳縣西南）。

［9］【今注】謁者：官名。戰國始置。西漢隸中郎將（光禄勳屬官），主賓贊受事。秩比六百石。設謁者僕射統領，秩比千石。東漢謁者僕射秩比千石，爲謁者臺率，主謁者，天子出，掌在前導引。屬下有常侍謁者，秩比六百石，掌殿上時節威儀；給事謁者四百石，灌謁者郎中比三百石，掌賓贊受事及上章報問。多從郎官、孝廉中選拔。　案，部，紹興本、大德本、殿本作"郡"。據下文"宗督二郡兵討之"，應以"郡"爲是。

［10］【今注】琅邪：郡國名。秦置琅邪郡。西漢吕后七年（前181）改爲琅邪國。新莽改名爲"填夷"。光武帝封其子劉京爲琅邪王，立琅邪國，治開陽縣（今山東臨沂市北）。　北海：郡國名。西漢景帝時置。建武十三年省菑川、高密、膠東三國，以其縣屬北海。東漢治劇縣（今山東昌樂縣西北），屬青州刺史部。建武二十八年，光武帝徙魯王劉興爲北海王。北海由郡爲國。

［11］【今注】購賞：懸賞。居延新簡EPF22：221至235簡有《捕斬匈奴虜反羌購償科别》簡册。購賞科别，《中國簡牘集成》認爲即懸賞的不同規定（《中國簡牘集成》十二册，敦煌文藝出版社2001年版，第79頁）。額濟納簡"王莽詔書下行文"殘册中，有關於"購賞科條"的簡文〔參見張忠煒《居延新簡所見"購償

科别”册書復原及相關問題之研究——以〈額濟納漢簡〉“購賞科條”爲切入點》,《文史哲》2007年第6期；宋國華《秦漢律“購賞”考》,《法律科學（西北政法大學學報）》2013年第5期；張忠煒《“購賞科條”識小》,《歷史研究》2006年第2期〕。

［12］【今注】沛：郡國名。原爲秦泗水郡。西漢高祖改爲沛郡。新莽改名爲吾符郡。東漢光武帝建武二十年改爲沛國，治相縣（今安徽濉溪縣西北）。屬豫州刺史部。　楚：國名。西漢高祖時初置。宣帝地節元年（前69）更爲彭城郡。黄龍元年（前49）復故。新莽改名爲和樂。東漢建武十七年復爲楚國。治彭城縣（今江蘇徐州市），屬徐州刺史部。　東海：郡國名。西漢高祖時初置。新莽改名爲沂平郡。治郯縣（今山東郯城縣西北），屬徐州刺史部。東漢建武十五年，光武帝封皇子劉陽爲東海公。建武十七年，劉陽進爵東海王。建武十九年，更爲東海國。建武二十八年，徙治魯縣（今山東曲阜市）。　臨淮：郡國名。西漢武帝元狩六年（前117）置。治徐縣（今江蘇泗洪縣南），屬徐州刺史部。新莽改名爲淮平郡。東漢建武十五年，光武帝封劉衡爲臨淮公。建武十七年六月，劉衡未及進爵而薨，國除。明帝永平十五年（72），更置下邳國。治下邳縣（今江蘇邳州市南）。

［13］【今注】徐：西漢武帝所置十三州部刺史之一。東漢治郯縣（今山東臨沂市郯城縣北）。　震慄：因恐懼而顫抖。慄，通“栗”。

［14］【今注】琅邪相：琅邪國相。相，官名。諸侯王國内最高行政長官。初名相國，西漢惠帝元年（前194）更名爲丞相，景帝中元五年（前145）更名爲相。

［15］【今注】永平：東漢明帝劉莊年號（58—75）。

法雄字文彊，扶風郿人也，[1]齊襄王法章之後。[2]秦滅齊，子孫不敢稱田姓，故以法爲氏。[3]宣帝時，[4]徙三輔，[5]世爲二千石。[6]雄初仕郡功曹，[7]辟大傅張禹府，[8]舉雄高第，[9]除平氏長。[10]善政事，好發擿姦伏，[11]盜賊稀發，吏人畏愛之。南陽大守鮑得上其理狀，[12]遷宛陵令。[13]

[1]【今注】扶風：漢三輔之一。即右扶風。西漢武帝太初元年（前104）改主爵都尉置。相當於郡。治長安縣（今陝西西安市西北）。東漢移治槐里縣（今陝西興平市東南）。　郿：縣名。治所在今陝西眉縣東。兩漢屬右扶風。

[2]【今注】齊襄王法章：戰國末期齊國國君，公元前283年至前265年在位。《史記》卷八二《田單列傳》載："初，淖齒之殺湣王也，莒人求湣王子法章，得之太史嬓之家，爲人灌園。嬓女憐而善遇之。後法章私以情告女，女遂與通。及莒人共立法章爲齊王，以莒距燕，而太史氏女遂爲后，所謂'君王后'也。"

[3]【李賢注】法章，齊湣王子也（王，底本作"三"，紹興本、大德本、殿本作"王"，據改）。法章子建立，爲秦所滅。見《史記》也（大德本、殿本無"也"字）。《史記·田中敬完世家》：湣王之遇殺，其子法章變名姓爲莒太史敫家庸。太史敫女奇法章狀貌，以爲非恒人，憐而常竊衣食之，而與私通焉。淖齒既以去莒，莒中人及齊亡臣相聚求湣王子，欲立之。法章懼其誅己也，久之，乃敢自言"我湣王子也"。於是莒人共立法章，是爲襄王。以保莒城而布告齊國中："王已立在莒矣。"【今注】以法爲氏：齊國國君本是嬀姓，田氏。齊襄王田氏名法章，後人以"法"氏代替"田"氏。

[4]【今注】宣帝：西漢皇帝劉詢，公元前74年至前49年在位。紀見《漢書》卷八。

[5]【今注】三輔：地區名。漢代京畿地區的合稱。西漢景帝前元二年（前155）分內史爲左右內史，與主爵中尉（後改主爵都尉），同治京城長安城中。因所轄皆爲京畿地區，相當今陝西關中地區，故合稱"三輔"。武帝太初元年（前104），左、右內史、主

爵都尉分别改名爲左馮翊、京兆尹、右扶風。東漢時，扶風移治槐里（今陝西興平市東南），馮翊移治高陵（今陝西西安市高陵區）。

［6］【今注】二千石：因漢代所得俸禄以米穀爲準，故官秩等級以“石”名。漢朝二千石爲中央政府機構的九卿等列卿及地方州牧郡守、諸侯王國相等。又可細分爲中二千石、二千石、比二千石三等。此處泛指朝廷的高級官員。

［7］【李賢注】《續漢志》曰“郡皆置諸曹掾史，功曹史，主選署功勞”也（大德本、殿本脱“署”字）。【今注】郡功曹：官名。指郡府所置功曹掾、功曹史的簡稱。掌統率諸曹，並有升遷黜免衆吏的權力。秩百石。

［8］【今注】大傅：官名。位居上公。掌輔助皇帝，使無過失，無常職。東漢光武帝以卓茂爲太傅，卓茂薨後，因省。此後每帝初即位，置太傅録尚書事，薨後輒省。案，大，紹興本、殿本作“太”。

［9］【今注】高第：漢代博士弟子、賢良文學等考試優等或官員考課成績第一。

［10］【李賢注】平氏，縣，屬南陽郡，故城今唐州平氏縣也。【今注】平氏：縣名。治所在今河南桐柏縣西北。　長：縣長。漢代萬户以上縣的長官稱縣令，不足萬户稱長。

［11］【今注】發擿（tī）姦伏：揭發隱蔽的奸人壞事。指吏治清明。擿，揭發。

［12］【今注】大守：官名。秦漢郡的最高行政長官，掌一郡政務。秩二千石。原稱郡守，西漢景帝時改稱太守。案，紹興本、大德本、殿本作“太守”。下同不注。　鮑得：鮑永之子。修志節，有名稱。爲南陽太守。當時多荒灾，衹有南陽豐穰，號爲“神父”。因郡學久廢，修起横舍，行禮奏樂。又尊饗國老，宴會諸儒。徵拜大司農，卒於官。曹金華《後漢書稽疑》指出，得，本書卷二九《鮑永傳》載，永平十七年，“除子得爲郎”，又作“子德”。《陳寵傳》、《書鈔》卷七五引《華嶠書》亦作“德”。（中華書局2014年

版，第412頁）　理狀：政績。指官吏執政辦事的成績。

［13］【今注】宛陵：縣名。治所在今安徽宣城市宣城區。曹金華《後漢書稽疑》認爲，宛陵屬丹陽郡（治宛陵縣），此指河南郡之苑陵，“宛”當作“苑”。此處作南陽太守鮑得“上其理狀”，南陽郡有“宛縣”，則宛陵或當作“宛”，即法雄或遷爲宛令。（第499頁）

永初三年，[1]海賊張伯路等三千餘人，冠赤幘，[2]服絳衣，[3]自稱“將軍”，寇濱海九郡，[4]殺二千石令長。[5]初，遣侍御史龐雄督州郡兵擊之，[6]伯路等乞降，尋復屯聚。明年，伯路復與平原劉文河等三百餘人稱“使者”。[7]攻厭次城，殺長吏，[8]轉入高唐，[9]燒官寺，[10]出繫囚，渠帥皆稱“將軍”，共朝謁伯路。伯路冠五梁冠，佩印綬，[11]黨衆浸盛。[12]乃遣御史中丞王宗持節發幽、冀諸郡兵，[13]合數萬人，乃徵雄爲青州刺史，[14]與王宗并力討之。連戰破賊，斬首溺死者數百人，餘皆奔走，收器械財物甚衆。會赦詔到，賊猶以軍甲未解，不敢歸降。於是王宗召刺史大守共議，皆以爲當遂擊之。雄曰：“不然。兵，凶器；戰，危事。[15]勇不可恃，勝不可必。賊若乘船浮海，深入遠島，攻之未易也。及有赦令，可且罷兵，以慰誘其心，埶必解散，然後圖之，可不戰而定也。”宗善其言，即罷兵。賊聞大喜，乃還所略人。而東萊郡兵獨未解甲，[16]賊復驚恐，遁走遼東，[17]止海島上。五年春，乏食，復抄東萊間，雄率郡兵擊破之，賊逃還遼東，遼東人李久等共斬平之，於是州界清静。

［1］【今注】永初：東漢安帝劉祜年號（107—113）。

［2］【今注】冠赤幘：頭上戴着赤色的布巾。赤，紅色。幘，古代用來包裹頭髮的布巾。蔡邕《獨斷》卷下云："古之卑賤執事不冠者之所服也……元帝額有壯髮，不欲使人見，始進幘服之，群臣皆隨焉。然尚無巾。"至王莽乃加巾，故言王莽禿幘施屋。本書《輿服志下》載：古者有冠無幘，秦加武將首飾爲絳袙，以表貴賤。其後稍稍作顏題。漢興，續其顏，却摞之；施巾連題，却覆之。今喪幘是其制也，名之曰幘。幘者，賾也，頭首嚴賾也。至孝文，乃高顏題，續之爲耳，崇其巾爲屋，合後施收上下，群臣貴賤皆服之。文者長耳，武者短耳。尚書賾收，方三寸，名曰納言。未冠童子幘無屋。

［3］【今注】服絳衣：穿着軍服。古代軍服常用絳色。絳，深紅色。

［4］【今注】濱海九郡：指勃海、平原、濟南、千乘、北海、東萊、秦山、遼東等。本書卷五《安帝紀》載，此事發生於安帝永初三年（109）秋七月。

［5］【今注】令長：縣令、縣長。漢代萬户以上縣的長官稱令，不足萬户稱長。

［6］【今注】侍御史：官名。御史中丞屬官。有十五人，掌察舉非法，受公卿群吏奏事，有違失舉劾之。秩六百石。　龐雄：巴郡（今重慶市江北區）人。本書卷四七《梁慬傳》載，永初三年冬，任中郎將，與梁慬等大破南單于。四年，位至大鴻臚。

［7］【今注】平原：郡國名。治平原縣（今山東平原縣南）。東漢殤帝延平元年（106）封劉勝爲平原王。安帝建光元年（121）又爲郡。桓帝建和二年（148）封劉碩爲平原王。獻帝建安十一年（206）又爲郡。（參見周振鵬、李曉傑、張莉《中國行政區劃通史·秦漢卷》，復旦大學出版社2017年版，第722—723頁）

［8］【李賢注】厭次，今棣州縣是也。【今注】厭次：縣名。治所今山東德州市陵城區。西漢高祖六年（前201）封功臣爰類爲厭次侯。後改爲縣。宣帝時改爲富平縣，屬平原郡。東漢明帝復改

爲厭次縣。獻帝建安十八年改屬樂陵國。　長吏：級别較高的官吏。一般指六百石以上。二百石至四百石的縣吏也稱長吏。秦漢時期郡守（太守）、郡尉（都尉）、王國相、三輔（京兆尹、左馮翊、右扶風）、都官、侯國相等都被稱作長吏；道、三輔所轄縣、障候等機構的主要負責人也都稱長吏（參見張欣《秦漢長吏再考——與鄒水傑先生商榷》，《中國史研究》2010年第3期）。此處指縣之令、丞、尉等。案，本書卷五《安帝紀》作“攻厭次城，殺縣令”。

[9]【李賢注】高唐，今博州縣。【今注】高唐：縣名。治所在今山東禹城市西。

[10]【今注】官寺：官署。寺，是“侍”之本詞，本義爲“内小臣”，即内侍之官，相當於後世之宦官；寺，由朝廷内侍之官居止之所及其機構名，後擴大引申爲朝廷内外官員居止之所及其機構名，即“官寺”的含義（參見陳寶勤《試論“寺”自“官寺”義到“佛寺”義的演化》，《南開語言學刊》2005年第1期）。案，大德本、殿本誤作“宫寺”。

[11]【李賢注】《漢官儀》曰“諸侯冠進賢三梁，卿大夫、尚書、二千石冠兩梁，千石以下至小吏冠一梁”，無五梁制者也（本書卷二《明帝紀》李賢注引作“三公、諸侯冠進賢三梁，卿、大夫、尚書、二千石、博士冠兩梁”）。【今注】五梁冠：頂部帶有五根梁脊的進賢冠。案，本書《輿服志下》：“進賢冠，古緇布冠也，文儒者之服也。前高七寸，後高三寸，長八寸。公侯三梁，中二千石以下至博士兩梁，自博士以下至小史私學弟子，皆一梁。宗室劉氏亦兩梁冠，示加服也。”漢代五梁冠相關記載僅見於此，恐有誤。　印綬：印信和繫在印鈕上的絲帶。顔色不同代表官職高低。此處代指印信。

[12]【今注】浸盛：逐漸强盛。

[13]【今注】御史中丞：官名。御史大夫屬官。西漢時監御史在殿中，掌密舉非法，受公卿章奏，糾察百僚。成帝綏和元年

（前 8）轉爲司空，因別留中，爲御史臺長官，後又屬少府。掌受公卿官吏奏事，舉劾違法，監察威儀。秩千石。領治書侍御史、侍御史。與司隸校尉、尚書令並稱“三獨坐”。　持節：指持符節調動軍隊。符節以竹、木或金屬爲之，上書文字，剖分爲二，各執其一，使用時以兩片相合爲驗（參見孫機《漢代物質資料圖説》，上海古籍出版社 2008 年版，第 178 頁）。　幽：幽州。西漢武帝時所置十三刺史部之一。東漢治所在薊縣（今北京市西南）。

［14］【今注】青州：西漢武帝時所置十三刺史部之一。東漢治所在臨菑縣（今山東淄博市臨淄區北）。　刺史：官名。西漢武帝元封五年（前 106）置，共十三部（州）。每部置刺史一人，秩六百石。每年八月奉詔以六條問事，省察郡國二千石長吏、强宗豪右、諸侯王等，並審理冤獄，每年歲末入奏。成帝綏和元年，更名州牧，秩二千石。哀帝建平二年（前 5），復爲刺史。元壽二年（前 1），又稱州牧。東漢光武帝建武元年（25），復置牧。建武十一年省。十八年，罷州牧，置刺史。秩六百石。高於郡級地方行政長官。掌監察、選舉、劾奏、領兵等。靈帝中平五年（188），改置州牧。

［15］【李賢注】《史記》范蠡之詞。【今注】案，《史記》卷四一《越王句踐世家》載：“臣聞兵者凶器也，戰者逆德也，争者事之末也。”

［16］【今注】東萊：郡名。治黄縣（今山東龍口市東南）。

［17］【今注】遼東：郡名。治襄平縣（今遼寧遼陽市白塔區）。

雄每行部，[1]録囚徒，[2]察顔色，多得情僞，[3]長吏不奉法者皆解印綬去。[4]

［1］【今注】行部：漢制，刺史、太守於每年八月巡視所屬郡縣，考察行政，審理刑獄。

［2］【今注】録囚徒：巡視記録郡縣囚徒情況，察看是否有冤

獄並決定可否赦宥。

［3］【今注】情僞：真實情況。

［4］【今注】解印綬：指辭去官職。

在州四年，遷南郡大守，[1]斷獄省少，户口益增。郡濱帶江沔，[2]又有雲夢藪澤，[3]永初中，多虎狼之暴，前大守賞募張捕，[4]反爲所害者甚衆。雄乃移書屬縣曰："凡虎狼之在山林，猶人之居城市。古者至化之世，猛獸不擾，[5]皆由恩信寬澤，仁及飛走。[6]大守雖不德，敢忘斯義。記到，[7]其毁壞檻穽，不得妄捕山林。"[8]是後虎害稍息，[9]人以獲安。在郡數歲，歲常豐稔。[10]元初中卒官。[11]

［1］【今注】南郡：郡名。治江陵縣（今湖北荆州市荆州區西北）。東漢章帝建初四年（79），改爲江陵國。至元和二年（85），復爲郡。

［2］【李賢注】《水經》曰："沔水出武都沮縣東狼谷中，至江夏沙羡縣北，南入于江。"羡音夷。【今注】江沔：長江和漢水。

［3］【李賢注】雲夢澤今在安州。【今注】雲夢藪澤：澤名。即雲夢澤。在今湖北安陸縣東南與雲夢縣交界處。

［4］【今注】賞募張捕：懸賞招募設網捕捉。

［5］【李賢注】《禮記》曰："大道之行，四靈以爲畜。龍以爲畜，故魚鮪不淰；鳳以爲畜，故鳥不獝；麟以爲畜，故獸不狘。"是不擾之也。【今注】案，此句指古代聖賢實行教化，各種禽獸都十分馴服。見《禮記·禮運》，原作"四靈以爲畜，故飲食有由也。何謂四靈？麟鳳龜龍，謂之四靈。故龍以爲畜，故魚鮪不淰；鳳以爲畜，故鳥不獝；麟以爲畜，故獸不狘；龜以爲畜，故人情不失"。

［6］【今注】飛走：飛禽走獸。

［7］【今注】記：此指郡太守下達給屬縣的文書。記是一種比書、檄更爲隨意的文書形式。《長沙五一廣場東漢簡牘選釋》一〇六號簡稱“廷移府記曰”。五四號簡又云“記到”“奉得記”，指縣級官吏收至府記後責成具體辦事人員處理案件（參見王朔《讀〈長沙五一廣東漢簡牘選釋〉劄記》，《簡帛》第 14 輯，上海古籍出版社 2017 年版，第 185—194 頁）。

［8］【李賢注】檻謂捕獸之機也。穽謂穿地陷獸也。

［9］【今注】虎害稍息：曹金華《後漢書稽疑》認爲“虎害”當作“虎狼”。本傳前云“多虎狼之暴”，法雄移書屬縣曰“凡虎狼之在山林，猶人民之居城市”，故“虎害”當作“虎狼”。（第 500 頁）

［10］【李賢注】稔，熟也。【今注】豐稔：農作物豐收。

［11］【今注】元初：東漢安帝劉祜年號（114—120）。案，大德本、殿本脱“元”字。

子真，在《逸人傳》。[1]

［1］【今注】逸人傳：即本書卷八三《逸民傳》。錢大昕《廿二史考異》卷一一《後漢書二》認爲，“逸人”即“逸民”，李賢避諱唐太宗李世民諱，改爲“人”字，後來追改，不及遍檢其他列傳，故有的已改有的未改。

滕撫字叔輔，北海劇人也。[1]初仕州郡，[2]稍遷爲涿令，[3]有文武才用。大守以其能，委任郡職，兼領六縣。[4]風政修明，流愛于人，[5]在事七年，道不拾遺。

［1］【今注】劇：縣名。治所在今山東昌樂縣西北。

[2]【今注】初仕州郡：指被州郡長官辟除爲吏。《隸釋》卷八《衞尉衡方碑》、卷一一《益州太守高頤碑》有“仕郡辟州”，《隸續》卷一五《成皋令任伯嗣碑》、卷一九《封丘令王元賓碑》有“仕極州郡”。

[3]【今注】涿：縣名。治所在今河北涿州市。

[4]【李賢注】《續漢志》涿郡領七縣，除涿以外，有迺、故安、范陽、良鄉、北新城、方城六縣，使撫兼領之。

[5]【今注】流愛：推愛及人。

順帝末，[1]揚、徐盜賊群起，[2]磐牙連歲。[3]建康元年，[4]九江范容、周生等相聚反亂，[5]屯據歷陽，[6]爲江淮巨患，[7]遣御史中丞馮緄將兵督揚州刺史尹燿、九江大守鄧顯討之。[8]燿、顯軍敗，爲賊所殺。又陰陵人徐鳳、馬勉等復寇郡縣，[9]殺略吏人。鳳衣絳衣，[10]帶黑綬，[11]稱“無上將軍”，[12]勉皮冠黄衣，[13]帶玉印，稱“黄帝”，[14]築營於當塗山中。[15]乃建年號，置百官，遣别帥黄虎攻没合肥。[16]明年，廣陵賊張嬰等復聚衆數千人反，[17]據廣陵。朝廷博求將帥，三公舉撫有文武才，[18]拜爲九江都尉，與中郎將趙序助馮緄合州郡兵數萬人共討之。[19]又廣開賞募，錢、邑各有差。梁大后慮群賊屯結，[20]諸將不能制，又議遣大尉李固。[21]未及行，會撫等進擊，大破之，斬馬勉、范容、周生等千五百級，徐鳳遂將餘衆攻燒東城縣。[22]下邳人謝安應募，[23]率其宗親設伏擊鳳，[24]斬之，封安爲平鄉侯，[25]邑三千户。拜撫中郎將，督揚、徐二州事。撫復進擊張嬰，斬獲千餘人。趙序坐畏懦不進，詐增首級，徵還棄市。[26]又歷陽賊華孟自稱“黑帝”,[27]攻九江，殺郡守。撫乘勝進擊，破之，斬孟等三千八百級，虜獲七百餘人，牛馬財物不可勝筭。於是東南悉平，振旅而還。以撫爲左馮翊,[28]除一子爲郎。[29]撫所得賞賜，盡分於麾下。

[1]【今注】順帝：東漢順帝劉保，公元125年至144年在位。紀見本書卷六。

[2]【今注】揚：揚州。西漢武帝時所置十三刺史部之一。東漢時治歷陽縣（今安徽和縣）。東漢末年移治壽春（今安徽壽縣）。徐：徐州。西漢武帝時所置十三刺史部之一。東漢時治所在郯縣（今山東郯城縣）。

[3]【李賢注】磐牙謂相連結。

[4]【今注】建康：東漢順帝劉保年號（144）。

[5]【今注】九江：郡名。治壽春縣（今安徽壽縣）。章和元年（87），徙治陰陵縣（今安徽定遠縣西北）。

[6]【李賢注】歷陽，今和州縣。【今注】歷陽：縣名。治所在今安徽和縣。

[7]【今注】江淮：長江中下游與淮河之間的地區，指今江蘇、安徽中部。

[8]【今注】尹燿：本書卷六《沖帝紀》、卷八四《列女傳》並作“尹耀”。

[9]【今注】陰陵：縣名。治所在今安徽定遠縣西北。

[10]【今注】絳衣：指軍服。本書卷一八《陳俊傳》引《華嶠書》曰：“拜爲彊弩偏將軍，賜絳衣九百領，以衣中堅同心士。”

[11]【今注】黑綬：黑色的綬帶。東漢時千石、六百石官吏皆用黑綬。

[12]【今注】無上將軍：“無上”指最高的，後來用以指“天”和“道”。《太平經》以天爲無上，故云：“比若清者，樂上行爲天，天乃無上也。”又稱：“故能爲天，最稱神也，最名無上之

君也。”《太平經》又將道置於天之上：“天乃無上，道復尚之。道乃天皇之師法也，乃高尚天。”則無上將軍實即大道將軍或天道將軍，指將軍屬於太上大道或天帝，無上將軍是大道化身，是天帝的神使（參見黄景春《中國宗教性隨葬文書研究》，上海人民出版社 2018 年版，第 139 頁）。《後漢紀》卷一九《孝順皇帝紀下》作“九江盜賊徐鳳稱上將軍”。本書卷八《靈帝紀》載，靈帝中平五年（188），“甲子，帝自稱‘無上將軍’，燿兵於平樂觀”。

［13］【今注】皮冠：鹿皮冠。古代隱士戴的帽子。　黄衣：傳説黄帝服黄衣、戴黄冕。一般爲道士的衣服。

［14］【今注】黄帝：本書卷六《質帝紀》永憙元年（145）“三月，九江賊馬勉稱‘黄帝’”。《東觀漢記》卷三載，漢質帝初即位，“傳勉頭及所帶玉印、鹿皮冠、黄衣詣洛陽，詔懸夏城門外，章示百姓”。

［15］【李賢注】當塗縣之山也，在今宣州（宣州，當依下邳惠王傳注作“濠州”）。【今注】當塗山：即塗山。在今安徽懷遠縣東南淮河南岸。王先謙《後漢書集解》引吴仁傑説，以爲當有兩當塗縣，一在九江郡，一在宣州。宣州的當塗，晉成帝始置，東漢時期並不存在。

［16］【李賢注】合肥故城在今廬州北也。【今注】别帥：指統率主力之外軍隊的將領。　合肥：國名。治所在今安徽合肥市蜀山區。東漢末國除爲縣。

［17］【今注】廣陵：郡國名。西漢武帝元狩六年（前 117）改江都國置，治廣陵縣（今江蘇揚州市西北蜀岡上）。東漢光武帝建武十八年（42）改爲廣陵郡。東漢末移治射陽縣（今江蘇寶應縣東北射陽鎮）。

［18］【今注】三公：官名。西周時指太師、太傅、太保或司徒、司馬、司空。西漢初指丞相、御史大夫、太尉。武帝建元二年（前 139）省太尉。元狩四年置大司馬。成帝綏和元年（前 8）改御史中丞爲大司空。哀帝元壽二年（前 1）改丞相爲大司徒。此後以丞相（大司徒）、大司馬、御史大夫（大司空）爲三公。王莽定三

公之號曰大司馬、大司徒、大司空。東漢初，因而不改。光武帝建武二十七年，大司馬改爲太尉，大司徒、大司空去“大”字，亦稱“三司”。掌参議朝政，監察百官。

［19］【今注】中郎將：官名。掌領諸郎官。西漢武帝設五官、左、右三將，隸光禄勳，秩比二千石。東漢省併郎署，中郎、侍郎、郎中悉歸五官、左、右三署。五官、左、右中郎將仍隸光禄勳。掌考核選拔郎官。又置虎賁、羽林中郎將掌宫禁宿衛侍從，匈奴中郎將管理南匈奴事務。

［20］【今注】案，大后，紹興本、大德本、殿本作“太后”。下同不注。

［21］【今注】大尉：官名。西漢爲最高武官，掌軍事。武帝元狩四年（前119）改稱大司馬。東漢光武帝建武二十七年，改大司馬爲太尉，與司徒、司空並列三公，秩萬石。如加録尚書事，掌参議軍政事務，考核地方官吏。屬吏有長史等，又置諸曹，分管各種行政事務。案，紹興本、大德本、殿本作“太尉”。下同不注。

李固：字子堅，漢中南鄭（今陝西漢中市）人。傳見本書卷六三。

［22］【李賢注】東城縣故城在今豪州定遠縣東南（豪州，中華本校勘記認爲，王先謙《後漢書集解》作“濠州”。《元和郡縣志》謂隋開皇三年改高齊之西楚州爲濠州，因水爲名，大業三年改爲鍾離郡，唐武德五年復改爲濠州。中間誤去“水”旁作“豪”，元和三年又加“水”旁）。【今注】東城縣：治所在今安徽定遠縣東南。

［23］【今注】下邳：縣名。治所在今江蘇邳州市南。

［24］【今注】宗親：同宗的親屬。

［25］【今注】平鄉：縣名。治所在今河北平鄉縣西南。

［26］【今注】棄市：刑罰名。在鬧市執行死刑，尸體暴露街頭，表示與衆人共棄之。案，曹金華《後漢書稽疑》以爲，《質帝紀》云“中郎將趙序坐事棄市”，注引《東觀記》曰“取錢縑三百

七十五萬”，與此處不同（第501頁）。

［27］【今注】黑帝：曹金華《後漢書稽疑》按，此傳載稱“黑帝”於十一月，《後漢紀》卷二〇作“十二月”（第133頁）。

［28］【今注】左馮翊：官名。所治政區亦名左馮翊。西漢武帝改左内史置。《漢書·百官公卿表上》注：“馮，輔也。翊，佐也。”職掌相當於郡太守，轄區相當於一郡。治所在長安（今陝西西安市西北），東漢時移至高陵（今陝西西安市高陵區西南）。轄境範圍相當於今陝西渭河以北、涇河以東的洛河中下游地區。東漢都洛陽，改河南郡爲尹，因陵廟在三輔，故不改京兆尹、左馮翊、右扶風之名，祇減其俸。

［29］【今注】郎：官名。掌守宫門，備諮詢，出充車騎。東漢於光禄勳下設五官、左、右中郎將署，主管諸中郎、侍郎、郎中，實爲儲備官吏人才的機構，其郎官多達二千餘人。

性方直，不交權埶，宦官懷忿。[1]及論功當封，大尉胡廣時録尚書事，[2]承旨奏黜撫，天下怨之。卒於家。

［1］【今注】宦官：在宫内侍奉皇帝及其後宫的人員。本書卷七八《宦官傳》：“中興之初，宦官悉用閹人，不復雜調它士。”

［2］【今注】胡廣：字伯始，南郡華容（今湖北潛江市西南）人。傳見本書卷四四。　録尚書事：官名。總領尚書事。西漢中後期，以尚書掌天下章奏，置左右曹諸吏分平尚書奏事，以位高權重者始領尚書事。初稱領尚書事。東漢章帝時，以太傅趙憙、太尉牟融録尚書事。和帝之後，置太傅録尚書事，位在三公之上。（參見李宜春《兩漢領、録尚書事制度比較研究》，《晉陽學刊》1999年第5期）

馮緄字鴻卿，[1]巴郡宕渠人也，[2]少學《春秋》

《司馬兵法》。[3]父焕，安帝時爲幽州刺史，[4]疾忌姦惡，數致其罪。時玄菟大守姚光亦失人和。[5]建光元年，[6]怨者乃詐作璽書譴責焕、光，[7]賜以歐刀。[8]又下遼東都尉龐奮使速行刑，[9]奮即斬光收焕。焕欲自殺，緄疑詔文有異，止焕曰："大人在州，志欲去惡，實無它故，必是凶人妄詐，規肆姦毒。願以事自上，甘罪無晚。"焕從其言，上書自訟，果詐者所爲，徵奮抵罪。會焕病死獄中，帝愍之，賜焕、光錢各十萬，以子爲郎中。[10]緄由是知名。

[1]【今注】案，鴻卿，《隸釋》卷七《漢車騎將軍馮緄碑》作"皇卿"。

[2]【李賢注】宕渠，縣，故城在今渠州東北。緄音古本反。【今注】巴郡：治江州縣（今重慶市北嘉陵江北岸）。　宕渠：縣名。治所在今四川渠縣東北。

[3]【李賢注】《謝承書》曰，緄學《公羊春秋》。《史記》曰，司馬穰苴者，田完之苗裔也，當景公時，善用兵。至齊威王時，使大夫追論古者《司馬兵法》，而附穰苴其中，號曰《司馬穰苴》也。【今注】春秋：此指《公羊春秋》。公羊説經，記事較爲簡略，重點在闡釋《春秋》微言大義，爲今文經。公羊，公羊高，戰國時齊國人。子夏弟子。治《春秋》。西漢景帝時，玄孫公羊壽與齊人胡毋子書之於竹帛。　司馬兵法：指司馬穰苴兵法。《史記》卷六四《司馬穰苴列傳》載，齊威王使大夫追論《司馬兵法》，附穰苴於其中，號稱《司馬穰苴兵法》。《隋志》載，梁有《司馬法》三卷，又云，河間獻王得《司馬穰苴兵法》一百五十五篇。沈欽韓《漢書疏證》認爲，此書出於戰國。相傳周公所作，後太公、孫子、王子成、司馬穰苴皆有兵法著作，齊威王合衆家所著，共有一百五十五篇。今《司馬穰苴兵法》存五篇。《隸釋》卷

七《漢車騎將軍馮緄碑》作“治《春秋嚴》《韓詩倉氏》，兼《律大杜》”。（參見何如月《漢車騎將軍馮緄碑志考釋》，《考古與文物》2006 年第 1 期）

［4］【今注】安帝：東漢安帝劉祜，公元 106 年至 125 年在位。紀見本書卷五。　幽州：西漢武帝時所置十三刺史部之一。東漢治薊縣（今北京市西南）。

［5］【今注】玄菟：郡名。治高句驪縣（今遼寧新賓滿族自治縣永陵鎮西南）。　姚光：東漢官吏。安帝建光元年（121），高句麗攻玄菟郡，與幽州刺史馮焕、遼東太守蔡諷伐之。蔡諷戰死。據本書卷五《安帝紀》載，姚光被殺事發生在建光元年三月甲戌。

［6］【今注】建光：東漢安帝劉祜年號（121—122）。

［7］【今注】璽書：皇帝的詔敕。古代將文書書寫於簡牘上，兩片合一，以繩縛之，在繩結上用泥密封，鈐以印璽。春秋戰國時，國君大夫之印稱璽，秦以後作爲皇帝專用。

［8］【今注】歐刀：漢代行刑用的刀。《資治通鑑》卷五〇《漢紀》安皇帝延光元年夏四月條，胡三省注謂，古代歐冶子善作劍，故稱“歐刀”。但宋傑認爲此説不確，認爲“歐刀”當作“甌刀”，即將刀刃向上横架在某種器具上，犯人受刑時投身就刃而死。在刀架之下也應該放置一件盛血的容器。（參見宋傑《“伏劍”與“歐刀”：東周秦漢“隱戮”行刑方式的演變》，《中國史研究》2013 年第 2 期）本書卷五八《虞詡傳》載，獄吏勸詡自引，詡曰：“寧伏歐刀以示遠近。”

［9］【今注】龐奮：東漢雁門太守。和帝永元七年（95）行度遼將軍。永元八年，南匈奴右温禺犢王叛，寇邊。奮以行度遼將軍及領中郎將與馮柱追討之，大敗匈奴軍，斬右温禺犢王。十二年，遷河南尹。後爲遼東屬國都尉。案，曹金華《後漢書稽疑》云，本書《安帝紀》、《三國志・魏書・公孫淵傳》俱作“遼東屬國都尉”（第 501 頁）。

［10］【今注】郎中：官名。西漢爲郎中令屬官，有車、户、騎三將，秩比千石。掌守衛門户，出充車騎。東漢罷郎中三將，遂

分隸五官、左、右中郎將三署，名義上備宿衛，實爲後備官吏人材。

家富好施，賑赴窮急，爲州里所歸愛。[1]初舉孝廉，[2]七遷爲廣漢屬國都尉，[3]徵拜御史中丞。順帝末，以緄持節督揚州諸郡軍事，與中郎將滕撫擊破群賊，[4]遷隴西大守。[5]後鮮卑寇邊，[6]以緄爲遼東大守，曉喻降集，虜皆弭散。[7]徵拜京兆尹，[8]轉司隸校尉，[9]所在立威刑。遷廷尉、大常。[10]

[1]【今注】歸愛：愛戴並擁護。

[2]【今注】孝廉：漢代選拔舉薦人才的方式之一。孝指孝悌，廉指廉潔。漢制規定，每年郡國從所屬吏民中推舉孝、廉各一人。東漢和帝時始以人口爲標準，每二十萬人中歲舉孝廉一人。

[3]【今注】廣漢：郡名。西漢治梓潼縣（今四川梓潼縣）。東漢永初二年（108）移治涪縣（今四川綿陽市東北），又徙治雒縣（今四川廣漢市北）。　屬國都尉：官名。西漢武帝後置屬國於西北邊郡，安置内附少數民族，設都尉主之，掌民政軍事，兼掌戍衛邊塞。秩比二千石。宣帝以後，屬國或增置，或廢罷，兼安置羌人。東漢西北、東北、西南等邊境地區皆置，多從諸郡中分以安置降附、内屬匈奴、胡、羌等少數民族。屬官又或設長史、主簿等員。案，宋趙明誠《金石録》卷一六指出，據《漢車騎將軍馮緄碑》，自舉孝廉至廣漢郡屬國都尉，凡十一遷。

[4]【今注】群賊：指馬勉、范容、周生等。

[5]【今注】隴西：郡名。初治狄道縣（今甘肅臨洮縣），安帝永初五年（111）徙治襄武縣（今甘肅隴西縣東南）。東漢延光三年（124）復治狄道縣。。

[6]【今注】鮮卑：古族名。東胡的一支，因別依鮮卑山，故稱。漢初，爲冒頓所敗，入遼東塞外，與烏桓相接。東漢初，與匈

奴攻遼東。和帝永元中，北匈奴西遷後，徙據其地。因兼併其衆，逐漸强盛，多次攻漢邊郡。桓帝時，首領檀石槐建庭立制，分爲東、中、西三部，各置大人率領。其後聯合體瓦解，步度根、軻比能等首領各擁其衆，附屬曹魏。

［7］【李賢注】弭，止也。

［8］【今注】京兆尹：官名。西漢京畿地方行政長官之一。武帝時改右内史置，職掌如郡太守。其地屬京畿，爲三輔之一，故不稱郡。因治京師，又得參與朝政，故又有中央官性質。秩中二千石，地位高於郡守，位列諸卿。東漢秩二千石。

［9］【今注】司隸校尉：官名。掌察舉三輔（京兆、左馮翊、右扶風）、三河（河東、河内、河南）、弘農七郡的犯法者。西漢成帝元延四年（前9）省，哀帝時復置，改名司隸，隸大司空。東漢仍名司隸校尉，掌糾察宫廷皇親、貴戚百官，兼領兵、搜捕罪犯，並爲司隸州行政長官。治洛陽縣（今河南洛陽市）。秩比二千石。光武帝特詔朝會時與御史中丞、尚書令並專席而坐，時號“三獨坐”。

［10］【今注】廷尉：官名。西漢景帝中元六年（前144）改名大理。武帝建元四年（前137）復舊。掌司法刑獄，主管詔獄。秩中二千石。王莽改稱作士。東漢復名廷尉，秩中二千石。　大常：官名。掌祭祀社稷、宗廟和朝會、喪葬禮儀，管理、巡視陵廟所在縣邑，兼管博士和博士弟子的考核、薦舉。西漢景帝中元六年名奉常。王莽時改名秩宗。秩中二千石。東漢時掌禮儀祭祀及博士選拔考核。案，紹興本、殿本作“太常”。下同不注。又案，曹金華《後漢書稽疑》云《漢車騎將軍馮緄碑》載緄爲“隴西太守，坐問吏辜旬不分去官。以羌騷動，爲四府所表，復家拜隴西太守。上病，辟同産弟，徵議郎。復治書侍御史、尚書、遼東太守、廷尉、太常”，與此不同。又《風俗通義·怪神》作拜緄“遼東太守、廷尉、太常”，也不云“拜京兆尹、轉司隸校尉”。（第501頁）

時長沙蠻寇益陽，[1]屯聚積久，至延熹五年，[2]衆轉盛，而零陵蠻賊復反應之，[3]合二萬餘人，攻燒城郭，殺傷長吏。又武陵蠻夷悉反，[4]寇掠江陵間，[5]荆州刺史劉度、南郡大守李肅並奔走荆南，[6]皆没。於是拜緄爲車騎將軍，[7]將兵十餘萬討之，詔策緄曰："蠻夷猾夏，久不討攝，[8]各焚都城，蹈籍官人。[9]州郡將吏，死職之臣，[10]相逐奔竄，曾不反顧，可愧言也。將軍素有威猛，是以擢授六師。[11]前代陳湯、馮、傅之徒，以寡擊衆，[12]郅支、夜郎、樓蘭之戎，頭懸都街，[13]衞、霍北征，功列金石，是皆將軍所究覽也。[14]今非將軍，誰與修復前迹？進赴之宜，權時之策，將軍一之，出郊之事，不復内御。[15]已命有司祖于國門。[16]《詩》不云乎：'進厥虎臣，闞如虓虎，敷敦淮濆，仍執醜虜。'將軍其勉之！"[17]

[1]【今注】長沙蠻：指東漢活動在長沙郡境内的少數民族。在今湖南洞庭湖東南部和資江、湘江二水流域中下游。東漢時在雪峰山的北端，包括今湖南長沙市的一些縣市（參見伍新福《長沙蠻初考》，《中南民族大學學報》1986 年第 4 期；張雄《漢晉以來"長沙蠻"的族屬試析》，《廣西民族研究》1986 年第 4 期）。長沙，郡名。治臨湘縣（今湖南長沙市）。案，本書卷七《桓帝紀》載，延熹三年（160）十二月，武陵蠻寇江陵，車騎將軍馮緄討，皆降散。荆州刺史度尚討長沙蠻，平之。　益陽：縣名。治所在今湖南益陽市東。

[2]【今注】延熹：東漢桓帝劉志年號（158—167）。

[3]【今注】零陵蠻：東漢時活動於今湖南南部的少數民族。零陵，郡名。治泉陵縣（今湖南永州市零陵區）。

[4]【今注】武陵蠻：東漢時分布在今湖南東北部、湖北西南

部的少數民族。漢初在其地置武陵郡。東漢光武帝建武二十三年(47)十二月，武陵蠻叛，寇掠郡縣，遣劉尚討之，戰於沅水，尚軍敗歿。武陵，郡名。治臨沅縣（今湖南常德市）。

［5］【今注】江陵：縣名。治所在今湖北荆州市荆州區西北。

［6］【今注】荆州：西漢武帝元封五年（前106）置十三刺史部之一。東漢治所在漢壽縣（今湖南常德市東北）。獻帝初平元年(190)，劉表徙治襄陽（今湖北襄陽市漢水南岸襄陽城）。　荆南：地區名。指荆州長江以南的地區。

［7］【今注】車騎將軍：武官名。重號將軍。西漢初爲臨時將軍名，掌領車騎士。臨時設置，事訖即罷。武帝後常設，地位次於大將軍、驃騎將軍。掌京城、皇宫禁衛軍隊，出征時常總領諸將軍。東漢時位比三公，常以貴戚充任。秩萬石。掌領兵征伐，参議朝政。靈帝時作爲加官或贈官。中平元年（184）分置左、右。案，本書卷七《桓帝紀》載，延熹五年冬十月，武陵蠻叛，寇江陵，南郡太守李肅坐奔北棄市；辛丑，以太常馮緄爲車騎將軍，討之。

［8］【李賢注】猾，亂也。夏，華夏也。攝，持也。《書》曰："蠻夷猾夏。"【今注】蠻夷猾夏：蠻夷擾亂華夏。見《尚書·舜典》。　討攝：討伐威懾。

［9］【今注】案，籍，大德本、殿本作"藉"。二字可通。

［10］【今注】死職之臣：殉職的官吏。《荀子·議兵》云："將死鼓，御死轡，百吏死職，士大夫死行列。"

［11］【李賢注】六師猶六軍也，《詩》云"整我六師，以修我戎"也。【今注】六師：原指周天子率領的軍隊編制。因在西土王畿，又稱西六師。《周禮》稱六軍，《地官·小司徒》："五人爲伍，五伍爲兩，四兩爲卒，五卒爲旅，五旅爲師，五師爲軍。"此處泛指軍隊。

［12］【李賢注】陳湯字子公，山陽瑕丘人也。元帝時，爲西域副校尉，矯發西域諸國兵四萬人（《漢書》卷九《元帝紀》作"撟發戊己校尉屯田吏士及西域胡兵"，《漢書》卷七〇《陳湯傳》

作“漢兵胡兵四萬餘人”），誅斬郅支單于，傳首長安，懸於稾街。馮奉世字子明，上黨潞人也。宣帝時，以衞尉持節送大宛諸國客到伊修城（衞尉，殿本作“衞候”。此事《漢書》卷七九《馮奉世傳》作“奉世以衞候使持節送大宛諸國客”。當以“衞候”爲是）。時莎車王萬年殺漢使者，子明乃以節告諸國王，發兵五千人擊莎車，殺其王，傳首詣長安。傅介子，北地人。昭帝時，爲平樂監。時樓蘭國數反覆，霍光白遣介子與士卒，齎金幣以賜外國爲名，至樓蘭，樓蘭王與介子飲，乃令壯士二人刺殺之，持首詣闕。

［13］【李賢注】夜郎，西南夷之國也。成帝時，夜郎王興數不從命，牂柯大守陳立行縣至夜郎（牂柯大守，紹興本、殿本作“牂柯太守”，大德本作“將柯太守”），召興，興從邑君數十人見立，立數責，因斷興頭。案：夜郎王首不傳京師，殺之者陳立，又非陳湯、馮、傅，此蓋泛論誅戮戎夷耳。【今注】郅支：地區名。在今哈薩克斯坦江布爾城。《漢書·陳湯傳》載，建昭三年（前36），陳湯伐匈奴郅支單于，攻郅支城。　夜郎：西南古國名。治夜郎城（今貴州關嶺南）。西漢武帝元鼎六年（前111）於其地置牂柯郡。　樓蘭：西域古國名。後改名鄯善。都扜泥城（今新疆若羌縣東北羅布泊西岸樓蘭古城遺址）。　都街：都城街道。指都城内。

［14］【李賢注】衞青、霍去病俱出擊匈奴，青至寘顔山，斬首九千級，去病斬首七萬餘級，次到狼居胥山廼選也（到，殿本作“封”；選，紹興本、大德本、殿本作“還”。按《漢書》卷六《武帝紀》作“封狼居胥山乃還”，當以“封”“還”爲是）。

［15］【李賢注】一猶專也，言出郊以外，不復由内制御也。《淮南子》曰“夫命將（夫，紹興本、大德本、殿本作‘凡’，是），主親授鉞曰：‘從此上至天，將軍制之。’將答曰：‘國不可從外理，軍不可從中御’”也。【今注】内御：由皇帝指揮。《公羊傳》襄公十九年：“大夫以君命出，進退在大夫也。”何休注：

“禮，兵不從中御外，臨時制宜，當敵爲師，唯義所在。”徐彦疏：“《司馬法》云：閫外之事，將軍裁之。故云：禮，用兵之道，不得國中制御於外也。凡爲將軍之法，必須臨時制宜，謂專進退也。”

［16］【李賢注】祖，道祭也。鄭玄注《禮記》云：“天子九門：路門也，應門也，雉門也，庫門也，皋門也，國門也，近郊門也，遠郊門也，關門也。”【今注】有司祖于國門：官員在國門祭祀道路之神。案，應劭《風俗通》卷八《祀典》引《禮傳》云“共工氏之子曰脩，好遠游，舟車所至，足迹所達，靡不窮覽，故祀以爲祖神”。

［17］【李賢注】《詩·大雅》也。當周宣王時，徐方、淮夷反叛，宣王乃進其虎猛之臣，謂方叔、召虎之類也。虓虎，怒聲也。水涯曰濆。敷，布也。醜，衆也。仍，因也。言布兵敦逼淮水之涯，因執得衆虜。引詩誡緄（誡，大德本作“誡”，殿本作“戒”，當以“誡”爲是），令其勉也。

時天下飢饉，帑藏虛盡，[1]每出征伐，常減公卿奉禄，假王侯租賦，前後所遣將帥，宦官輒陷以折耗軍資，[2]往往抵罪。[3]緄性烈直，不行賄賂，懼爲所中，乃上疏曰：“埶得容姦，伯夷可疑；苟曰無猜，盜跖可信。[4]故樂羊陳功，文侯示以謗書。[5]願請中常侍一人監軍財費。”[6]尚書朱穆奏緄以財自嫌，[7]失大臣之節。有詔勿劾。

［1］【今注】帑藏：儲藏財物的府庫。指國庫。

［2］【今注】折耗：損失、耗費。

［3］【今注】抵罪：按相應的法律條文治罪。《史記》卷八《高祖本紀》《索隱》引韋昭曰：“抵，當也。謂使各當其罪。”

［4］【李賢注】《莊子》曰，孔子與柳下季爲友，弟名曰盜

跖，從卒九千人，横行，侵暴諸侯，驅人馬牛，取人婦女，貪虐無親（虐，大德本、殿本誤作“得”），萬人苦之。【今注】伯夷：與叔齊均是商末孤竹國國君之子。其父欲立叔齊，叔齊讓於伯夷。伯夷認爲是父命，逃去。叔齊也逃走。後聞文王姬昌善養老，入周。見武王伐紂，叩馬而諫。武王滅商後，不食周粟，隱居首陽山，後餓死。

［5］【李賢注】樂羊，魏將軍也。《史記》曰，魏文侯令樂羊將而攻中山，三年而拔之。樂羊反而論功，文侯示之謗書一篋。樂羊再拜曰：“此非臣之功也。”

［6］【今注】中常侍：官名。初稱“常侍”，掌侍從皇帝。西漢武帝後參與朝議，爲中朝官。元帝後稱“中常侍”，爲加官。東漢時非加官，成爲專職。掌侍從皇帝，顧問應對。初秩千石，又增秩爲比二千石。本無員數，明帝時定爲四人。章帝、和帝時，漸以宦官擔任。

［7］【今注】尚書：官名。西漢初爲掌文書小吏。武帝後置四員分曹治事，領諸郎。又置中書，以宦者擔任。成帝建始四年（前29），增爲五員。掌文書章奏詔命。東漢尚書臺分六曹，各置尚書，秩六百石，位在令、僕射下，丞、郎上。掌接納章奏、擬定詔令，位輕權重。與令、僕射合稱“八座”。案，大德本“尚書”前有“賞”字，誤。　自嫌：心有不滿和疑忌。

緄軍至長沙，賊聞，悉詣營道乞降。[1]進擊武陵蠻夷，斬首四千餘級，受降十餘萬人，[2]荆州平定。詔書賜錢一億，固讓不受。振旅還京師，[3]推功於從事中郎應奉，[4]薦以爲司隸校尉，而上書乞骸骨，[5]朝廷不許。[6]監軍使者張敞承宦官旨，[7]奏緄將傅婢二人戎服自隨，[8]又輒於江陵刻石紀功，請下吏案理。[9]尚書令黄儁奏議，[10]以爲罪無正法，不合致糾。[11]會長沙賊復起，攻桂陽、武陵，[12] 緄以軍還盜賊復發，策免。[13]

［1］【李賢注】營道，今道州縣也。【今注】營道：曹金華《後漢書稽疑》認爲章懷注："營道，今道州縣也。"按，"營道"東漢屬零陵郡，與長沙没有關係。《書鈔》卷六四引《謝承書》作"緄下長沙，賊悉詣營乞降"。"營道"恐非地名。（第503頁）《資治通鑑》卷五四《漢紀》桓帝延熹五年亦作："十一月，緄軍至長沙，賊聞之，悉詣營乞降。"

［2］【今注】案，《隸釋》卷七《漢車騎將軍馮緄碑》作"南征五溪蠻夷黄加少高、相法氏、趙伯、潘鴻等，斬首萬級，没溺以千數，降者十萬人，收逋賨布卅萬匹"。宋王象之《輿地紀勝》卷一六二引《華陽國志》作"斬首四千，獲生口十萬"。（參見曹金華《後漢書稽疑》，第504頁）又案，餘萬，殿本作"萬餘"。

［3］【今注】振旅：休整軍隊。

［4］【今注】從事中郎：官名。東漢大將軍、車騎將軍屬官。掌參謀議事。大將軍府所屬員二人，秩六百石。　應奉：字世叔，汝南南頓（今河南項城市）人。傳見本書卷四八。延熹中，武陵蠻復寇亂荆州，車騎將軍馮緄以奉有威恩，爲蠻夷所服，上請與俱征。拜從事中郎。奉勤設方略，賊破軍罷，緄推功於奉，薦爲司隸校尉。糾舉姦違，不避豪戚，以嚴厲爲名。李賢注引《謝承書》曰："時詔奉曰：'蠻夷叛逆作難，積惡放恣，鑊中之魚，火熾湯盡，當悉燋爛，以刷國恥。朝廷以奉昔守南土，威名播越，故復式序重任。奉之廢興，期在於今。賜奉錢十萬，駮犀方具劍、金錯把刀劍、革帶各一。奉其勉之！'"

［5］【今注】乞骸骨：向皇帝乞求骸骨歸葬故鄉。這是古代官員申請退休或引咎辭職的習慣用語。

［6］【今注】案，《隸釋》卷七《漢車騎將軍馮緄碑》作"振旅還師，臨當受封，以謡言奏河内太守、中常侍左悺弟，坐遜位"。

［7］【今注】監軍使者：官名。西漢武帝時始置。東漢沿置，掌監軍中違法作奸者。案，張敞，惠棟《後漢書補注》卷一〇引《渚宫舊事》作“張叔”。

［8］【今注】傅婢：侍侯衣食起居的奴婢。《漢書》卷七二《王吉傳》載，王吉爲傅婢所毒。顔師古注：“凡言傅婢者，謂傅相其衣服衽席之事。一説傅曰附，謂近幸也。”

［9］【今注】案理：審查處理。

［10］【今注】尚書令：官名。西漢爲尚書署長官，掌文書，爲少府屬官。秩六百石。武帝以後，職權稍重，掌傳達詔命章奏。秩千石。東漢爲尚書臺長官，掌決策詔令、總領朝政。如以公兼任，增秩至二千石。朝會時，與御史中丞、司隸校尉皆專席坐，時號“三獨坐”。

［11］【今注】不合致糾：不應該被糾劾。

［12］【今注】桂陽：郡名。治郴縣（今湖南郴州市北湖區）。

［13］【今注】案，本書卷七《桓帝紀》載，延熹六年（163）秋七月，武陵蠻復叛，太守陳奉與戰，大破降之。八月，車騎將軍馮緄免。

頃之，拜將作大匠，[1]轉河南尹。[2]上言“舊典，中官子弟不得爲牧人職”，[3]帝不納。復爲廷尉。時山陽大守單遷以罪繫獄，[4]緄考致其死。遷，故車騎將軍單超之弟，[5]中官相黨，遂共誹章誣緄，坐與司隸校尉李膺、大司農劉祐俱輸左校。[6]應奉上疏理緄等，[7]得免。後拜屯騎校尉，[8]復爲廷尉，[9]卒於官。[10]

［1］【今注】將作大匠：官名。原作將作少府，西漢景帝中元六年（前144）改名。又簡稱“將作”“大匠”。秩二千石。新莽改名都匠。東漢復舊，位次河南尹，光武帝建武中元二年（57）省，以謁者領之。章帝建初元年（76）復置。掌修建宗廟、路寢、宫

室、陵園等土木工程，及植桐梓等樹於道旁。秩二千石。

［2］【今注】河南尹：官名。東漢光武帝建武十五年（39）置，爲京都洛陽所在河南郡長官。秩二千石。

［3］【今注】案，“舊典，中官子弟不得爲牧人職”，本書卷五四《楊秉傳》載“舊典，中臣子弟不得居位秉埶”。牧人，即牧民。即管理百姓。

［4］【今注】山陽：郡名。治昌邑縣（今山東巨野縣東南）。

［5］【今注】單超：宦官。河南（今河南洛陽市）人。東漢桓帝初爲中常侍。與徐璜等五人定謀佐助桓帝誅殺外戚梁冀兄弟，以功封新豐侯，食邑二萬户。傳見本書卷七八。

［6］【今注】李膺：字元禮，潁川襄城（今河南襄城縣）人。傳見本書卷六七。　大司農：官名。原爲秦治粟内史。西漢景帝後元元年（前143）更名大農令。武帝太初元年（前104）改大農令置。秩中二千石。掌管全國錢穀金帛諸貨幣及各郡國錢穀簿、邊郡財物調度等。新莽先後改名“羲和”“納言”。東漢掌皇室財政開支。　劉祐：字伯祖，中山安國（今河北博野縣東南）人。傳見本書卷六七。　左校：官名。領本署工徒修造宫室、宗廟、陵園、道路等。秩六百石。官吏犯法，常輸左校爲工徒。本書卷六七《劉祐傳》載：“時中常侍蘇康、管霸用事於内，遂固天下良田美業，山林湖澤，民庶窮困，州郡累氣。祐移書所在，依科品没入之。”

［7］【今注】理：申訴。本義指治獄官。

［8］【今注】屯騎校尉：官名。西漢武帝時始置，爲北軍八校尉之一。領本營騎士，掌戍衛京師，兼任征伐。秩二千石。東漢初改名驍騎校尉。光武帝建武十五年復舊，隸北軍中候，爲北軍五校尉之一。掌宿衛禁兵。秩比二千石。

［9］【今注】復爲廷尉：清諸以敦《熊氏後漢書年表校補》認爲，李膺於是年十月陳蕃表讓太尉，尚稱弛刑徒，則免罪復官在十月之後。緄爲太尉，當在明年。

［10］【今注】案，《隸釋》卷七《漢車騎將軍馮緄碑》作“拜將作大匠、河南尹，復拜廷尉，表荆州刺史李隗、南陽太守成晉、

太原太守劉瓆不宜以重論，坐正法作左校。後詔書特員，拜屯騎校尉，復廷尉，奏中臣子弟不宜典牧州郡，獲過左右，遜位。永康元年十二月薨”。與此不同。

緄弟允，[1]清白有孝行，能理《尚書》，[2]善推步之術。[3]拜降虜校尉，[4]終於家。[5]

[1]【今注】緄弟允：《華陽國志》卷一二云："降虜都尉馮元，字公信。緄弟。"

[2]【今注】尚書：書名。古稱《書》，至漢代稱《尚書》。基本内容是古代帝王的文告和君臣談話内容的記録，相傳爲孔子編定。其内容有典、謨、訓、誥、誓、命六種。秦末伏生藏於壁中。漢初仍存二十九篇，以漢朝派晁錯聽伏生講授並以當時文字記録，以漢代通行的隸書書寫，即“今文尚書”。西漢武帝時，魯恭王劉餘獲孔壁所藏“古文尚書”。經孔安國校理並作傳，比伏生所傳二十九篇增加十六篇。

[3]【李賢注】推步謂究日月五星之度，昏旦節氣之差。【今注】推步之術：推算天象曆法。本書《律曆志中》："自太初元年，始用《三統曆》。"錢大昕《廿二史考異》卷一三《續漢書二》卷一："《三統》與《太初》異名而同實。劉子駿用《太初法》推衍之，以説《尚書》《春秋》，又追日月五星同起牽牛之始，以爲太極、上元，初非别立一術，則三統之名不自歆始也。"

[4]【今注】降虜校尉：官名。東漢置，職位低於將軍而高於都尉。掌帥軍征伐。

[5]【李賢注】《謝承書》曰："緄子鸞，舉孝廉，除郎中。"

度尚字博平，山陽湖陸人也。[1]家貧，不修學行，不爲鄉里所推舉。[2]積困窮，乃爲宦者同郡侯覽視田，[3]得爲郡上計吏，[4]拜郎中，除上虞長。[5]爲政嚴峻，明於發擿姦非，吏人謂之神明。[6]遷文安令，[7]遇時疾疫，穀貴人飢，尚開倉稟給，[8]營救疾者，百姓蒙其濟。時冀州刺史朱穆行部，[9]見尚甚奇之。

［1］【今注】湖陸：縣名。治所在今山東魚臺縣東南。王莽改湖陵曰湖陸。東漢初又名湖陵。章帝改爲湖陸侯國，後又改爲湖陸縣。

［2］【李賢注】《續漢書》曰："尚少喪父，事母至孝，通《京氏易》《古文尚書》。爲吏清絜，有文武才略。"與此不同。

［3］【今注】宦者：宦官。　侯覽：宦官。山陽防東（今山東單縣東北）人。傳見本書卷七八。　視田：管理田産。

［4］【今注】上計吏：官名。地方政府派赴中央呈遞計簿的官員。西漢縣道上計郡國及郡國上計中央，由縣令長丞尉及郡丞、國長吏擔任。東漢改派地位較高的掾史。上計吏往往受到皇帝的召見（參見侯旭東《丞相、皇帝與郡國計吏：兩漢上計制度變遷探微》，《中國史研究》2014年第4期）。

［5］【李賢注】上虞，縣，故城在今越州餘姚縣西。【今注】上虞：縣名。治所在今浙江紹興市上虞區。

［6］【李賢注】《謝承書》曰："尚進善愛人，坐以待旦，擢門下書佐米儁（米，紹興本、大德本、殿本作'朱'，是），恒嘆述之，以爲有不凡之操。儁後官至車騎將軍，遠近奇尚有知人之鑒。"

［7］【李賢注】文安，縣，故城在今瀛州文安縣東北。【今注】文安：縣名。治所在今河北文安縣東北。

［8］【今注】案，稟，大德本、殿本作"廩"。二字可通。

［9］【今注】朱穆：字公叔，南陽宛（今河南南陽市卧龍區）人。東漢順帝末，爲大將軍梁冀掌兵事。桓帝時爲冀州刺史。後拜尚書，反對宦官。傳見本書卷四三。

延熹五年，長沙、零陵賊合七八千人，自稱"將軍"，入桂陽、蒼梧、南海、交阯，[1]交阯刺史及蒼梧大守望風逃奔，二郡皆没。遣御史中丞盛修募兵討之，[2]不能剋。豫章艾縣人六百餘人，[3]應募而不得賞直，怨恚，遂反，焚燒長沙郡縣，寇益陽，[4]殺縣令，衆漸盛。又遣謁者馬睦，督荆州刺史劉度擊之，軍敗，睦、度奔走。[5]桓帝詔公卿舉任代劉度者，[6]尚書朱穆舉尚，自右校令擢爲荆州刺史。[7]尚躬率部曲，[8]與同勞逸，廣募雜種諸蠻夷，明設購賞，進擊，大破之，降者數萬人。桂陽宿賊渠帥卜陽、潘鴻等畏尚威烈，[9]徙入山谷。尚窮追數百里，遂入南海，破其三屯，多獲珍寶。而陽、鴻等黨衆猶盛，尚欲擊之，而士卒驕富，莫有鬬志。尚計緩之則不戰，逼之必逃亡，乃宣言卜陽、潘鴻作賊十年，習於攻守，今兵寡少，未易可進，當須諸郡所發悉至，爾乃并力攻之。申令軍中，恣聽射獵。兵士喜悦，大小皆相與從禽。[10]尚乃密使所親客潛焚其營，珍積皆盡。獵者來還，莫不泣涕。[11]尚人人慰勞，深自咎責，因曰："卜陽等財寶足富數世，諸卿但不并力耳。所亡少少，何足介意！"衆聞咸憤踊，尚敕令秣馬蓐食，[12]明旦，徑赴賊屯。陽、鴻等自以深固，不復設備，吏士乘鋭，遂大破平之。

[1]【今注】蒼梧：郡名。治廣信縣（今廣西梧州市長洲區）。南海：郡名。治番禺縣（今廣東廣州市番禺區）。　交阯：郡名。西漢及東漢前期治羸縣（今越南河内市西北）。東漢順帝永和年間，周敞爲交趾太守，徙郡治於龍編縣（今越南北寧省北寧市）。交趾，或作"交阯"。

［2］【今注】募兵：以錢物雇募平民充兵（參見張鶴泉《東漢募兵論略》，《史學集刊》1988年第4期）。

［3］【今注】豫章：郡名。治南昌縣（今江西南昌市東湖區）。　艾縣：縣名。治所在今江西修水縣西司前鄉龍崗坪。案，中華本校勘記云，“豫章艾縣人六百餘人”，王先謙《後漢書集解》案上下文衍一“人”字。疑本作“豫章艾縣民六百餘人”，後避唐太宗諱，改“民”爲“人”。縣人，殿本作“縣民”。

［4］【李賢注】益陽，縣，在益水之陽（在，殿本作“名”，誤；大德本“益水”前有“今”字，是），故城在今潭州益陽縣東。【今注】案，本書卷七《桓帝紀》李賢注引《東觀記》曰：“時賊乘刺史車，屯據臨湘，居太守舍。賊萬人以上屯益陽，殺長吏。”

［5］【今注】案，本書卷八六《南蠻西南夷傳》載，武陵蠻六千餘人寇江陵，荆州刺史劉度、謁者馬睦、南郡太守李肅皆奔走。

［6］【今注】桓帝：東漢桓帝劉志，公元146年至167年在位。紀見本書卷七。　公卿：三公、九卿，後泛指朝廷中的高級官員。

［7］【今注】右校令：官名。將作大匠屬官，領本署工徒修造宫室宗廟陵園道路等。秩六百石。官吏犯法，常輸右校爲工徒。西漢分爲前、後、左、右、中五校。東漢衹留左、右二校。

［8］【今注】部曲：部下。漢代軍隊編制名稱。本書《百官一》曰：“大將軍營有五部，部三校尉。部下有曲，曲有軍候一人，比六百石。”

［9］【今注】渠帥：首領。渠，大。

［10］【今注】案，禽，殿本作“命”，據文意可從。

［11］【今注】案，泣涕，殿本作“涕泣”。

［12］【今注】秣馬蓐食：使戰馬和士兵飽食，準備作戰。《左傳》文公七年：“訓卒，利兵，秣馬，蓐食，潛師夜起。”《方言》：“蓐，厚也。”蓐食謂厚食。戰前必令士卒飽餐。

尚出兵三年，群寇悉定。七年，封右鄉侯，[1]遷桂陽太守。明年，徵還京師。時荆州兵朱蓋等，征戍役久，財賞不贍，忿恚，復作亂，與桂陽賊胡蘭等三千餘人復攻桂陽，焚燒郡縣，大守任胤棄城走，賊衆遂至數萬。[2]轉攻零陵，大守陳球固守拒之。[3]於是以尚爲中郎將，將幽、冀、黎陽、烏桓步騎二萬六千人救球，[4]又與長沙大守抗徐等發諸郡兵，[5]并埶討擊，大破之，斬蘭等首三千五百級，餘賊走蒼梧。詔賜尚錢百萬，餘人各有差。

[1]【今注】鄉侯：爵名。東漢置。食地爲鄉的列侯。本書《百官志五》："功大者食縣，小者食鄉、亭，得臣其所食吏民。"

[2]【今注】案，本書卷七《桓帝紀》載，延熹八年（165），桂陽胡蘭、朱蓋等復反，攻没郡縣，轉寇零陵，零陵太守陳球拒之；遣中郎將度尚、長沙太守抗徐等擊蘭、蓋，大破斬之。蒼梧太守張叙爲賊所執，又桂陽太守任胤背敵畏懦，皆棄市。

[3]【今注】陳球：字伯真，下邳淮浦（今江蘇漣水縣西）人。傳見本書卷五六。案，本書《陳球傳》載，球到零陵，"設方略，期月間，賊虜消散。而州兵朱蓋等反，與桂陽賊胡蘭數萬人轉攻零陵。零陵下溼，編木爲城，不可守備，郡中惶恐。掾史白遣家避難，球怒曰：'太守分國虎符，受任一邦，豈顧妻孥而沮國威重乎？復言者斬！'乃悉内吏人老弱，與共城守，弦大木爲弓，羽矛爲矢，引機發之，遠射千餘步，多所殺傷。賊復激流灌城，球輒於内因地埶反決水淹賊。相拒十餘日，不能下。會中郎將度尚將救兵至，球募士卒，與尚共破斬朱蓋等"。

[4]【今注】黎陽：縣名。治所在今河南浚縣東。　烏桓：部族名。東胡的一支。秦末爲匈奴所敗，退居烏桓山。西漢武帝後歸漢，分布於上谷、漁陽、右北平、遼西、遼東五郡塞外。漢廷置護

烏桓校尉監領之。

［5］【今注】長沙：郡名。治臨湘縣（今湖南長沙市嶽麓區）。

時抗徐與尚俱爲名將，數有功。徐字伯徐，丹陽人，[1]鄉邦稱其膽智。初試守宣城長，[2]悉移深林遠藪椎髻鳥語之人置於縣下，[3]由是境内無復盜賊。後爲中郎將宗資别部司馬，[4]擊大山賊公孫舉等，[5]破平之，斬首三千餘級，封烏程東鄉侯五百户。[6]遷大山都尉，[7]寇盜望風奔亡。及在長沙，宿賊皆平。卒於官。桓帝下詔追增封徐五百户，并前千户。

［1］【今注】丹陽：郡名。治宛陵縣（今安徽宣州市宣州區）。案，本書卷七《桓帝紀》李賢注引《謝承書》曰："抗徐字伯徐，丹陽人。少爲郡佐史，有膽智策略，三府表徐有將率之任，特遷長沙太守。"

［2］【今注】宣城：縣名。治所在今安徽南陵縣東弋江鎮。

［3］【李賢注】宣城，縣，故城在今宣州南陵縣東。椎，獨髻也，音直追反。鳥語謂語聲似鳥也。《書》曰："島夷卉服。"【今注】椎髻鳥語：指結如椎之髻，説似鳥鳴之語。指古代南方人的妝飾和語言。"島夷卉服"，見《尚書·禹貢》。錢大昕《三史拾遺》卷四説，《禹貢》"島夷"，《漢書·地理志》作"鳥夷"，鄭玄、王肅本皆同，故李賢注引以證鳥語之義。後人依今本《尚書》改此處"鳥"字爲"島"，而此注並不能解釋原義。案，王先謙《後漢書集解》謂注引"島夷"當作"鳥夷"。

［4］【今注】宗資：字叔都，南陽安衆（今河南鄧州市東北）。本書卷六七《黨錮傳》李賢注引謝承《後漢書》云："家世爲漢將相名臣。祖父均，自有傳（本書卷四一《宋均傳》）。資少在京師，學孟氏易、歐陽尚書。舉孝廉，拜議郎，補御史中丞、汝南太

守。署范滂爲功曹，委任政事，推功於滂，不伐其美。任善之名，聞於海内。”　别部司馬：武官名。大將軍領兵五部（營），每部置校尉一人，軍司馬一人。其别營領屬爲别部司馬。掌領兵征伐。

［5］【今注】大山：郡名。即泰山。治奉高縣（今山東泰安市東）。案，殿本作“太山”。“大”“太”可通。以下不注。又案，曹金華《後漢書稽疑》據沈欽韓説，謂以紀傳參考，平公孫舉者段熲，平叔孫無忌者宗資。抗徐爲宗資司馬，此作“公孫舉”，誤。段熲破斬太山賊公孫舉在桓帝永壽二年（156）七月，宗資討破太山賊叔孫無忌在延熹三年（160）十二月，其間相距數年。（第501頁）

［6］【李賢注】烏程，今湖州縣。【今注】烏程：縣名。治所在今浙江湖州市西南。

［7］【今注】案，大山，紹興本、殿本作“太山”。

復以尚爲荆州刺史。尚見胡蘭餘黨南走蒼梧，懼爲己負，乃僞上言蒼梧賊入荆州界，[1]於是徵交阯刺史張磐下廷尉。辭狀未正，[2]會赦見原。磐不肯出獄，方更牢持械節，[3]獄吏謂磐曰：“天恩曠然而君不出，何乎？”[4]磐因自列曰：[5]“前長沙賊胡蘭作難荆州，[6]餘黨散入交阯。磐身嬰甲胄，[7]涉危履險，討擊凶患，斬殄渠帥，餘燼烏竄，[8]冒遁還奔。荆州刺史度尚懼磐先言，怖畏罪戾，[9]伏奏見誣。磐備位方伯，[10]爲國爪牙，[11]而爲尚所枉，受罪牢獄。夫事有虚實，法有是非。磐實不辜，赦無所除。如忍以苟免，永受侵辱之恥，生爲惡吏，死爲敝鬼。[12]乞傳尚詣廷尉，[13]面對曲直，足明真僞。尚不徵者，磐埋骨牢檻，[14]終不虚出，望塵受枉。”廷尉以其狀上，詔書徵尚到廷尉，辭窮受罪，以先有功得原。磐字子石，丹陽人，以清白稱，終於廬江大守。[15]

[1]【今注】案，僞，紹興本作“爲”。二字假借可通。

[2]【今注】辭狀：口供。本書《百官志五》劉昭注引胡廣曰：“縣邑囚徒，皆閲録視，參考辭狀，實其真僞。有侵冤者，即時平理也。”

[3]【今注】械節：枷械等刑具的接合處。王先謙《後漢書集解》引胡三省曰：“竹約爲節。械節亦械之刻約處也。”

[4]【今注】案，何乎，中華本校勘記云，殿本作“何也”。《資治通鑑》卷五五《漢紀》孝桓皇帝延熹八年作“可乎”。

[5]【今注】自列：自陳，自白。

[6]【今注】案，曹金華《後漢書稽疑》據本傳前文、《桓帝紀》、《陳球傳》作“桂陽賊胡蘭”，《太平御覽》卷六五二引《謝承書》同（第501頁）。

[7]【今注】案，嬰，大德本、殿本作“膺”。二字意義可通。

[8]【今注】案，燼，紹興本作“盡”。二字可通。

[9]【李賢注】戾亦罪也。【今注】怖畏罪戾：因怕承擔過失而恐懼。

[10]【今注】備立方伯：充任刺史。方伯，地方長官。指刺史。

[11]【李賢注】爪牙，以猛獸爲喻，言爲國之扞衛也（扞，大德本、殿本作“捍”，“扞”是“捍”的古字，二字可通）。《詩》曰“圻父（圻，大德本、殿本作‘祈’，二字假借可通），予王之爪牙”也。【今注】爪牙：指將軍等武官。《漢官儀》：“武帝西征西夷有前後左右將軍，爲國爪牙，所以揚示威靈，折衝萬里。”

[12]【今注】敝鬼：厲鬼。敝，同“憋”，凶惡。

[13]【今注】乞傳尚詣廷尉：惠棟《後漢書補注》卷一〇引胡三省注，以傳車召致廷尉。案，漢律四篇有告、劾、傳、覆，故

東漢順帝永建元年（126）詔曰："亡徒當傳勿傳。"度有罪當傳捕之，非傳召之。

［14］【今注】牢檻：牢獄。

［15］【今注】廬江：郡名。治舒縣（今安徽廬江縣西南）。

尚後爲遼東大守，數月，鮮卑率兵攻尚，與戰，破之，戎狄懼畏。年五十，延熹九年，[1]卒於官。[2]

［1］【今注】延熹：東漢桓帝劉志年號（158—167）。

［2］【今注】按，趙明誠《金石録》卷一六跋尾六："度自右校令擢爲荆州刺史，破長沙零陵賊，以功封右鄉侯，遷桂陽太守。徵還京師，以中郎將破賊胡蘭等，復爲荆州刺史，後爲遼東太守，卒於官。今以碑考之，云封右鄉侯，遷遼東太守，拜中郎，復拜荆州刺史，以故秩居，蓋未嘗爲桂陽太守，而曰卒於遼東者，皆史之誤。"

揚琁字機平，[1]會稽烏傷人也。[2]高祖父茂，本河東人，從光武征伐，爲威寇將軍，[3]封烏傷新陽鄉侯。[4]建武中就國，傳封三世，有罪國除，因而家焉。父扶，交阯刺史，有理能名。[5]兄喬，爲尚書，容儀偉麗，數上言政事，桓帝愛其才皃，[6]詔妻以公主，喬固辭不聽，遂閉口不食，七日而死。

［1］【今注】案，揚琁，紹興本、大德本作"楊琁"，殿本作"楊璇"。二字可通。下同不注。

［2］【今注】會稽：郡名。治山陰縣（今浙江紹興市越城區）。烏傷：縣名。治所在今浙江義烏市。

［3］【今注】威寇將軍：雜號將軍名。東漢光武帝時置，掌帥

兵征伐。

［4］【今注】新陽：鄉名。在今浙江浦江縣。

［5］【今注】有理能名：因爲有治理政事的才能而著名。

［6］【今注】案，皃，大德本、殿本作“貌”。二字可通。下同不注。

琁初舉孝廉，稍遷，靈帝時爲零陵大守。是時蒼梧、桂陽猾賊相聚，攻郡縣，賊衆多而琁力弱，吏人憂恐。琁乃特制馬車數十乘，以排囊盛石灰於車上，[1]繫布索於馬尾，又爲兵車，專彀弓弩，[2]剋共會戰。[3]乃令馬車居前，順風鼓灰，賊不得視，因以火燒布，然馬驚，[4]奔突賊陣，因使後車弓弩亂發，鉦鼓鳴震。[5]群盜波駭破散，追逐傷斬無數，梟其渠帥，郡境以清。[6]荆州刺史趙凱，誣奏琁實非身破賊，而妄有其功。琁與相章奏，凱有黨助，遂檻車徵琁。[7]防禁嚴密，無由自訟，乃噬臂出血，書衣爲章，[8]具陳破賊形埶，及言凱所誣狀，潛令親屬詣闕通之。詔書原琁，拜議郎，[9]凱反受誣人之罪。

［1］【李賢注】排囊即今囊袋也。排音蒲拜反。【今注】排囊：鼓風用的革囊。

［2］【今注】專彀弓弩：使勁張弓弩。彀，張滿弓。

［3］【今注】案，剋共會戰，中華本校勘記云，《兩漢書刊誤》謂已言會戰，何用“共”字，蓋本是“期”，誤作“其”，遂轉作“共”。當據改。剋期會戰，約定時間進行決戰。

［4］【今注】案，大德本、殿本“然馬驚”前有“布”字，是。此句當作“因以火燒，布然馬驚。”

［5］【今注】鉦鼓鳴震：以鉦鼓指揮軍隊前進。鉦，古代行軍

的樂器，似鐘，有長柄，使用時口向上槌敲擊。

[6]【李賢注】梟，懸也。

[7]【今注】檻車：有原始木籠和封閉式車厢的囚車。如犯罪的爲貴族，則往往使用條件舒適的輜車。

[8]【今注】章：漢代大臣呈給皇帝的書面報告。蔡邕《獨斷》卷上云："凡群臣上書於天子者有四名，一曰章，二曰奏，三曰表，四曰駮議。章者，需頭稱稽首上書謝恩陳事詣闕通者也。"

[9]【今注】議郎：官名。西漢爲光禄勳屬官。掌顧問應對，參與議政。秩比六百石。東漢除議政外，也給事宫中。

琁三遷爲勃海大守，[1]所在有異政，以事免。後尚書令張温特表薦之，徵拜尚書僕射。[2]以病乞骸骨，卒於家。

[1]【今注】勃海：郡名。東漢治南皮縣（今河北南皮縣）。案，大德本、殿本作"渤海"，勃、渤二字可通。

[2]【今注】尚書僕射：官名。西漢爲尚書令副貳，秩六百石。東漢爲尚書臺次官。若公兼任，增秩至二千石。掌章奏文書、參議政事、監察百官等。

論曰：安順以後，風威稍薄，寇攘寖横，緣隙而生，剽人盜邑者不闋時月，[1]假署皇王者蓋以十數。[2]或託驗神道，或矯妄冕服。然其雄渠魁長，未有聞焉，[3]猶至壘盈四郊，奔命首尾。[4]若夫數將者，並宣力勤慮，以勞定功，[5]而景風之賞未甄，膚受之言互及。[6]以此而推，政道難乎以免。[7]

[1]【李賢注】闋，息也。【今注】不闋時月：指此類事情時

有發生。不闋，不停息。

［2］【今注】假署皇王：假借皇帝名號。指起義軍假稱黄帝、黑帝等。

［3］【今注】雄渠魁長未有聞焉：起義軍的首領並非知名將領。

［4］【李賢注】壘，軍壁也。《禮記》曰："四郊多壘，卿大夫之辱。"奔命謂有命即奔赴之。《左傳》曰"余必使爾罷於奔命"也。【今注】壘盈四郊：軍隊的營壘遍布郊外。四郊，城外的周邊郊野地區。《禮記·曲禮上》："四郊多壘，此卿大夫之辱也。"奔命首尾：形容東漢政府爲鎮壓起義軍而調集的軍隊很多。奔命，指軍隊。《漢書》卷七《昭帝紀》應劭注："舊時郡國皆有材官騎士以赴急難，今夷反，常兵不足以討之，故權選取精勇。聞命奔走，故謂之奔命。"

［5］【李賢注】宣，布也。《尚書》曰："宣力四方。"《禮記》曰："以勞定國則祀之。"

［6］【李賢注】景風至則行賞，解見《和紀》。甄，明也。膚受謂得皮膚之言而受之，不深知其情核者也。孔子曰："膚受之愬不行焉，可謂明矣。"【今注】案，此二句指雖有功勞而未能獲得獎賞，却遭到讒言的一再詆毀。景風，祥和之風。《淮南子·天文》："清明風至四十五日，景風至。"《春秋考異郵》："夏至四十五日，景風至，則封有功也。"古人於此風來時，進行賞賜。膚受之言，對於人身的言語攻擊。

［7］【李賢注】《論語》孔子曰："不有祝鮀之佞（殿本此後有'而有宋朝之美'六字），難乎免於今之世矣。"【今注】政道難乎以免：治理國家難受到這種現象（指奸佞之人）的影響。

贊曰：張宗禆禹，敢殿後拒。[1]江、淮、海、岱，[2]虔劉寇阻。[3]其誰清之？雄、尚、緄、撫。琁能用譎，[4]亦云振旅。

［1］【李賢注】殿音丁見反。

［2］【今注】江淮：指江（長江）、淮（淮河）一帶。廣義上指江南、淮南地區，狹義上指長江、淮河之間的地區，即今江蘇、安徽的中部地區。　海岱：今山東渤海至泰山之間的地帶。

［3］【李賢注】虔、劉皆殺也。【今注】虔劉：劫掠、殺戮。劉，殺。

［4］【今注】譎：詭計。

後漢書　卷三九

列傳第二十九[1]

劉平　趙孝　淳于恭　江革　劉般 子愷　周磐　趙咨

［1］【今注】案，本卷主要叙述東漢以孝著稱、品德高尚的劉平、王扶、趙孝、王琳、淳于恭、江革、劉般、劉愷、周磐、趙咨等人的事迹。周天游《八家後漢書輯注》輯華嶠《後漢書》卷二作《孝子傳》載，"《史通·序例篇》曰：'迨華嶠《後漢》，多同班氏。如劉平、江革等傳，其序先言孝道，次述毛義養親。此則《前漢·王貢傳》體，其篇以四皓爲始也。'又《列傳篇》曰：'亦有事迹雖寡，名行可崇，寄在他篇，爲其標冠。若商山四皓，事列王陽之首；廬江毛義，名在劉平之上。'據此則諸孝子合爲一傳，始自華嶠《書》也。范曄因而不改，自沈約以下，遂相沿成習。今從黄《輯》，標目《孝子傳》。"（周天游：《八家後漢書輯注》，上海古籍出版社 1986 年版，第 550—551 頁）

孔子曰："夫孝莫大於嚴父，嚴父莫大於配天，則周公其人也。"[1]子路曰："傷哉貧也！生無以養，死無以葬。"子曰："啜菽飲水，孝也。"[2]夫鍾鼓非樂云之本，而器不可去；[3]三牲非致孝之主，而養不可廢。[4]存器而忘本，樂之遁也；[5]調器以和聲，[6]樂之成也。

崇養以傷行，孝之累也；[7]脩己以致禄，養之大也。[8]故言能大養，則周公之祀，致四海之祭；[9]言以義養，則仲由之菽，甘於東鄰之牲。[10]夫患水菽之薄，干禄以求養者，是以恥禄親也。[11]存誠以盡行，孝積而禄厚者，[12]此能以義養也。

［1］【李賢注】配天謂宗祀文王於明堂，以配上帝。【今注】案，此句見《孝經·聖治章》，指萬物始於天，人倫以父爲天，故孝行之大莫過於尊父。父爲天，人無論貴賤，都要尊父。以父配天之禮始自周公，故稱“其人”。周公，姬姓，名旦。周武王弟，輔佐武王滅商，後封於魯。但留在朝中輔政。武王崩，成王年幼，周公攝政。平定管叔、蔡叔、霍叔之亂。分封諸侯，興建洛邑，制定禮樂。後返政於成王。

［2］【李賢注】事見《禮記》。啜音昌悦反。《廣雅》云（云，紹興本作“曰”，二字可通）：“啜，食也。”【今注】子路：即仲由。孔子弟子。春秋時魯國卞（今山東泗水縣東）人，魯國季孫氏家臣，蒲（今河南長垣縣）大夫。後仕衞，爲衞大夫孔悝邑宰。孔悝迎立蕢聵爲衞莊公，因不從而被殺。案，《禮記·檀弓下》載，子路曰：“傷哉貧也！生無以爲養，死無以爲禮也。”孔子曰：“啜菽飲水盡其歡，斯謂之孝。斂首足形，還葬而無椁，稱其財，斯之謂禮。”比喻子女孝順父母，雖然衹是讓父母食豆飯和飲水，但衹要能使父母歡悦，也算是克盡孝道。

［3］【李賢注】《論語》孔子曰：“樂云樂云，鍾鼓云乎哉？”言樂之所貴者，移風易俗也，非謂鍾鼓而已，然而不可去鍾鼓。去音丘吕反。【今注】案，此句見《論語·陽貨》，指音樂之所以重要，在於可以移風易俗，並非因爲有鐘鼓。但鐘鼓作爲產生音樂的樂器，也不可或缺。

［4］【李賢注】《孝經》曰：“雖日用三牲，猶爲不孝。”言孝子者，以和顔悦色爲難也，非謂三牲而已，然不可闕甘旨。【今

注】案，此句指如果不孝順父母，雖然每天用三牲供養，仍被視爲不孝。但孝順父母也不能缺少美好的食物。三牲，古代祭祀用的牛、羊、豬。《孝經·孝行章》曰："事親者，居上不驕，爲下不亂，在醜不争。居上而驕則亡，爲下而亂則刑，在醜而争則兵。此三者不除，雖日用三牲之養，繇爲不孝也。"《後漢紀》卷一一《孝章皇帝紀上》引華嶠《後漢書》作"三牲非孝養之主，而養不可廢"。

［5］【李賢注】遁，失也。言盛飾鍾簴之器而忘移風之本，是失樂之意也。【今注】案，此句指衹重視樂器的華美，而忘却了音樂移風易俗的功能，失去了音樂的本質。《後漢紀·孝章皇帝紀上》引華嶠《後漢書》作"務器而忘本，樂之過也"。

［6］【今注】調器以和聲：使各種樂器協調而奏出動聽的音樂。案，能調和樂器，使奏出和諧的音樂，纔是音樂的最高境界。

［7］【李賢注】不義而宗養（宗，紹興本、大德本、殿本作"崇"，意義可通），更爲親憂，是孝之累也。【今注】案，衹重視豐美的供養，却忽視了德行，這對孝道是一種傷害。《後漢紀·孝章皇帝紀上》引華嶠《後漢書》作"崇養以傷行，養之累也"。

［8］【今注】脩己以致禄養之大也：指重視自我修養，歸還爵禄而親自孝敬父母，爲孝之大者。致禄，指辭官。《孝經·開宗明義章》云："立身行道，揚名於後世，以顯父母，孝之終也。"

［9］【今注】四海之祭：《詩序》曰"巡守而祀四嶽河海"。四海，指全國各地、天下。指周公以天下孝父母，稱爲大養。《後漢紀·孝章皇帝紀上》引華嶠《後漢書》作"故定以道養，周公之禮，致四海之祭"。

［10］【李賢注】《易》曰"東鄰殺牛，不如西鄰之禴祭"也。【今注】案，此二句指善養父母，則子路的豆飯要比最豐盛的食物更能體現孝順。見《周易·既濟》。子路之孝屬於義養。《後漢紀·孝章皇帝紀上》引華嶠《後漢書》作"定以義養，則仲由之粥，無驕慢之性"。

[11]【李賢注】干，求也。謂不以道求禄，故可恥也。【今注】案，此三句指因爲水和豆飯的微薄而追求爵禄以奉養父母，並非出於至誠，是君子以俸禄養親爲恥。這種孝屬於干禄以求養。《後漢紀·孝章皇帝紀上》引華嶠《後漢書》作“夫患啜菽粥之粗，干禄以求養，是以禄親也”。

[12]【今注】案，《後漢紀·孝章皇帝紀上》引華嶠《後漢書》作“孜孜於致孝，孝成而禄厚者”。

中興，[1]廬江毛義少節，[2]家貧，以孝行稱。南陽人張奉慕其名，[3]往候之。坐定而府檄適至，以義守令，[4]義奉檄而入，喜動顔色。奉者，志尚士也，心賤之，自恨來，固辭而去。及義母死，去官行服。[5]數辟公府，[6]爲縣令，[7]進退必以禮。後舉賢良，公車徵，[8]遂不至。張奉歎曰：“賢者固不可測。往日之喜，乃爲親屈也。斯蓋所謂‘家貧親老，不擇官而仕’者也。”[9]建初中，[10]章帝下詔褒寵義，[11]賜穀千斛，[12]常以八月長吏問起居，[13]加賜羊酒。[14]壽終于家。

[1]【今注】中興：西漢滅亡後，王莽改國號爲“新”。後王莽改制失敗，導致緑林、赤眉起義，劉秀起兵恢復漢朝，國號仍爲漢。漢朝由衰轉盛，故稱“中興”。

[2]【今注】廬江：郡名。治舒縣（今安徽廬江縣西南）。

[3]【今注】南陽：郡名。治宛縣（今河南南陽市卧龍區）。

[4]【李賢注】檄，召書也。《東觀記》曰：“義爲安陽尉，府檄到，當守令”也。【今注】檄：古代用於徵召、聲討等的官方文書。　守令：試掌縣令之職。“守”指官吏試守某職，“令”指縣令。曹金華《後漢書稽疑》按，《通鑑》卷四六作“以義守安陽令”，而本書卷二七《鄭均傳》引元和元年詔作“前安邑令毛義”

（第 508 頁）。

［5］【今注】去官行服：辭官服喪守孝。曹金華《後漢書稽疑》按，《後漢紀》卷一一作“義母死，棄官行服，進退必以禮，賢良公車徵，皆不至”，《通鑑》卷四六作“後義母死，徵辟皆不至”（第 508 頁）。

［6］【今注】數辟公府：多次被徵辟爲公府掾屬。公府，東漢指太傅、太尉、司徒、司空和大將軍等的官署（參見張欣《漢代公府掾史秩級問題考辨》，《中國史研究》2015 年第 1 期）。

［7］【今注】縣令：官名。縣級行政機構長官，掌一縣的行政、賦役、捕盜、獄訟等事務，並上計於所屬郡國。本書《百官志五》載，“每縣、邑、道大者置令一人，千石；其次置長，四百石；小者置長，三百石；侯國之相，秩次亦如之”。屬官有丞、尉。屬吏有諸曹掾史、書佐等，由縣令自己辟署。

［8］【今注】公車徵：漢代設公車令，臣民上書及被徵召由公家的車馬接送。公車，指漢代公家的車馬。

［9］【李賢注】《韓詩外傳》曾子曰：“任重道遠，不擇地而息。家貧親老，不擇官而仕。”【今注】案，《韓詩外傳》卷七作“故家貧親老，不擇官而仕。若夫信其志，約其親者，非孝也”。指家裏貧窮，爲了孝養父母，衹要有收入贍養父母，不會挑選官位的大小。

［10］【今注】建初：東漢章帝劉炟年號（76—84）。案，曹金華《後漢書稽疑》認爲，本書卷二七《鄭均傳》載“元和元年，詔告廬江太守、東平相曰：‘議郎鄭均，束脩安貧……又前安邑令毛義，躬履遜讓……其賜均、義穀各千斛，常以八月長吏存問，賜羊酒，顯兹異行。’明年，帝東巡過任城，乃幸均舍”，則此事不在“建初中”。卷三《章帝紀》亦載元和二年東巡狩。《資治通鑑》卷四六亦作元和元年。（第 508 頁）《後漢紀·孝章皇帝紀上》作建初元年八月。

［11］【今注】章帝：東漢章帝劉炟，公元 75 年至 88 年在位。紀見本書卷三。　褒寵：褒獎榮寵。

［12］【今注】斛：古代容量單位，十斗爲一斛，後來改爲五斗。口小肚大，呈平底方形。（參見李建平《先秦兩漢糧食容量制度單位量詞考》，《農業考古》2014 年第 4 期；趙曉軍、關增建《先秦兩漢度量衡制度研究》，上海交通大學出版 2017 年版，第 137—148 頁）

［13］【今注】常以八月：漢制，刺史、太守於八月巡視所屬郡縣，考察行政刑獄。　長吏：級别較高的官吏。一般指六百石以上。二百石至四百石的縣吏也稱長吏。秦漢時期郡守（太守）、郡尉（都尉）、王國相、三輔（京兆尹、左馮翊、右扶風）、都官、侯國相等都被稱作長吏；道、三輔所轄縣、障候等機構的主要負責人也都稱長吏（參見張欣《秦漢長吏再考：與鄒水傑先生商榷》，《中國史研究》2010 年第 3 期）。此處指郡守一級。本書卷三九《江革傳》載，章帝元和中，常以八月長吏存問，致羊酒，以終厥身。《劉愷傳》載，安帝永寧元年（120），稱病上書致仕，有詔優許焉，加賜錢三十萬，以千石禄歸養，河南尹常以歲八月致羊酒。　問起居：問候、請安。

［14］【今注】羊酒：一般爲羊一頭，酒二石。泛指賞賜或饋贈的物品。

安帝時，[1]汝南薛包孟嘗，[2]好學篤行，喪母，以至孝聞。及父娶後妻而憎包，[3]分出之，包日夜號泣，不能去，至被毆杖。不得已，廬於舍外，旦入而灑掃，父怒，又逐之。乃廬於里門，[4]昏晨不廢。積歲餘，父母慙而還之。後行六年服，[5]喪過乎哀。既而弟子求分財異居，包不能止，乃中分其財。奴婢引其老者，曰："與我共事久，若不能使也。"田廬取其荒頓者，[6]曰："吾少時所理，意所戀也。"器物取朽敗者，曰："我素所服食，身口所安也。"弟子數破其産，輒復賑給。建光中，[7]公車特徵，至，拜侍中。[8]包性恬虛，稱疾不起，以死自乞。有詔賜告歸，加禮如毛義。[9]年八十餘，以壽終。

[1]【今注】安帝：東漢安帝劉祜，公元106年至125年在位。紀見本書卷五。

[2]【今注】汝南：郡名。治平輿縣（今河南平輿縣北）。案，薛包，《東觀漢記》卷一五、《後漢紀》卷一一作“薛苞”。

[3]【今注】案，父妻之“妻”，紹興本、大德本、殿本作“娶”，意義可通。

[4]【今注】里門：漢代的里設里門若干，定時開閉，有專人管理，統一時間出入。里的外門和内門有專稱，外部之門爲“閭”，内部之門爲“閻”。

[5]【今注】行六年服：服喪六年。本書卷五《安帝紀》載，元初三年（116）十一月，詔大臣、二千石、刺史行三年喪，服闋還職。建光三年（122）十一月，復繼行三年喪。三年喪短時間成爲制度，或影響民間，薛包或受此影響，行六年喪，故下文曰“喪過乎哀”。

[6]【李賢注】頓猶廢也。【今注】荒頓：荒廢。

[7]【今注】建光：東漢安帝劉祜年號（121—122）。

[8]【今注】侍中：官名。西漢時爲加官。東漢爲正式職官。掌侍從皇帝左右、贊導衆事、顧問應對。皇帝出行則參乘騎從，多由功臣貴戚擔任。秩比二千石，無固定員數。長官本有僕射一人，東漢轉爲祭酒，或置或否。

[9]【李賢注】告，請假也。漢制，吏病滿三月當免，天子優賜其告，使得帶印綬，將官屬，歸家養病，謂之賜告也。【今注】賜告：古代稱官吏休假爲“告”。官吏因病休假滿三月，本應當免職，但天子優賜其告，使其繼續休假，帶印綬、攜家屬，歸家治病，稱爲“賜告”。

若二子者，推至誠以爲行，行信於心而感於人，以成名受禄致禮，斯可謂能以孝養也。若夫江革、劉般數公者之義行，猶斯志也。撰其行事著于篇。[1]

［1］【李賢注】自此已上，並略華嶠之詞也。【今注】行事：言行事迹。　案，此段以上文字見周天游輯華嶠《後漢書》卷二《孝子傳》。

劉平字公子，楚郡彭城人也。[1]本名曠，顯宗後改爲平。[2]王莽時爲郡吏，[3]守菑丘長，[4]政教大行。其後每屬縣有劇賊，[5]輒令平守之，所至皆理，由是一郡稱其能。

［1］【今注】楚郡：郡國名。治彭城縣（今江蘇徐州市雲龍區）。東漢章帝章和二年（88）改彭城國。　彭城：縣名。治所在今江蘇徐州市。

［2］【今注】顯宗：東漢明帝劉莊，公元57年至75年在位。紀見本書卷二。本書《祭祀志下》載："明帝臨終遺詔，遵儉無起寢廟，藏主於世祖廟更衣。孝章即位，不敢違，以更衣有小別，上尊號曰顯宗廟，間祠於更衣，四時合祭於世祖廟。語在《章紀》。章帝臨崩，遺詔無起寢廟，廟如先帝故事。和帝即位不敢違，上尊號曰肅宗。後帝承尊，皆藏主于世祖廟，積多無別，是後顯宗但爲陵寢之號。"

［3］【今注】王莽：字巨君，魏郡元城（今河北大名縣東北）人。西漢元帝皇后王政君侄子。孺子嬰初始元年（8）稱帝，改國號爲新，年號始建國。傳見《漢書》卷九九。

［4］【李賢注】菑丘，縣，屬彭城國。【今注】菑丘：縣名。治所在今安徽宿州市東北。　長：縣長。漢代萬户以上縣的長官稱

縣令，不足萬户稱長。

［5］【今注】劇賊：勢力較大的大盗、賊寇。

更始時，[1]天下亂，平弟仲爲賊所殺。其後賊復忽然而至，平扶侍其母，奔走逃難。仲遺腹女始一歲，平抱仲女而弃其子。母欲還取之，平不聽，曰："力不能兩活，仲不可以絶類。"遂去不顧，與母俱匿野澤中。平朝出求食，逢餓賊，將亨，[2]平叩頭曰："今旦爲老母求菜，[3]老母待曠爲命，願得先歸，食母畢，還就死。"[4]因涕泣。賊見其至誠，哀而遣之。平還，既食母訖，因白曰："屬與賊期，義不可欺。"遂還詣賊。衆皆大驚，相謂曰："常聞烈士，[5]乃今見之。[6]子去矣，吾不忍食子。"於是得全。

［1］【今注】更始：新莽末年劉玄年號（23—25）。公元23年，光武帝族兄劉玄被擁稱帝，建元更始，劉玄被稱爲更始帝。後以更始代稱劉玄。更始三年，劉玄投降於包圍長安的赤眉軍，被封爲長沙王，不久後被殺。傳見本書卷一一。

［2］【今注】亨：煮。同"烹"。案，殿本作"烹"。宋佚名《後漢書考正》，劉攽曰"亨"下少一"之"字。當據補。

［3］【今注】案，求菜，《後漢紀》卷九八《孝明皇帝紀上》作"採茗"。

［4］【李賢注】食音飼。下同。

［5］【今注】案，常，殿本作"嘗"，二字可通。

［6］【今注】案，曹金華《後漢書稽疑》認爲，"乃今"疑作"今乃"，《御覽》卷四二〇引《東觀記》、《後漢紀》卷九皆作"常聞烈士，今乃見之"（第509頁）。

建武初，[1]平狄將軍龐萌反於彭城，[2]攻敗郡守孫萌。[3]平時復爲郡吏，冒白刃伏萌身上，被七創，[4]困頓不知所爲，號泣請曰："願以身代府君。"[5]賊乃斂兵止，曰："此義士也，勿殺。"遂解去。萌傷甚氣絶，有頃蘇，渴求飲。平傾其創血以飲之。後數日萌竟死，平乃裹創，扶送萌喪，至其本縣。

［1］【今注】建武：東漢光武帝劉秀年號（25—56）。

［2］【今注】平狄將軍：雜號將軍名。東漢置，掌領軍征伐。龐萌：山陽（今山東巨野縣）人。傳見本書卷一二。　彭城：郡國名。治彭城縣（今江蘇徐州市雲龍區）。東漢初爲楚郡。光武帝建武十五年，封皇子劉英爲楚公，楚郡爲楚公國。建武十七年，楚公劉英進爵爲楚王，楚公國升格爲楚王國。明帝永平十三年（70），楚王劉英謀反被廢，楚國除爲漢郡。和帝章和二年（88），以楚郡爲彭城國，徙六安王劉恭爲彭城王。

［3］【今注】案，錢大昭《後漢書辨疑》卷七認爲，此時彭城非郡，不得有郡守。本書卷一上《光武帝紀上》作"楚郡太守孫萌"。

［4］【今注】案，七，殿本作"十"。曹金華《後漢書稽疑》按，"十"當作"七"，形近而訛。《後漢紀》卷九也作"七創"。（第509頁）

［5］【今注】府君：漢及魏晉時郡太守自辟僚屬如公府，因尊稱爲府君。

後舉孝廉，[1]拜濟陰郡丞，[2]大守劉育甚重之，[3]任以郡職，上書薦平。會平遭父喪去官。服闋，[4]拜全椒長，[5]政有恩惠，[6]百姓懷感，人或增貲就賦，[7]或減年從役。[8]刺史、大守行部，[9]獄無繫囚，人自以得所，不知所問，[10]唯班詔書而去。後以病免。

[1]【今注】孝廉：漢朝選拔舉薦人才的方式之一。孝指孝悌，廉指廉潔。漢制規定，每年郡國從所屬吏民中推舉孝、廉各一人。東漢和帝時始以人口爲標準，每二十萬人歲舉孝廉一人。

[2]【今注】濟陰：郡名。治定陶縣（今山東菏澤市定陶區西北）。 郡丞：官名。秦漢郡守（太守）副貳，輔佐郡守治郡。邊郡有長史。東漢光武帝建武六年（30）規定，郡守病時，由丞、長史代行其事。後罷邊郡郡丞，設長史領之。

[3]【今注】大守：官名。秦漢郡的最高行政長官，掌一郡政務。秩二千石。原稱郡守，西漢景帝時改稱太守。案，紹興本、大德本、殿本作“太守”。“太”“大”可通。下同不注。

[4]【今注】服闋：古代父母死後守喪三年，期滿後除去喪服稱“服闋”。

[5]【李賢注】全椒，縣，屬九江郡也。【今注】全椒：縣名。治所在今安徽全椒縣。

[6]【今注】案，政有恩惠，周天游《八家後漢書輯注》引《太平御覽》卷二六七云“掾吏五日一朝，罷門闌卒署，各遣就農”（第551頁）。

[7]【今注】增貲就賦：自報家財時以少報多，從而多納賦税，故有可能是“算貲”。

[8]【今注】減年從役：指到了免役的年齡而少報年齡繼續服役。

[9]【今注】刺史：官名。西漢武帝元封五年（前106）置，共十三部（州），每部置刺史一人，秩六百石。於每年八月奉詔以六條問事，省察郡國二千石長吏、强宗豪右、諸侯王等，根據治理情況進行罷免或升遷並審理冤獄。每年歲末入奏。成帝綏和元年（前8）更名州牧，秩二千石。哀帝建平二年（前5）復爲刺史，元壽二年（前1）又稱州牧。東漢光武帝建武元年復置牧，十一年

省。十八年，罷州牧，置刺史，秩六百石。高於郡級地方行政長官。掌監察、選舉、劾奏、領兵等。屬吏有從事史、假佐。靈帝中平五年（188），改置州牧。　行部：漢制，刺史、太守於八月巡視所屬郡縣，考察行政刑獄。案，周天游《八家後漢書輯注》引《太平御覽》卷二六七作“刺史行部”（第551頁）。

［10］【李賢注】“所”或作“何”。

顯宗初，尚書僕射鍾離意上書薦平及琅邪王望、東萊王扶曰：[1]“臣竊見琅邪王望、楚國劉曠、東萊王扶，[2]皆年七十，執性恬淡，所居之處，邑里化之，脩身行義，應在朝次。[3]臣誠不足知人，竊慕推士進賢之義。”書奏，有詔徵平等，特賜辦裝錢。[4]至皆拜議郎，[5]並數引見。平再遷侍中，永平三年，[6]拜宗正，[7]數薦達名士承宫、郇恁等。[8]在位八年，以老病上疏乞骸骨，[9]卒於家。

［1］【今注】尚書僕射：官名。西漢爲尚書令副貳，秩六百石。東漢爲尚書臺屬官。掌章奏文書、參議政事、監察百官等。秩二千石。　鍾離意：字子阿，會稽山陰（今浙江紹興市越城區）人。傳見本書卷四一。　琅邪：郡國名。東漢章帝建初五年（80）以琅邪郡改置，治開陽縣（今山東臨沂市北）。　東萊：郡名。治黄縣（今山東龍口市東南）。

［2］【今注】楚國：郡國名。東漢初爲楚郡。建武十五年（39），封皇子劉英爲楚公，楚郡爲楚公國。建武十七，劉英封楚王，楚公國爲王國。治彭城縣（今江蘇徐州市雲龍區）。明帝永平十三年（70）楚國除爲楚郡。章帝章和二年（88）改爲彭城國。

［3］【今注】朝次：列爲朝廷官員。同朝列。

［4］【今注】辦裝錢：置辦行裝的費用。

［5］【今注】議郎：官名。西漢爲光禄勳屬官。掌顧問應對，參與議政。秩比六百石。東漢更爲顯要，除議政外，也給事宫中。秩六百石。

［6］【今注】永平：東漢明帝劉莊年號（58—75）。

［7］【今注】宗正：官名。掌管理皇室及外戚事務。西漢平帝元始四年（4）更名宗伯。王莽時併於秩宗（太常）。東漢復名宗正。秩中二千石。

［8］【李賢注】恁字君大，見《黄憲傳》。恁音人甚反。【今注】承宫：字少子，琅邪姑幕（今山東諸城市）人。學《春秋經》。明帝時徵拜博士，遷左中郎將、侍中祭酒。傳見本書卷二七。郇恁：字君大，太原廣武（今山西代縣）人。事迹見本書卷三九《劉平傳》。《東觀漢記》卷一七作"荀恁"。《後漢紀》卷八《光武皇帝紀》載："初，太原人郇恁，隱居山澤，不求於世。匈奴嘗入太原，素聞其名，乃不入，郇氏舉宗賴之。建武中，徵恁不至，於是蒼復辟恁而敬禮焉。嘗朝會，上戲恁曰：'先帝徵君不至，驃騎辟君反來，何也？'對曰：'先帝秉德以惠下，故得不來；驃騎執法以檢下，臣不敢不至。'月餘辭去，終于家。"

［9］【今注】乞骸骨：向皇帝乞求骸骨歸葬故鄉。這是古代官員申請退休或引咎辭職的習慣用語。

王望字慈卿，客授會稽，[1]自議郎遷青州刺史，[2]甚有威名。是時州郡災旱，百姓窮荒，望行部，道見飢者，裸行草食，[3]五百餘人，愍然哀之，因以便宜出所在布粟，[4]給其廩糧，[5]爲作裼衣。[6]事畢上言，帝以望不先表請，[7]章示百官，[8]詳議其罪。時公卿皆以爲望之專命，[9]法有常條。鍾離意獨曰："昔華元、子反，楚、宋之良臣，[10]不稟君命，擅平二國，《春秋》之義，[11]以爲美談。[12]今望懷義忘罪，當仁不讓，若繩之以法，忽其本情，將乖聖朝愛育之旨。”帝嘉意議，赦而不罪。

［1］【今注】會稽：郡名。治山陰縣（今浙江紹興市）。

［2］【今注】青州：西漢武帝時所置十三刺史部之一。東漢治所在臨菑縣（今山東淄博市臨淄區北）。

［3］【今注】草食：以草爲食。

［4］【今注】便（biàn）宜：斟酌情勢，不拘規制條文，不須請示，自行處理。

［5］【今注】廪糧：官府倉中所存的糧食。

［6］【李賢注】許慎注《淮南子》曰：“楚人謂袍爲短褐。”【今注】褐衣：用粗布或麻布製成的較爲簡樸粗糙的服裝，爲平民所穿。有短褐、褐衣兩種。短褐短且窄，褐衣稍長。

［7］【今注】表請：上表奏請。

［8］【今注】章示：宣布、公布。

［9］【今注】專命：不待請命而行事。《左傳》閔公二年：“師在制命而已，禀命則不威，專命則不孝。”

［10］【今注】案，曹金華《後漢書稽疑》認爲華元爲宋臣，子反爲楚臣，當作“昔華元、子反，宋、楚之良臣”（第509頁）。

［11］【今注】春秋之義：中華本校勘記認爲，當作“《春秋》義之”。指《春秋》贊賞這種事情。

［12］【李賢注】《春秋》：“楚子圍宋，宋人及楚人平。”《公羊傳》曰：“外平不書，此何以書？大其平乎己也。何大其平乎己（其平乎，殿本誤作‘乎其平’）？莊王圍宋，有七日之糧爾，盡此不勝，將去而歸爾，於是使司馬子反乘堙而闚宋城，宋華元亦乘堙而出見之。子反曰：‘子之國何如？’華元曰：‘憊矣。’曰：‘何如？’曰：‘易子而食之，析骸而炊之。’子反曰：‘諾。吾軍有七日之糧爾。盡此不勝，將去而歸爾。’揖而去之，反於莊王。莊王怒曰：‘吾使子往視之，子曷爲告之！’子反曰：‘以區區之宋，

猶有不欺人之臣，可以楚而無乎？是以告之。’王曰：‘諾。’引師而去之。故君子大其平乎己也。”

王扶字子元，掖人也。[1]少脩節行，客居琅邪不其縣，[2]所止聚落化其德。[3]國相張宗謁請，[4]不應，欲强致之，遂杖策歸鄉里。[5]連請，固病不起。大傅鄧禹辟，[6]不至。後拜議郎，會見，恂恂似不能言。[7]然性沈正，不可干以非義，當世高之。永平中，臨邑侯劉復著《漢德頌》，[8]盛稱扶爲名臣云。

[1]【李賢注】掖，今萊州縣。【今注】掖：縣名。治所在今山東萊州市。東漢改爲掖侯國。後復爲縣。

[2]【今注】不其：縣名。治所在今山東青島市即墨區。

[3]【李賢注】小於鄉曰聚。《廣雅》曰："落，居也。"【今注】聚落：村落。

[4]【今注】國相：官名。王國相。王國内最高行政長官。初名相國，西漢惠帝元年（前194）更名爲"丞相"，景帝中元五年（前145）更名爲"相"。 張宗：字諸君，南陽魯陽（今河南魯山縣）人。傳見本書卷三八。 謁請：拜謁請求。

[5]【今注】杖策：執馬鞭。謂策馬而行。

[6]【今注】大傅：官名。位居上公。掌以善導，無常職。東漢光武帝以卓茂爲太傅，卓茂薨後，因省。此後每帝初即位，置太傅録尚書事，薨後輒省。案，紹興本、大德本、殿本作"太傅"。下同不注。 鄧禹：字仲華，南陽新野（今河南新野縣）人。傳見本書卷一六。

[7]【李賢注】恂恂，恭順之皃（皃，大德本、殿本作"貌"，二字可通）。

[8]【李賢注】復，光武兄伯升之孫，北海王興之子也。【今

注】臨邑：縣名。治所在今山東東阿縣。　劉復：東漢宗室。能文章。建武三十年（54）封臨邑侯。明帝永平中，掌講學事。　案，本書卷一四《北海靖王興傳》載："初，臨邑侯復好學，能文章。永平中，每有講學事，輒令復典掌焉。與班固、賈逵共述漢史，傅毅等皆宗事之。"

趙孝字長平，沛國蘄人也。[1]父普，王莽時爲田禾將軍，[2]任孝爲郎。[3]每告歸，常白衣步擔。[4]嘗從長安還，[5]欲止郵亭。[6]亭長先時聞孝當過，[7]以有長者客，掃洒待之。[8]孝既至，不自名，[9]長不肯内，因問曰："聞田禾將軍子當從長安來，何時至乎？"孝曰："尋到矣。"於是遂去。[10]及天下亂，人相食。孝弟禮爲餓賊所得，孝聞之，即自縛詣賊，曰："禮久餓羸瘦，不如孝肥飽。"賊大驚，並放之，謂曰："可且歸，更持米糒來。"[11]孝求不能得，復往報賊，願就亨。[12]衆異之，遂不害。鄉黨服其義。[13]州郡辟召，[14]進退必以禮。舉孝廉，不應。

[1]【李賢注】蘄音機（機，殿本作"幾"，誤。《史記》卷七《項羽本紀》、卷九一《黥布列傳》，《漢書》卷一上《高帝紀上》注皆作"蘄音機"）。【今注】沛：國名。東漢光武帝建武二十年（44）改沛郡置，治相縣（今安徽濉溪縣西北）。　蘄：縣名。治所在今安徽宿州市南蘄縣鎮。

[2]【李賢注】王莽時置田禾將軍，屯田北邊。【今注】田禾將軍：將軍名號。新莽置，屯田北邊。

[3]【今注】任孝爲郎：以孝行被推薦爲郎。任，保舉。漢制，二千石以上官視事三年以上，可以保舉子弟一人爲郎。郎，官名。掌守宫門，備諮詢，出充車騎。東漢於光禄勳下設五官、左、

右中郎將署，主管諸中郎、侍郎、郎中，實爲儲備官吏人才的機構，其郎官多達二千餘人。

［4］【今注】白衣：平民。古時未做官的人穿白色的衣服。步擔：步行挑擔。

［5］【今注】長安：縣名。治所在今陝西西安市西北。

［6］【今注】郵亭：郵行書舍，謂傳送文書所止處，亦如後世之驛館。

［7］【今注】亭長：官名。掌治安、訴訟和捕盜賊等事。屬吏有亭候、求盜等吏卒。設備五兵，持二尺板以劾賊，索繩以收執賊。

［8］【李賢注】素聞孝高名，故以爲長者客也。“洒”與“灑”通，音所貫反（貫，殿本誤作“買”）。

［9］【李賢注】不稱名也。

［10］【李賢注】《華嶠書》曰：“孝報云三日至矣。”

［11］【今注】米糒：米糧。糒，乾飯。

［12］【今注】亨：煮。同“烹”。殿本作“烹”。

［13］【今注】鄉黨：同鄉的人。案，《後漢紀》卷九《孝明皇帝紀上》載，“孝每炊待熟，輒使禮夫婦出有所役，自在後與妻共蔬菜食。及禮還，告以食而以糧飯食之。如此者久，禮心怪之，微察悵恨獨然，遂不肯復出。兄弟怡怡，鄉黨服其義”。

［14］【今注】辟召：漢代高級官員任用屬官的制度。中央最高行政長官如三公，地方官如州牧、郡守，都可自行聘任僚屬，然後向朝廷推薦。

永平中，辟大尉府，[1]顯宗素聞其行，詔拜諫議大夫，[2]遷侍中，又遷長樂衛尉。[3]復徵弟禮爲御史中丞。[4]禮亦恭謙行己，類於孝。帝嘉其兄弟篤行，欲寵異之，詔禮十日一就衛尉府，大官送供具，[5]令共相對盡歡。[6]數年，禮卒，帝令孝從官屬送喪歸葬。後歲餘，復以衛尉賜告歸，[7]卒于家。孝無子，拜禮兩子爲郎。

［1］【今注】大尉：官名。三公之一。東漢光武帝建武二十七年（51）改大司馬爲太尉。掌全國軍事及考課地方官員。與司徒、司空一同参議大政。屬官有長史等，置諸曹分管各種行政事務。案，紹興本、大德本、殿本作“太尉”。下同不注。

［2］【今注】諫議大夫：官名。秦始置。西漢初廢。武帝元狩五年（前118）置諫大夫，秩比八百石。太初元年（前104）更名爲光禄大夫，秩比二千石。東漢光武帝又置諫議大夫。掌侍從顧問、参謀諫議。秩六百石。

［3］【今注】長樂衛尉：官名。太后屬官。掌宫門警衛。不常置，秩二千石。

［4］【今注】御史中丞：官名。御史大夫屬官。西漢時監御史在殿中，掌密舉非法。成帝綏和元年（前8）御史大夫轉爲司空，因别留中，爲御史臺長官，後又屬少府。掌察舉非法，受公卿百官奏事。監察祠祭與朝會、封拜威儀。常受命領兵。秩千石。屬官有治書侍御史、侍御史等。與司隸校尉、尚書令並稱“三獨坐”。

［5］【今注】大官：官名。即太官令。少府屬官。掌御膳飲食。秩六百石。屬吏有左丞、甘丞、湯官丞、果丞各一人。掌飲食、膳具、酒、果等。　供具：陳設酒食的器具。

［6］【今注】案，曹金華《後漢書稽疑》認爲，“共”疑作“其”，前文已提及“兄弟”。《北堂書鈔》卷五三引華嶠《後漢書》作“令相對盡歡”，《後漢紀》卷九作“令其相對盡歡”。（第509頁）

［7］【今注】衛尉：官名。掌宫門衛士及近衛禁兵（南軍），有長樂衛尉、甘泉衛尉、未央衛尉等。西漢景帝初改名爲“中大夫令”，後元元年（前143）復舊稱。王莽改爲“大衛”。東漢復稱衛尉，總領南、北宫衛士令丞，又轄左右都候、諸宫掖門司馬。秩中二千石。

時汝南有王琳巨尉者，[1]年十餘歲喪父母。因遭大亂，[2]百姓奔逃，唯琳兄弟獨守塚廬，[3]號泣不絶。弟季，出遇赤眉，[4]將爲所哺，[5]琳自縛，請先季死，賊矜而放遣，由是顯名鄉邑。後辟司徒府，[6]薦士而退。[7]

［1］【今注】汝南：郡名。治平輿縣（今河南平輿縣北）。

［2］【今注】案，遭，殿本作"遇"，二字意義可通。

［3］【今注】塚廬：墓旁臨時搭建用以居喪的簡陋屋舍。

［4］【今注】赤眉：新莽天鳳五年（18），琅邪（今山東諸城市）人樊崇在莒（今山東莒縣）起兵，因以赤色塗眉爲標誌，號稱"赤眉"。又作"赤麋"。赤眉主要事迹，參見本書卷一一《劉盆子傳》。

［5］【李賢注】哺，食之也。哺音補胡反（殿本無"哺"字）。

［6］【今注】司徒：官名。三公之一。西漢哀帝元壽二年（前1），正三公官分職，改丞相爲大司徒。東漢光武帝建武二十七年（51）去"大"字，稱司徒。掌全國民政、考課、教化等事宜。與太尉、司空一同參議大政。秩萬石。屬官有長史、司空等。辟司徒府，指被辟爲司徒府掾吏。

［7］【今注】薦士：中央最高行政長官如三公，地方官如州牧、郡守，都可自行聘任僚屬，然後向朝廷推薦。

琅邪魏譚少閒者，時亦爲飢寇所獲，等輩數十人皆束縛，[1]以次當亨。[2]賊見譚似謹厚，獨令主爨，[3]暮輒執縛。賊有夷長公，[4]特哀念譚，密解其縛，語曰："汝曹皆應就食，急從此去。"對曰："譚爲諸君爨，恒得遺餘，餘人皆茹草菜，不如食我。"[5]長公義之，相曉赦遣，並得俱免。譚永平中爲主家令。[6]

［1］【今注】等輩：同輩。

［2］【今注】案，亨，大德本、殿本作“烹”，二字可通。

［3］【今注】爨：燒火做飯。

［4］【李賢注】夷，姓也。【今注】夷長公：曹金華《後漢書稽疑》認爲，《太平御覽》卷四二〇引《東觀記》作“譚爲夷所得……有夷長公哀譚”，吴樹平《東觀漢記校注》：“按‘夷’疑指少數民族，‘長公’似爲夷族下級頭目之稱。”（中華書局2008年版，第510—511頁）

［5］【今注】案，《東觀漢記》卷一五《魏譚》載：“我常爲諸君主炊養，食馨肉肌香，餘皆菜食，羸瘦，肉腥臊不可食，願先等輩死。”　又，菜，大德本、殿本作“萊”。草菜，指各種蔬菜。草萊，指野生雜草。當以“草菜”爲是。

［6］【李賢注】公主家令也（大德本、殿本無“也”字）。【今注】主家令：官名。即公主家令。管理家政。秩六百石。丞一人，三百石；其餘屬吏，增減無常。

又齊國兒萌子明、[1]梁郡車成子威二人，[2]兄弟並見執於赤眉，[3]將食之，萌、成叩頭，乞以身代，賊亦哀而兩釋焉。[4]

［1］【李賢注】兒音五兮反。【今注】齊國：王國名。東漢光武帝建武十一年（35）改齊郡爲齊國，治臨淄縣（今山東淄博市東北）。案，吴樹平《東觀漢記校注》據《初學記》卷一七作“倪明，字子明，齊國臨淄人也”（第662頁）。《論衡·齊世篇》：“若夫琅邪兒子明，歲敗之時，兄爲飢人所食，自縛叩頭，代兄爲食，餓人美其義，兩舍不食。”蓋因與臨淄接近而誤。

［2］【今注】梁郡：郡國名。治睢陽縣（今河南商丘市南）。東漢章帝建初四年（79）復爲梁國。案，周天游《八家後漢書輯注》據《太平御覽》卷三七八引謝承《後漢書》作“梁國車成，

字子威，兄恩都爲赤眉所得，欲饗之，成叩頭曰：‘兄瘦我肥，欲得代之。’賊感其義，俱放之。”（第53頁）

［3］【今注】案，吴樹平《東觀漢記校注》據《初學記》卷一七作“仁孝敦篤，不好榮貴，常勤身田農。遭歲倉卒，兵革並起，人民餧餓相啖，與兄俱出城采蔬，爲赤眉賊所得，欲殺啖之”（第662頁）。

［4］【今注】案，吴樹平《東觀漢記校注》據《初學記》卷一七作“萌詣賊叩頭言：‘兄年老羸瘠，不如萌肥健，願代兄。’賊義而不啖，命歸求豆來贖兄。萌歸不能得豆，復自縛詣賊，賊遂放之”（第662頁）。

淳于恭字孟孫，北海淳于人也。[1]善説《老子》，[2]清静不慕榮名。家有山田果樹，[3]人或侵盗，輒助爲收採。又見偷刈禾者，恭念其愧，因伏草中，盗去乃起，里落化之。[4]

［1］【李賢注】淳于，縣，故城今在密州安丘縣東北（今在，殿本作“在今”，是），故淳于國也。【今注】北海：王國名。治劇縣（今山東昌樂縣西北）。光武帝建武二年（26），封劉興爲魯王。十三年，省菑川、高密、膠東三國，以其縣屬北海。二十八年，徙封北海王。獻帝建安十一年（206），國除。　淳于：縣名。治所在今山東安丘市東北。

［2］【今注】老子：書名。道家著作。今本分《道經》和《德經》兩部分，共五千餘言。又稱《道德經》。東漢以前有河上公、安丘望之、嚴遵以及馬王堆帛書、郭店楚簡、北大漢簡等多個版本。西漢劉向定《老子》爲二篇八十一章，上經三十四章，下經四十七章。老子，偃姓，李氏，字伯陽，號聃，楚苦縣（今河南鹿邑縣）人，周守藏室之史。傳見《史記》卷六三。

［3］【今注】案，吴樹平《東觀漢記校注》卷一五據《藝文類

聚》卷二一作“家有山田橡樹”（第663頁）。

［4］【今注】里落：鄉里村落。案，吴樹平《東觀漢記校注》卷一五據《太平御覽》卷四〇三又載，“恭家井在門外，上有盆，鄰里牧牛兒争飲牛。恭惡其争，多置器其上，爲預汲水滿之。小兒復争，恭各語其家父母，父母乃禁怒之，里落皆化而不争”（第664頁）。

王莽末，歲飢兵起，恭兄崇將爲盜所亨，[1]恭請代，得俱免。[2]後崇卒，恭養孤幼，教誨學問，有不如法，輒反用杖自箠，[3]以感悟之，兒慙而改過。初遭賊寇，百姓莫事農桑。恭常獨力田耕，鄉人止之曰：“時方淆亂，死生未分，何空自苦爲？”恭曰：“縱我不得，它人何傷。”墾耨不輟。[4]後州郡連召，不應，遂幽居養志，潛於山澤。舉動周旋，必由禮度。建武中，郡舉孝廉，司空辟，[5]皆不應，客隱琅邪黔陬山，遂數十年。[6]

［1］【今注】案，亨，大德本、殿本作“烹”。

［2］【今注】案，大德本、殿本“得”後有“與”字。據前文，得免者有崇、恭二人，當有“與”字。

［3］【今注】箠：擊打。同“棰”。

［4］【今注】墾耨：開墾鋤草。

［5］【今注】司空辟：被徵辟爲司空的屬官。司空，官名。即大司空。漢初御史大夫。西漢成帝綏和元年（前8）更名大司空。哀帝建平二年（前5）又稱御史大夫，元壽二年（前1）改稱大司空。東漢初仍稱大司空，光武帝建武二十七年（51）去“大”字，改稱司空。掌築城、溝洫、陵墓等水土工程，及水土工程考核等。與太尉、司徒一同參議大政。屬官有長史、將軍等。

［6］【李賢注】黔陬縣之山也。黔陣故城在今密州諸城縣東北也（陣，紹興本、大德本、殿本作“陬”，是）。【今注】黔陬：縣名。治所在今山東膠州市西南黔陬村東，謂之東陬城。

建初元年，肅宗下詔美恭素行，[1]告郡賜帛二十匹，遣詣公車，除爲議郎。引見極日，[2]訪以政事，遷侍中騎都尉，[3]禮待甚優。其所薦名賢，無不徵用。進對陳政，皆本道德，帝與之言，未嘗不稱善。[4]五年，病篤，使者數存問，[5]卒於官。詔書褒歎，賜穀千斛，刻石表閭。[6]除子孝爲大子舍人。[7]

［1］【今注】肅宗：東漢章帝劉炟，公元75年至88年在位。謚號爲孝章皇帝，廟號肅宗。紀見本書卷三。案，本書卷四《和帝紀》載，章和二年（88）三月，有司上奏：“孝章皇帝崇弘鴻業，德化普洽，垂意黎民，留念稼穡。文加殊俗，武暢方表，界惟人面，無思不服。巍巍蕩蕩，莫與比隆。《周頌》曰：‘於穆清廟，肅雝顯相。’請上尊廟曰肅宗，共進武德之舞。”制曰：“可。”

［2］【今注】極日：終日、整日。

［3］【今注】侍中騎都尉：官名。秦末漢初，以騎都尉掌統領騎兵，無固定人數和執掌，不統兵時掌侍衛。西漢宣帝時以一人監羽林騎，又以一人領西域都護，秩比二千石。因親近皇帝，多以侍中兼任，故稱。東漢隸屬於光禄勳，秩比二千石。

［4］【今注】案，周天游《八家後漢書輯注》據《北堂書鈔》卷五八引司馬彪《續漢書》作：“遷侍中，數侍清晏，所薦無不徵用，進對陳善，皆本道德，上未嘗不稱善。在朝爲群臣表率，聞於四方。”（第401頁）

［5］【今注】存問：慰問，慰勞。多指尊對卑，上對下。

［6］【今注】刻石表閭：刻石立闕於閭門。

［7］【今注】大子舍人：官名。秦朝始置。兩漢因之，無員額，掌輪流宿衛，如三署郎中。西漢隸太子太傅、少傅，東漢隸太子少傅。太子闕位則隸少府。秩二百石。案，紹興本、大德本、殿本作“太子舍人”。

江革字次翁，[1]齊國臨淄人也。[2]少失父，獨與母居。遭天下亂，盜賊並起，革負母逃難，備經阻險，常採拾以爲養。數遇賊，或劫欲將去，革輒涕泣求哀，言有老母，辭氣愿款，有足感動人者。[3]賊以是不忍犯之，或乃指避兵之方，[4]遂得俱全於難。革轉客下邳，[5]窮貧裸跣，行傭以供母，[6]便身之物，[7]莫不必給。

［1］【今注】次翁：周天游《八家後漢書校注》據《北堂書鈔》卷五六引謝承《後漢書》作“次伯”（第53頁）。

［2］【今注】齊國：王國名。東漢建武十一年（35）改齊郡爲齊國，治臨淄縣（今山東淄博市東北）。　臨淄：縣名。治所在今山東淄博市臨淄區北。

［3］【李賢注】愿，謹也。款，誠也。

［4］【李賢注】《華嶠書》曰“語以避兵道”也。

［5］【今注】下邳：縣名。治所在今江蘇邳州市南。

［6］【今注】行傭：做雇工。案，吴樹平《東觀漢記校注》卷一五據《太平御覽》卷八二七引《東觀記》作“客東海下邳，傭賃以養父母”（第666頁）。

［7］【今注】便身之物：日常使用的物品。

建武末年，與母歸鄉里。每至歲時，[1]縣當案比，[2]革以母老，不欲摇動，自在轅中輓車，[3]不用牛馬，由是鄉里稱之曰“江巨孝”。[4]大守嘗備禮召，革以母老不應。及母終，至性殆滅，嘗寢伏冢廬，服竟，不忍除。郡守遣丞掾釋服，[5]因請以爲吏。

［1］【今注】歲時：指一年中特定的季節或時間。當指秋八月。本書《禮儀志中》載，仲秋之月，縣道皆案户比民。

［2］【李賢注】案驗以比之，猶今皃閲也（皃，殿本作“貌”）。【今注】案比：核查登記每户的人口。本書卷五《安帝紀》引《東觀記》曰：“方今八月，案比之時。”謂案驗户口，次比之也（參見錢劍夫《漢代“案比”制度的淵源及其流演》，《歷史研究》1988年第3期）。

［3］【今注】轅：車前駕牲口的兩根直木。　輓：牽引。通“挽”。

［4］【李賢注】巨，大也。《華嶠書》曰“臨淄令楊音高之，設特席，顯異巨孝於稠人廣衆中，親奉錢以助供養”也。

［5］【今注】丞掾：泛指郡守的屬吏。　釋服：脱去喪服。

永平初，舉孝廉爲郎，補楚大僕。[1]月餘，自劾去。[2]楚王英馳遣官屬追之，[3]遂不肯還。復使中傅贈送，[4]辭不受。後數應三公命，[5]輒去。

［1］【今注】僕：官名。即“太僕”，掌楚王車駕和馬政。案，殿本作“太僕”。

［2］【今注】自劾：臣子上書彈劾自己，請求卸任官職。

［3］【今注】楚王英：楚王劉英。東漢光武帝建武十五年（39）封爲楚公，十七年進爵爲王，二十八年就國。明帝永平十三年（70）國除。傳見本書卷四二。　官屬：指楚王下屬官吏。

［4］【今注】中傅：官名。諸侯王國屬官，由朝廷派任，以宦

官充任。掌協助太傅教導諸侯王，傳遞詔令。

［5］【今注】三公：官名。西周時指太師、太傅、太保或司徒、司馬、司空。西漢初指丞相、御史大夫、太尉。武帝建元二年（前139）省太尉。元狩四年（前119）置大司馬。成帝綏和元年（前8）改御史中丞爲大司空。哀帝元壽二年（前1）改丞相爲大司徒。此後以丞相（大司徒）、大司馬、御史大夫（大司空）爲三公。王莽定三公之號曰大司馬、大司徒、大司空。東漢初，因而不改。光武帝建武二十七年（51），大司馬改爲太尉，大司徒、大司空去“大”字，亦稱“三司”。掌參議朝政，監察百官。

建初初，大尉牟融舉賢良方正，[1]再遷司空長史。[2]肅宗甚崇禮之，遷五官中郎將。[3]每朝會，[4]帝常使虎賁扶侍，[5]及進拜，恒目禮焉。[6]時有疾不會，輒大官送醪膳，[7]恩寵有殊。於是京師貴戚衛尉馬廖、侍中竇憲慕其行，[8]各奉書致禮，革無所報受。[9]帝聞而益善之。後上書乞骸骨，轉拜諫議大夫，賜告歸，因謝病稱篤。

［1］【今注】牟融：字子優，北海安丘（今山東安丘市西南）人。以大夏侯《尚書》教授。先後任司隸校尉，大鴻臚、大司農、太尉。傳見本書卷二六。　賢良方正：漢代選拔官吏的科目之一。西漢文帝二年（前178），詔舉賢良方正能直言極諫者。賢良，指德才兼備。方正，指處事正直。本書卷三《章帝紀》載，建初元年（76）三月，“令太傅、三公、中二千石、二千石、郡國守相舉賢良方正、能直言極諫之士各一人”。

［2］【今注】司空長史：官名。三公之一司空屬官。掌司空府諸曹事。秩千石。

［3］【今注】五官中郎將：官名。主五官郎及部分侍郎、郎

中。秩比二千石。案，吴樹平《東觀漢記校注》卷一五據《太平御覽》卷四七四作“永平中，江革爲五官中郎將”（第666頁）。

［4］【今注】朝會：諸侯、臣屬及外國使者朝見天子。古代稱臣見君爲朝，君見臣爲會，合稱朝會。每歲首正月，爲大朝受賀。

［5］【今注】虎賁：漢朝屬中央禁衛軍。原名期門，西漢武帝時置，平帝元始元年（1）更名虎賁郎，由虎賁中郎將率領。職掌宿衛，禁衛皇宫。

［6］【李賢注】獨視之也。【今注】案，吴樹平《東觀漢記校注》卷一五據《太平御覽》卷四七四作“上輒自禮之”（第666頁）。

［7］【今注】醪膳：酒食。醪，醇酒，味濃純正的美酒。膳，美好的食物。指肉食。

［8］【今注】衛尉：官名。掌宫門衛士和宫内巡察。秩中二千石。　馬廖：字敬平，扶風茂陵（今陝西興平市東北）人。馬援之子。傳見本書卷二四。　竇憲：字伯度，扶風平陵（今陝西咸陽市西北）人。傳見本書卷二三。

［9］【李賢注】《華嶠書》曰：“終不報書，一無所受。”

元和中，[1]天子思革至行，制詔齊相曰：[2]“諫議大夫江革，前以病歸，今起居何如？夫孝，百行之冠，衆善之始也。國家每惟志士，未嘗不及革。縣以見穀千斛賜‘巨孝’，[3]常以八月長吏存問，致羊酒，以終厥身。[4]如有不幸，[5]祠以中牢。”[6]由是“巨孝”之稱行於天下。及卒，詔復賜穀千斛。

［1］【今注】元和：東漢章帝劉炟年號（84—87）。

［2］【今注】制詔：皇帝命令某臣而下的詔書。東漢蔡邕《獨斷》卷上：“漢天子正號曰‘皇帝’，自稱曰‘朕’，臣民稱之曰‘陛下’，其言曰‘制詔’。”

［3］【今注】見穀：現有的糧食。大司農掌全國錢穀金帛等。郡國四時上月旦見錢穀簿，由大司農根據中央和各地需求進行調濟〔參見［日］渡邊信一郎《漢代的的財政運作與國家物流》，載劉俊文主編《日本中青年學者論中國史（上古秦漢卷）》，上海古籍出版社1995年版〕。

［4］【李賢注】《華嶠書》曰："致羊一頭，酒二斛。"

［5］【今注】不幸：古代對死的諱稱。

［6］【今注】中牢：豬羊二牲。

劉般字伯興，宣帝之玄孫也。[1]宣帝封子囂於楚，[2]是爲孝王。[3]孝王生思王衍，[4]衍生王紆，[5]紆生般。自囂至般，積累仁義，世有名節，而紆尤慈篤。早失母，同産弟原鄉侯平尚幼，[6]紆親自鞠養，常與共卧起飲食。及成人，未嘗離左右。平病卒，紆哭泣歐血，數月亦歿。初，紆襲王封，因值王莽篡位，廢爲庶人，[7]因家於彭城。

［1］【今注】宣帝：西漢宣帝劉詢，公元前74年至前49年在位。紀見《漢書》卷八。　玄孫：曾孫的子女。自本身下數爲第五代。

［2］【今注】囂：劉囂。西漢宣帝甘露二年（前52）爲定陶王。三年爲楚王。成帝河平（前28—前25）中入朝，四年因疾卒，謚孝。傳見《漢書》卷八〇。

［3］【今注】孝王：楚王劉囂謚號。

［4］【今注】衍：劉衍。孝王之子，封平陸侯。西漢成帝陽朔二年（前23）封楚王，謚思王。

［5］【今注】紆：劉紆。思王之子。西漢哀帝元壽元年（前2）封楚王。公元8年，貶爲公，次年被廢。

［6］【今注】同産弟：同母所生之兄弟。　原鄉侯平：原鄉，縣名。治所在今浙江安吉縣北。案，惠棟《後漢書補注》卷一〇認爲，《王子侯表》楚思王子有安陸侯平，並無原鄉。

［7］【今注】庶人：無官爵的平民。

般數歲而孤，獨與母居。王莽敗，天下亂，太夫人聞更始即位，[1]乃將般俱奔長安。會更始敗，復與般轉側兵革中，西行上隴，[2]遂流至武威。[3]般雖尚少，而篤志脩行，講誦不怠。其母及諸舅，以爲身寄絶域，死生未必，[4]不宜苦精若此，數以曉般，般猶不改其業。

［1］【李賢注】太夫人，般之母也。《前書音義》曰："列侯之妻稱夫人，母稱太夫人（殿本'母'前有'列侯死子復爲列侯'八字。《漢書》卷四《文帝紀》如淳注有此八字，當據補）。"【今注】案，太夫人，大德本作"大夫人"。

［2］【今注】上隴：上隴阪，今甘肅張家川回族自治縣境内六盤山的南段。

［3］【今注】武威：郡名。治姑臧縣（今甘肅武威市城區）。

［4］【李賢注】"必"或作"分"也。

建武八年，隗囂敗，[1]河西始通，[2]般即將家屬東至洛陽，[3]脩經學於師門。[4]明年，光武下詔，[5]封般爲菑丘侯，[6]奉孝王祀，使就國。後以國屬楚王，徙封杼秋侯。[7]

［1］【今注】隗囂：字季孟，天水成紀（今甘肅静寧縣西南）人。傳見本書卷一三。

［2］【今注】河西：古地區名。今甘肅、青海兩省黄河以西，即河西走廊與湟水流域。

［3］【今注】洛陽：縣名。東漢光武帝建武元年（25）建都於此。治所在今河南洛陽市東北漢魏故城。

［4］【今注】經學：即注經之學，爲闡釋儒家經典的學問。師門：老師的門下。王充《論衡·量知》云“不入師門，無經傳之教”。

［5］【今注】光武：東漢光武帝劉秀，公元25年至57年在位。紀見本書卷一。

［6］【今注】蕲丘：縣名。治所在今安徽宿州市東北。

［7］【李賢注】杼秋，縣，屬梁國。杼音是與反。【今注】杼秋：縣名。治所在今安徽碭山縣東南。

十九年，行幸沛，詔問郡中諸侯行能。[1]大守薦言般束脩至行，爲諸侯師。[2]帝聞而嘉之，乃賜般綬，[3]錢百萬，繒二百匹。[4]二十年，復與車駕會沛，因從還洛陽，賜穀什物，[5]留爲侍祠侯。[6]

［1］【今注】行能：德行。本書卷四《和帝紀》云：“選舉良才，爲政之本。科别行能，必由鄉曲。”《周禮·鄉大夫》：“正月之吉，受教灋于司徒，退而頒之于其鄉吏，使各以教其所治，以考其德行，察其道藝。”

［2］【李賢注】束脩謂謹束脩絜也。【今注】束脩至行：約束修正自己的言行，品行卓絶。　諸侯師：以德行爲諸侯之師。《周禮·天官·大宰》“師以賢得民，儒以道得民”。鄭玄注云：“師，諸侯師氏，有德行以教民者。儒，諸侯保氏，有六藝以教民者。”

［3］【今注】綬：繫印鈕的絲帶，不同顔色代表官職高低的不同。

［4］【今注】繒：各種帛的總稱。

［5］【今注】什物：泛指日常衣服和器物等。

［6］【今注】侍祠侯：官爵名。掌侍從祭祀。《史記》卷一〇《孝文本紀》："諸侯王列侯使者侍祠天子，歲獻祖宗之廟。"《集解》張晏曰："王及列侯歲時遣使詣京師，侍祠助祭也。"本書卷一六《鄧禹傳》李賢注引《漢官儀》曰："諸侯功德優盛，朝廷所敬者，位特進，在三公下；其次朝侯，在九卿下；其次侍祠侯；其次下土小國侯，以肺腑親公主子孫，奉墳墓於京師，亦隨時朝見，是爲隈諸侯也。"

永平元年，以國屬沛，徙封居巢侯，[1]復隨諸侯就國。數年，楊州刺史觀恂薦般在國口無擇言，[2]行無怨惡，[3]宜蒙旌顯。顯宗嘉之。十年，徵般行執金吾事，[4]從至南陽，還爲朝侯。[5]明年，兼屯騎校尉。[6]時五校官顯職閑，[7]而府寺寬敞，[8]輿服光麗，伎巧畢給，故多以宗室肺腑居之。[9]每行幸郡國，般常將長水胡騎從。[10]

［1］【李賢注】居巢，縣，屬廬江郡也。【今注】居巢：縣名。治所在今安徽桐城市南。

［2］【今注】楊州：西漢武帝時所置十三刺史部之一。東漢治壽春縣（今安徽壽縣），順帝永和年間移治歷陽縣（今安徽和縣）（參見王鳴盛《十七史商榷》卷五七）。案，殿本作"揚州"，二字可通。　口無擇言：説出的話没有不合法度的議論。形容説的話都很正確。

［3］【今注】怨惡：怨恨憎惡。《孝經·卿大夫章》："口無擇言，身無擇行，言滿天下無口過，行滿天下無怨惡。"

［4］【今注】執金吾：官名。本爲秦中尉，西漢武帝太初元年（前104）改名執金吾。掌京師治安，督捕盜賊，皇帝出行則充護

衞儀仗。秩中二千石。

［5］【今注】朝侯：官爵名。東漢列侯以功德大小而位次不同。有朝位，可參加春秋祭祀，位在九卿下。

［6］【今注】屯騎校尉：官名。西漢武帝時始置，爲北軍八校尉之一。領本營騎士，掌戍衞京師，兼任征伐。秩二千石。東漢初改名驍騎校尉。光武帝建武十五年（39）復舊，隸北軍中候，爲北軍五校尉之一。掌宿衞禁兵。秩比二千石。

［7］【今注】五校：官名。指屯騎、越騎、步兵、射聲、長水五校尉。掌中央禁軍。秩比二千石。

［8］【今注】府寺：古代公卿的官舍，也泛指高級官員的府邸或官署。

［9］【李賢注】肺腑，天子之親屬也。【今注】宗室：皇帝的宗族。　肺腑：指皇帝的親屬或外戚。施之勉《漢書集釋》認爲，肺爲諸藏之主，通陰陽，故十二經脈皆會於太陰，所以決吉凶。

［10］【今注】長水胡騎：即長水校尉所領胡騎。西漢武帝初年所置北軍八校尉之一。領長水、宣曲胡騎，屯戍京師，兼任征伐。秩二千石。東漢光武帝建武七年省，十五年復置，爲北軍五校尉之一。隸北軍中候。掌宿衞禁兵，兼領胡騎校尉。秩比二千石。

帝曾欲置常平倉，[1]公卿議者多以爲便。[2]般對以“常平倉外有利民之名，而内實侵刻百姓，豪右因緣爲姦，小民不能得其平，置之不便”。帝乃止。是時下令禁民二業，[3]又以郡國牛疫，[4]通使區種增耕，[5]而吏下檢結，[6]多失其實，百姓患之。般上言：“郡國以官禁二業，至有田者不得漁捕。今濱江湖郡率少蠶桑，民資漁採以助口實，[7]且以冬春閑月，不妨農事。夫漁獵之利，爲田除害，有助穀食，無關二家也。[8]又郡國以牛疫、水旱，墾田多減，故詔勑區種，增進頃畝，以爲民也。而吏舉度田，欲令多前，[9]至於不種之處，亦通爲租。可申敕刺史、二千石，[10]務令實覈，其有增加，皆使與奪田同罪。"帝悉從之。[11]

［1］【李賢注】宣帝時，大司農耿壽昌請令邊郡皆築倉，以穀賤時增其價而糴之以利農（賤，大德本作"賊"），穀貴時減價而糶之，名曰常平倉。【今注】常平倉：源於戰國李悝在魏國實行的平糴。西漢宣帝五鳳四年（前 54），耿壽昌奏請在邊郡設置糧倉，作爲國家調節穀價，儲糧備荒的方式。元帝初元五年（前 44）罷。西漢常平倉是爲了解決國家的財政危機和邊疆軍糧的運輸、供給問題（陳曉東：《西漢常平倉設立原因初探》，《江南大學學報》2018 年第 2 期）。案，平，大德本誤作"二"。

［2］【今注】公卿：三公、九卿，後泛指朝廷中的高級官員。

［3］【李賢注】謂農者不得商賈也（商，紹興本、大德本作"啇"，爲形近而誤）。【今注】禁民二業：士農工商衹能從事一種行業，不能同時兼營兩種職業。源自春秋戰國以來的"四民分業"原則。東漢時爲禁止豪强地主兼併（參見朱紹侯《秦漢"禁民二業"政策淺析》，《信陽師範學院學報》1984 年第 2 期；趙光懷《兩漢"禁民二業"政策的歷史考察》，《烟臺大學學報》2002 年第 2 期；陳英《漢代行業貧富差距與"禁民二業"政策》，《山西師大學報》2010 年第 4 期）。

［4］【今注】案，牛疫，本書《五行志四》，明帝永平十八年（75），牛疫死。

［5］【李賢注】《氾勝之書》曰："上農區田大（大，大德本、殿本作'法'，是），區方深各六寸，間相去七寸，一畝三千七百區，丁男女種十畝，至秋收區三升粟，畝得百斛。中農區田法，方七寸，深六寸，間相去二尺，一畝千二十七區，丁男女種十畝，秋收粟畝得五十一石。下農區田法，方九寸，深六寸，間相去三尺，秋收畝得二十八石。旱即以水沃之。"【今注】區種增耕：以

區種法增加耕地收成。

[6]【今注】檢結：檢查上報的文書。結，字據。

[7]【今注】口實：口中的食物。指糧食。

[8]【今注】案，家，紹興本、大德本、殿本作“業”，是。

[9]【李賢注】多於前歲。

[10]【今注】二千石：因漢代所得俸禄以米穀爲準，故官秩等級以“石”名。漢朝二千石爲中央政府機構的九卿等列卿，及地方州牧郡守、諸侯王國相等。又可細分爲中二千石、二千石、比二千石三等。此處泛指漢朝廷的高級官員。

[11]【李賢注】《華嶠書》曰“奪”作“脱”也。

肅宗即位，以爲長樂少府。[1]建初二年，遷宗正。般妻卒，厚加賵贈，[2]及賜冢塋地於顯節陵下。[3]般在位數言政事。其收恤九族，[4]行義尤著，時人稱之。年六十，建初三年卒。子憲嗣。憲卒，子重嗣。憲兄愷。

[1]【今注】長樂少府：官名。西漢景帝中元六年（前144）改長信詹事爲長信少府，平帝元始四年（4）更名長樂少府。掌皇太后宫中事務。秩二千石。東漢不常置，皆以宫名爲號，居長信宫則曰長信少府，居長樂宫則曰長樂少府。皇太后崩即省。其屬吏皆爲宦者。

[2]【今注】賵贈：贈送車馬、財物等以助人辦喪事。《荀子·大略》：“故吉行五十，奔喪百里，賵贈及事，禮之大也。”

[3]【今注】顯節陵：東漢明帝劉莊陵園，位於今河南偃師市寇店鎮李家村西南。本書《禮儀志下》劉昭注：“山方三百步，高八丈。無周垣，爲行馬，四出司馬門。石殿、鍾虡在行馬内。寢殿、園省在東。園寺吏舍在殿北。隄封田七十四頃五畝。”

[4]【今注】九族：泛指親屬。經學家認爲“九族”是説每個人都有直近親屬九個家族。這種解釋又分歧爲二：古文經學家説九

個家族是指自高祖至玄孫九代，都是同姓；今文經學家説九個家族包括父族四、母族三、妻族二，有同姓也有異姓。

愷字伯豫，以當襲般爵，讓與弟憲，遁逃避封。久之，章和中，[1]有司奏請絶愷國，肅宗美其義，特優假之，[2]愷猶不出。積十餘歲，至永元十年，[3]有司復奏之，侍中賈逵因上書曰：[4]“孔子稱‘能以禮讓爲國，於從政乎何有’。[5]竊見居巢侯劉般嗣子愷，素行孝友，謙遜絜清，讓封弟憲，潛身遠迹。有司不原樂善之心，而繩以循常之法，[6]懼非長克讓之風，成含弘之化。前世扶陽侯韋玄成，[7]近有陵陽侯丁鴻、鄳侯鄧彪，[8]並以高行絜身辭爵，未聞貶削，而皆登三事。[9]今愷景仰前修，[10]有伯夷之節，[11]宜蒙矜宥，全其先功，以增聖朝尚德之美。”和帝納之，[12]下詔曰：“故居巢侯劉般嗣子愷，當襲般爵，而稱父遺意，致國弟憲，遁亡七年，[13]所守彌篤。蓋王法崇善，成人之美。其聽憲嗣爵。遭事之宜，後不得以爲比。”乃徵愷，拜爲郎，稍遷侍中。

［1］【今注】章和：東漢章帝劉炟年號（87—88）。

［2］【李賢注】假，借也。【今注】案，特，大德本誤作“持”。

［3］【今注】永元：東漢和帝劉肇年號（89—105）。

［4］【今注】賈逵：字景伯，扶風平陵（今陝西咸陽市）人。東漢古文經學家。傳見本書卷三六。

［5］【李賢注】《論語》之文也。何有者，言善無有也（殿本無此注。善無，中華本校勘記據汲古閣本作“何難之”）。【今

注】案，此句見《論語·雍也》，原文作“能以禮讓爲國乎何有”。指人君能以禮讓爲教治理國家，則治國並不難。

［6］【李賢注】原，本也。繩，政也。

［7］【李賢注】玄成字少翁，韋賢薨，讓封於兄弘（封，殿本作“國”。案，韋玄成嗣父爵，當以“封”爲是）。宣帝高其節，以爲河南太守。元帝時爲御史大夫，又爲丞相。見《前書》也。【今注】前世：指西漢。　扶陽侯韋玄成：字少翁，鄒縣（今山東鄒城市）人。韋賢之子，以父任爲郎。後以明經爲諫大夫，任大河都尉、河南太守、未央衛尉、太常等官。後受楊惲牽連削爵。元帝即位，任少府、太子太傅、御史大夫、丞相等。傳見《漢書》卷七三。扶陽，侯國名。治所在今安徽淮北市北。西漢宣帝本始三年（前71）封丞相韋賢爲扶陽侯，神爵元年（前61）韋玄成嗣。

［8］【李賢注】鴻讓國於弟盛，和帝時爲司徒。彪讓國於弟荆、鳳，明帝時爲太尉。鄳音盲。【今注】陵陽侯丁鴻：字孝公，潁川定陵（今河南舞陽縣東北）人。傳見本書卷三七。陵陽，縣名。治所在今安徽石臺縣東。　鄳侯鄧彪：字智伯，南陽新野（今河南新野縣）人。傳見本書卷四四。鄳，縣名。治所在今河南羅山縣西。

［9］【今注】三事：即三公。指太師、太傅、太保。《詩·小雅·雨無正》：“三事大夫，莫肯夙夜。”孔穎達《正義》：“三事大夫唯三公耳。”

［10］【今注】案，仰，殿本誤作“化”。

［11］【李賢注】景猶慕也。《詩》云：“景行行止。”前修，前賢也。《楚辭》曰：“蹇吾法夫前修。”【今注】伯夷之節：伯夷與叔齊均是商末孤竹國國君之子。其父欲立叔齊，叔齊讓於伯夷。伯夷認爲是父命，逃去。叔齊也逃走。後聞周文王善養老，入周。見武王伐紂，叩馬而諫。武王滅商後，不食周粟，隱居首陽山，後餓死。

［12］【今注】和帝：東漢和帝劉肇，公元88年至105年在位。

紀見本書卷四。

[13]【今注】遁亡七年：自東漢章帝建初三年（78）讓位，至和帝永元十年，共二十年。

愷之入朝，在位者莫不仰其風行。遷步兵校尉。[1]十三年，遷宗正，免。復拜侍中，遷長水校尉。[2]永初元年，[3]代周章爲大常。[4]愷性篤古，貴處士，[5]每有徵舉，[6]必先巖穴。[7]論議引正，辭氣高雅。永初六年，[8]代張敏爲司空。[9]元初二年，[10]代夏勤爲司徒。[11]

[1]【今注】步兵校尉：官名。西漢武帝時始置，爲北軍八校尉之一。秩二千石。位次列卿。屬官有丞、司馬等。領上林苑門屯兵，戍衛京師，兼任征伐。東漢爲北軍五校尉之一。隸北軍中候。掌宿衛禁兵。秩比二千石。屬官有司馬一員。

[2]【今注】長水校尉：官名。西漢武帝初置，爲北軍八校尉之一。秩二千石，位次列卿，屬官有丞、司馬等。領長水、宣曲胡騎，屯戍京師，兼任征伐。東漢光武帝建武七年（31）省，十五年復置，爲北軍五校尉之一。秩比二千石。隸北軍中候。掌宿衛禁兵，下設司馬、胡騎司馬各一員。

[3]【今注】永初：東漢安帝劉祜年號（107—113）。

[4]【今注】周章：字次叔，南陽隨（今湖北隨州市）人。傳見本書卷三三。　案，大常，紹興本、大德本、殿本作“太常”。周天游《八家後漢書輯注》引華嶠《後漢書》載：“劉愷字伯豫……爲太常，論議常引正大義，諸儒爲之語曰：‘難經伉伉劉太常。’”（第553頁）

[5]【今注】處士：古時候稱有德才而隱居不願做官的人，後亦泛指未做過官的士人。

[6]【今注】徵舉：徵召薦舉。

［7］【今注】巖穴：山巖中的洞穴。代指隱居不做官的人。

［8］【今注】案，中華本校勘記云，（永初）六年代張敏爲司空，王先謙《後漢書集解》引蘇輿説，謂上文已有“永初”，則二字當爲衍文。當據删。

［9］【今注】張敏：字伯達，河間鄚（今河北任丘市）人。傳見本書卷四四。

［10］【今注】元初：東漢安帝劉祜年號（114—120）。

［11］【今注】夏勤：字伯宗，九江（今安徽壽縣）人。從樊儵傳《公羊春秋》。爲京、宛二縣令，零陵太守、大鴻臚。東漢安帝永初三年（109）遷至司徒。

舊制，公卿、二千石、刺史不得行三年喪，[1]由是内外衆職並廢喪禮。元初中，鄧大后詔長吏以下不爲親行服者，[2]不得典城選舉。[3]時有上言牧守宜同此制，[4]詔下公卿，議者以爲不便。愷獨議曰：“詔書所以爲制服之科者，蓋崇化厲俗，以弘孝道也。今刺史一州之表，二千石千里之師，[5]職在辯章百姓，宣美風俗，[6]尤宜尊重典禮，以身先之。而議者不尋其端，至於牧守則云不宜，是猶濁其源而望流清，曲其形而欲景直，不可得也。”[7]太后從之。

［1］【今注】不得行三年喪：西漢文帝後元七年（前157）六月，遺詔行短喪。後成爲制度。本書卷一下《光武帝紀下》光武帝遺詔，喪制遵從文帝制度。但西漢至東漢多有行三年喪者，並得到國家提倡。本書卷五《安帝紀》載，元初三年（116）十一月，“初聽大臣、二千石、刺史行三年喪”。李賢注：“文帝遺詔以日易月，於後大臣遂以爲常，至此復遵古制也。”建光元年（121）春，絶大臣行三年喪。本書卷四六《陳忠傳》：“元初三年有詔，大臣

得行三年喪，服闋還職。忠因此上言：‘孝宣皇帝舊令，人從軍屯及給事縣官者，大父母死未滿三月，皆勿徭，令得葬送。請依此制。’太后從之。”本書卷七《桓帝紀》載，永興二年（154）二月，初聽刺史、二千石行三年喪。永壽二年（156）正月，聽中官得行三年喪。延熹二年（159）三月，復斷刺史、二千石行三年喪。(參見楊天宇《略論漢代的三年喪》，《鄭州大學學報》2002 年第 5 期)

［2］【今注】鄧大后：鄧綏，南陽新野（今河南新野縣）人。和帝皇后。鄧禹孫女。紀見本書卷一〇上。案，大后，紹興本、大德本、殿本作“太后”。

［3］【今注】典城選舉：掌訴訟案件及選舉人才。典城，又作“典成”。《韓非子·難三》：“不任典成之吏，不察參伍之政，不明度量，恃盡聰明，勞智慮，而以知姦，不亦無術乎？”陳奇猷《集釋》引劉師培曰：“平折争訟謂之成。典成之吏，即主平折獄訟之吏也。”

［4］【今注】牧守：州牧和郡太守的合稱。泛指州郡長官。

［5］【李賢注】《前書》杜欽曰“即以二千石守千里之地(千，大德本誤作‘十’)，任兵馬之重，不宜去郡”也。

［6］【李賢注】《尚書》曰：“九族既睦，辯章百姓。”鄭玄注云：“辯，别也。章，明也。”【今注】案，今本《尚書·虞書》作“九族既睦，平章百姓”，爲古文。今文作“辯”。指百姓都和睦融洽，然後辨明各級官員的職守。

［7］【李賢注】《前書》曰：“今淫僻之化流，而欲黎庶敦樸，猶濁其源而求流清也。”【今注】案，《漢書·禮樂志》載哀帝下詔：“鄭衛之聲興則淫辟之化流，而欲黎庶敦朴家給，猶濁其源而求其清流。”

時征西校尉任尚以姦利被徵抵罪。[1]尚曾副大將軍鄧騭，[2]騭黨護之，而大尉馬英、司空李郃承望騭旨，[3]不復先請，即獨解尚臧錮，愷不肯與議。後尚書案其事，[4]二府並受譴咎，[5]朝廷以此稱之。

[1]【今注】征西校尉：官名。曹金華《後漢書稽疑》案，"'征西校尉'當作'中郎將'。《安帝紀》載元初五年'中郎將任尚有罪，棄市'。《天文志》載'中郎將任尚坐贓千萬，檻車徵，棄市'"。（第514頁）　任尚：東漢章帝章和二年（88）爲護羌校尉鄧訓長史。和帝永元元年（89）爲竇憲司馬。和帝永元六年任護烏桓校尉。又任西域都護。安帝永初中任征西校尉，封樂亭侯，侍御史。元初中任中郎將、護羌校尉。元初五年（111），因詐增所斬首級，貪贓枉法，遭棄市。　姦利：本書卷八七《西羌傳》載，任尚與遵争功，又詐增首級，受賕枉法，臧千萬已上，檻車徵棄市，没入田廬奴婢財物。

[2]【今注】大將軍：重號將軍名。西漢武帝以衛青征匈奴有功，封大將軍。此後大將軍常冠大司馬之號，秩萬石，領尚書事。成帝綏和元年（前8），改稱大司馬。東漢光武帝復置，主征伐，事訖皆罷。秩萬石，不冠大司馬之號。多授予貴戚，常兼録尚書事，與太傅、太尉等共同主持政務。開府置僚屬，屬官有前、後、左、右等雜號將軍。　鄧騭：字昭伯，南陽新野（今河南新野縣）人。傳見本書卷一六。

[3]【今注】馬英：字文思，泰山蓋縣（今山東沂源縣東南蓋冶村）人。安帝元初二年（115）秋七月，任太尉。　李郃：字孟節，漢中南鄭（今陝西漢中市）人。傳見本書卷八二上。

[4]【今注】尚書：官名。西漢初爲掌文書小吏。武帝後置四員分曹治事，領諸郎。又置中書，以宦者擔任。成帝建始四年（前29），增爲五員。掌文書章奏詔命。東漢尚書臺分六曹，各置尚書，秩六百石，位在令、僕射下，丞、郎上。掌接納章奏、擬定詔令，位輕權重。與令、僕射合稱"八座"。

[5]【李賢注】二府即馬英、李郃。

視事五歲，永寧元年，[1]稱病上書致仕，[2]有詔優許焉，加賜錢三十萬，以千石禄歸養，[3]河南尹常以歲八月致羊酒。[4]時安帝始親政事，朝廷多稱愷之德，帝乃遣問起居，厚加賞賜。會馬英策罷，[5]尚書陳忠上疏薦愷曰：[6]"臣聞三公上則台階，下象山岳，[7]股肱元首，[8]鼎足居職，[9]協和陰陽，調訓五品，[10]考功量才，以序庶僚，遭烈風不迷，遇迅雨不惑，位莫重焉。[11]而今上司缺職，[12]未議其人。[13]臣竊差次諸卿，考合衆議，咸稱太常朱倀、少府荀遷。[14]臣父寵，[15]前忝司空，倀、遷並爲掾屬，[16]具知其能。倀能説經書而用心褊狹，[17]遷嚴毅剛直而薄於蓺文。[18]伏見前司徒劉愷，沈重淵懿，道德博備，克讓爵土，致祚弱弟，躬浮雲之志，兼皓然之氣，[19]頻歷二司，舉動得禮。[20]以疾致仕，側身里巷，處約思純，進退有度，百僚景式，海内歸懷。[21]往者孔光、師丹，近世鄧彪、張酺，皆去宰相，復序上司。[22]誠宜簡練卓異，以猒衆望。"書奏，詔引愷拜大尉。安帝初，清河相叔孫光坐臧抵罪，[23]遂增錮二世，[24]釁及其子。[25]是時居延都尉范邠復犯臧罪，[26]詔下三公、廷尉議。[27]司徒楊震、司空陳褒、廷尉張皓議依光比。[28]愷獨以爲"《春秋》之義，'善善及子孫，惡惡止其身'，所以進人於善也。[29]《尚書》曰：'上刑挾輕，下刑挾重。'[30]如今使臧吏禁錮子孫，以輕從重，懼及善人，[31]非先王詳刑之意也"。[32]有詔："大尉議是。"

[1]【今注】永寧：東漢安帝劉祜年號（120—121）。

［2］【今注】致仕：官吏退休，還禄於君。《禮記注疏》卷一《曲禮上》載，七十曰老，在家則傳家事於子孫，在官致所掌職事還君，退還田里。不説“置”而説“致”，置是廢絶，致是與人，説明朝廷必有賢者取代自已。又班固《白虎通》卷六載，大臣年七十，懸車致仕。大臣以執事趨走爲職，七十陽道極，耳目不聰明，跂踦之屬，是以退老去，避賢者路，所以增加廉潔避免恥辱。懸車，表示不再使用。

［3］【今注】千石禄：趙翼《陔餘叢考》卷二七云，致仕官給俸之例，起於漢平帝。詔天下吏二千石以上年老致仕的，將其禄分爲三份，以其中一份與之終身。蓋當時王莽專政，欲以收買人心，故有此舉。《白虎通》云：“七十致政，其有盛德者留，賜之几杖，在家者三分其禄，以一與之。”又引《王記》曰：“臣致仕於君者，養之以其禄之半。”則是漢代本有此類説法，而王莽竊取之以邀名譽。然《漢書》石奮以上大夫禄歸老於家，周仁以二千石禄歸老，張歐請免，天子也寵以上大夫禄歸老，則優老的典制並不始於王莽，衹不過没有形成制度之前的致仕，給禄須出皇帝特殊恩典，頒布制度以後，則凡是二千石以上官吏致仕的皆可以得到這種待遇。歷代致仕給俸之例，有著爲定令的，也有不著爲定令的。本書卷四四《鄧彪傳》載，鄧彪請老，章帝賜錢三十萬，以二千石禄終其身。卷四一《第五倫傳》載，第五倫請老，以二千石俸終其身。卷七九上《劉昆傳》載，劉昆乞骸骨，詔賜洛陽第舍，以千石禄終其身。則王莽之制，至東漢已廢，其給俸者仍出於特賜。

［4］【今注】河南尹：官名。東漢光武帝建武十五年（39）置，爲京都洛陽所在河南郡長官。掌京都諸事務，勸課農桑，審理刑獄，舉孝廉，典禁兵。秩二千石。

［5］【今注】策罷：惠棟《後漢書補注》卷一〇載，本書卷五《安帝紀》云太尉馬英於建光元年（121）七月壬寅薨，不云“策罷”。司馬光《資治通鑑考異》卷二又云，七月壬寅馬英薨，傳作策罷，誤，今從《安帝紀》。

［6］【今注】陳忠：字伯始，沛國洨（今安徽固鎮縣）人。傳

見本書卷四六。

［7］【李賢注】《前書音義》曰："泰階者，天之三階也。上階爲天子，中階爲諸侯、公卿、大夫，下階爲士、庶人。"《春秋漢含孳》曰："三公象五岳。"【今注】三公：本書卷一一《劉玄傳》李賢注引《春秋漢含孳》曰："三公在天爲三台，九卿爲北斗，故三公象五岳，九卿法河海，二十七大夫法山陵，八十一元士法谷阜，合爲帝佐，以匡綱紀。"

［8］【今注】股肱元首：指君臣關係如頭指揮四肢一樣協調。《尚書·益稷》載："股肱喜哉，元首起哉，百工熙哉。""元首明哉，股肱良哉，庶事康哉！""元首叢脞哉，股肱惰哉，萬事墮哉！"孔穎達疏："君爲元首，臣爲股肱，耳目大體如一身。足行、手取、耳聽、目視，身雖百體，四者爲大，故舉以爲言。"

［9］【李賢注】《易》曰："鼎折足，覆公餗。"鼎足，三公之象。

［10］【李賢注】五品，五常之教也。三公燮理陰陽，敬敷五教也。【今注】五品：五常之教。父義，母慈，兄友，弟恭，子孝。

［11］【李賢注】《尚書》："納舜於大麓，烈風雷雨不迷。"《史記》曰"堯使舜入山林川澤，暴風雨，舜行不迷，堯以爲聖"也。

［12］【今注】上司：漢代稱三公。錢大昕《恒言録·仕宦》云：漢人稱三公爲上司。本傳云"皆去宰相，復序上司"，《楊震傳》作"吾蒙恩居上司，皆謂三公也"。

［13］【今注】案，議，殿本誤作"識"。

［14］【今注】太常：官名。西漢景帝中元六年（前144）名奉常。掌祭祀社稷、宗廟和朝會、喪葬禮儀，管理、巡視陵廟所在縣邑，兼管博士和博士弟子的考核、薦舉。王莽時改名秩宗。東漢時掌禮儀祭祀及博士選拔考核。秩中二千石。　朱倀：字孫卿，九江壽春（今安徽壽縣）人。東漢安帝時任太中大夫。延光三年（124），與十餘人證太子劉保無罪。順帝即位後，爲太常、長樂少

府，後遷司徒。　少府：官名。掌山澤陂池市肆租税，兼管宮廷日常事務及手工製作。西漢武帝時期將少府部分山澤陂池之税移交大司農。東漢掌宮中服御諸物、寶貨珍膳的供給和服務。秩中二千石。

［15］【今注】寵：陳寵，字昭公，沛國洨（今安徽固鎮縣）人。習律令。撰有《辭訟比》七卷。傳見本書卷四六。

［16］【今注】掾屬：泛指公府及郡縣官府的屬吏，正曰掾，副曰屬，如各曹掾史及其下屬吏員。由公府長官及郡縣官自選，不由朝廷任命。

［17］【今注】俍能説經書而用心褊狹：指其心胸狹窄、學識淺陋。案，大德本、殿本"説"後有"其"字，當衍。

［18］【今注】藝文：典籍。

［19］【李賢注】孔子曰："不義而富（殿本'富'後有'且貴'二字，是），於我如浮雲。"孟子曰"我善養皓然之氣（皓，大德本、殿本作'浩'，是），而無怨害，則塞乎天地之間"也。言愷有仲尼、孟軻之德也。【今注】案，皓，大德本、殿本作"浩"，是。

［20］【李賢注】二司謂爲司徒、司空。

［21］【李賢注】景慕以爲法式。【今注】案，殿本此注在"百僚景式"後，可從。

［22］【李賢注】孔光，成帝時丞相，哀帝時免，後以日食徵詣公車，復爲丞相。師丹，哀帝時代王莽爲大司馬，後爲大司空。鄧彪，明帝時爲大尉，章帝元和元年賜策罷，和帝即位，以彪爲大傅，録尚書事。張酺，和帝永元五年爲大尉，後策免，十六年復爲司徒（十六，大德本、殿本誤作"十五"）。

［23］【今注】清河：郡國名。治甘陵縣（今山東臨清市東）。東漢前期有清河郡。章帝建初七年（82），皇太子劉慶被廢黜爲清河王，清河始爲諸侯王國。桓帝建和元年（147），清河王劉蒜被貶爲尉氏侯。建和二年改國名爲甘陵，立安平王劉得（一作"劉

德”）之子劉理爲甘陵王。獻帝建安十一年（206），甘陵王劉忠卒，無子嗣爵，侯國除。

［24］【今注】增錮二世：叔孫光的罪過本止終身，加爲後代二世，故曰增。

［25］【李賢注】二代謂父子俱禁錮。【今注】釁：罪過。

［26］【今注】居延都尉：官名。西漢武帝太初三年（前102），漢武帝遣强弩都尉路博德築居延城（今内蒙古額濟納旗和甘肅金塔縣之間的額濟納河流域居延海一帶），置都尉，隸於張掖太守。掌居延地區屯戍事宜。屬官有都丞、田官、候官等。

［27］【今注】廷尉：官名。西漢景帝中元六年（前144）改名大理。武帝建元四年（前137）復舊。掌司法刑獄，主管詔獄。秩中二千石。王莽改名作士。東漢復舊。掌管平決詔獄，處理郡國奏讞疑罪。秩中二千石。屬官有正、左監、左平。

［28］【李賢注】比，類也。以邠類叔孫光，亦錮及子也。比音庇。【今注】楊震：字伯起，弘農華陰（今陝西華陰市東）人。傳見本書卷五四。　陳褒：字伯仁，廬江郡舒縣（今安徽廬江縣西南）人。東漢安帝永寧元年十月任司空。延光元年免。　張皓：字叔明，犍爲武陽（今四川眉山市彭山區）人。傳見本書卷五六。

［29］【李賢注】《公羊傳》曰：“曹公孫會自鄸出奔宋，畔也。曷爲不言畔？爲公子喜時之後諱也，《春秋》爲賢者諱也。何賢乎公子喜時？讓國也。君子之善善也長，惡惡也短。惡惡止其身，善善及子孫。賢者子孫，故君子爲其諱也。”【今注】案，夏，曹國公孫會自鄸邑出奔到宋國。出奔没有説“自”的，這次説“自”是爲什麽？是反叛。既是反叛，那爲什麽不説他反叛？是爲公子喜時的後人隱諱。《春秋》爲賢者隱諱，爲什麽認爲公子喜時賢惠？因爲他辭讓君位。他辭讓君位是怎麽回事？曹伯廬在軍中去世的時候（成公十三年），不知是公子喜時跟隨在身旁還是公子負芻跟隨在身旁，其中一個人在國中主持，一個人在軍隊中主持。公子喜時看到公子負芻當國主政，就恭順地退讓了。認爲公子喜時賢

德，那爲什麼爲公孫會隱諱？孔子的褒奬善行褒奬得長遠，指責惡行指責得短暫；指責惡行限於事主本身，褒奬善行則延及其子孫。公孫會是賢者的子孫，所以孔子爲他隱諱（參見劉尚慈譯注《春秋公羊傳譯注·昭公二十年》，中華書局2010年版，第547頁）。

［30］【李賢注】今《尚書·吕刑篇》曰："上刑適輕下服，下刑適重上服。"謂二罪俱發，原其本情，須有虧減，故言適輕適重。此言"挾輕挾重"，意亦不殊，但與今《尚書》不同耳。【今注】案，犯了重罪，適合於從輕發落的，用輕刑處罰。犯了輕罪，適合於從重處罰的，用重刑處罰。懲罰犯罪的輕重可以靈活掌握。刑罰的輕重可以根據當時的社會狀況來靈活應變。

［31］【李賢注】《左傳》曰："刑濫則懼及善人。"

［32］【李賢注】《尚書》周穆王曰："有邦有土，告汝詳刑（汝，殿本作'爾'，二字可通）。"鄭玄注云："詳，審察之也。"

視事三年，以疾乞骸骨，久乃許之，下河南尹禮秩如前。歲餘，卒于家。詔使者護喪事，賜東園秘器，[1]錢五十萬，布千匹。

［1］【今注】東園：官署名。屬少府，掌製棺椁等。　秘器：棺椁。梓木爲棺，以漆畫之。本書《禮儀志下》載，諸侯王、公主、貴人皆樟棺，洞朱，雲氣畫。公、特進樟棺黑漆。中二千石以下坎侯漆。劉昭注引《漢舊儀》東園秘器作梓棺，素木長丈三尺，崇廣四尺。《漢書》卷九三《董賢傳》顏師古注引作"東園秘器作棺梓，素木長二丈，崇廣四尺"，本書卷一〇下《皇后紀下》注引此書作"梓棺長二丈，廣四尺"。

少子茂，字叔盛，亦好禮讓，歷位出納，[1]桓帝時爲司空。會司隸校尉李膺等抵罪，[2]而南陽大守成瑨、大原大守劉瓆下獄當死，[3]茂與大尉陳蕃、司徒劉矩共上書訟之。[4]帝不悦，有司承旨劾奏三公，茂遂坐免。建寧中，[5]復爲太中大夫，[6]卒於官。

［1］【李賢注】出納謂尚書（謂，殿本作"爲"，二字可通），喉舌之官也。出謂受上言宣於下，納謂聽下言傳於上。

［2］【今注】司隸校尉：官名。西漢武帝初置，持節，掌察舉百官及京師附近三輔（京兆、左馮翊、右扶風）、三河（河東、河內、河南）、弘農七郡犯法者。元帝時去節。成帝元延四年（前9）省，綏和二年（前7）復置，改名司隸，隸大司空。東漢仍名司隸校尉，領一州。掌糾察百官，兼司隸州行政、軍事、刑獄等。治洛陽縣（今河南洛陽市）。秩比二千石。光武帝特詔朝會時與御史中丞、尚書令並專席而坐，時號"三獨坐"。　李膺：字元禮，潁川襄城（今河南襄城縣）人。傳見本書卷六七。

［3］【今注】成瑨：字幼平，弘農（今河南靈寶市北故函谷關城）人。遷南陽太守。本書卷三〇下《襄楷傳》引謝承《後漢書》："成瑨字幼平，弘農人。遷南陽太守。時桓帝美人外親張子禁怙恃榮貴，不畏法網，瑨與功曹岑晊捕子禁付宛獄，笞殺之。桓帝徵瑨詣廷尉，下獄死。"　大原：郡名。治晉陽縣（今山西太原市西南）。大原大守，紹興本、大德本、殿本作"太原太守"。　劉瓆：字文理，平原（今山東平原縣）人。遷太原太守。本書《襄楷傳》載，桓帝延熹九年（166）上書稱："太原太守劉瓆、南陽太守成瑨，志除姦邪，其所誅翦，皆合人望，而陛下受閹豎之譖，乃遠加考逮。三公上書乞哀瓆等，不見採察，而嚴被譴讓。憂國之臣，將遂杜口矣。"又引謝承《後漢書》曰："劉瓆字文理，平原人。遷太原太守。郡有豪彊，中官親戚，爲百姓所患。瓆深疾之，到官收其魁帥殺之，所臧匿主人悉坐伏誅。桓帝徵詣廷尉，以瓆宗室，不忍致之于刑，使自殺。"本書卷七《桓帝紀》作"劉質"。

［4］【今注】司徒劉矩：錢大昕《三史拾遺》卷四説，據本書

卷七《桓帝紀》，延熹九年四月，胡廣爲司徒，並非劉矩。劉矩建寧元年（168）以後爲司徒。

［5］【今注】建寧：東漢靈帝劉宏年號（168—172）。

［6］【今注】太中大夫：官名。秦置，居諸大夫之首。西漢武帝太初元年（前104）後次於光禄勳，秩比千石。掌顧問應對、參謀議政、奉詔出使。東漢秩千石。

周磐字堅伯，汝南安成人，[1]徵士燮之宗也。[2]祖父業，建武初爲天水大守。[3]磐少游京師，學《古文尚書》《洪範五行》《左氏傳》，[4]好禮有行，非典謨不言，[5]諸儒宗之。居貧養母，儉薄不充。嘗誦詩至汝濆之卒章，慨然而歎，[6]乃解韋帶，就孝廉之舉。[7]和帝初，拜謁者，[8]除任城長，[9]遷陽夏、重合令，[10]頻歷三城，皆有惠政。後思母，弃官還鄉里。及母殁，哀至幾於毁滅，服終，遂廬于冢側。教授門徒常千人。[11]

［1］【今注】安成：縣名。治所在今河南汝南縣東南。

［2］【李賢注】燮自有傳。【今注】徵士：古人稱讚學行並高，而不出仕的隱士。　燮：周燮，字彦祖，汝南安城（今河南汝南縣東南）人。能通《詩》《論》；專精《禮》《易》。舉孝廉、賢良方正，安帝特聘，皆以疾辭。傳見本書卷五三。

［3］【今注】天水：郡名。治平襄縣（今甘肅通渭縣）。東漢永平十七年（74）改爲漢陽郡，並移治冀縣（今甘肅甘谷縣南）。

［4］【今注】古文尚書：書名。此處當爲孔壁所藏《古文尚書》。西漢武帝時，魯恭王劉餘發現於孔子舊宅壁中，用秦小篆以前的文字寫成。經孔安國校理並作傳，比伏生所傳二十九篇增加十六篇。孔安國將此書獻於朝廷，但因巫蠱之禍，没有被列於學官。

此書在西漢未立學官。東漢又無師説，馬融、鄭玄有關著述亦未提及十六逸篇，疑四十六卷之《古文尚書》亡於魏晉間。　洪範五行：書名。《漢書》卷三六《劉向傳》載，劉向見《尚書·洪範》載箕子爲武王陳述五行陰陽的吉凶應驗，於是集合上古以來以及春秋六國至秦、漢符瑞災異的記載，搜集導致禍福的事迹，明確其占卜的結果得到應驗，以類相從，列爲條目，共十一篇，號曰《洪範五行傳論》，並上奏朝廷。　左氏傳：書名。傳説孔子修《春秋》經，左丘明爲之傳，因詳於記事，故有三十卷。但《左氏傳》紀事至悼公四年（前466），較《春秋》本經多十七年事。《史記·十二諸侯年表》載，孔子看到周室的衰敗，論史記舊聞，因魯史而修《春秋》，記事始於隱公元年（前722），終於哀公十四年（前481）之獲麟，其文辭簡約，有微言大義，涵蓋王道人事。因其書有譏刺的作用，所以孔子的弟子通過口授的方式傳授此書。魯君子左丘明懼後人不理解其意，形成異端邪説，故“具論其語”，成《左氏春秋》。

［5］【今注】典謨：經典。

［6］【李賢注】《韓詩》曰：“汝濆（濆，紹興本、大德本、殿本作‘墳’。此字《韓詩》作‘濆’，今本《毛詩注疏》作‘汝墳’。馬瑞辰《毛詩傳箋通釋》卷二《周南·汝墳》：‘墳通作濆。《方言》：“墳，地大也。青、幽之間，凡土而高且大者謂之墳。”李巡《爾雅》：“濆謂崖岸，狀如墳墓，名大防（大堤）也。”是知水崖之濆與大防之墳爲一’），辭家也。”其卒章曰：“魴魚䞓尾，王室如燬（燬，大德本、殿本作‘燬’，二字可通），雖則如燬（燬，大德本、殿本作‘燬’），父母孔邇。”《薛君章句》：“赭（紹興本、大德本、殿本作‘䞓’，是），赤也。燬（燬，大德本、殿本作‘燬’），烈火也。孔，甚也。邇，近也。言魴魚勞則尾赤，君子勞苦則顔色變。以王室政教如烈火矣，猶觸冒而仕者，以父母甚迫近飢寒之憂，爲此禄仕。”【今注】案，見《詩經·國風·周南》。

［7］【李賢注】以韋皮爲帶，未仕之服也。求仕則服革帶，故解之。賈山上書曰"布衣韋帶之士"也。

［8］【今注】謁者：官名。戰國始置。西漢隸中郎將（光禄勳屬官），主賓贊受事。秩比六百石。設謁者僕射統領，秩比千石。東漢謁者僕射秩比千石，爲謁者臺率，主謁者，天子出，掌在前導引。屬下有常侍謁者，秩比六百石，掌殿上時節威儀；給事謁者四百石，灌謁者郎中比三百石。掌賓贊受事及上章報問。多從郎官、孝廉中選拔。

［9］【今注】任城：縣名。治所在今山東濟寧市東南。　長：縣長。漢代萬户以上縣的長官稱令，不足萬户稱長。

［10］【李賢注】陽夏屬淮南郡。重合屬勃海郡。【今注】陽夏：縣名。治所在今河南太康縣。　重合：縣名。治所在今山東樂陵市西南。

［11］【今注】案，曹金華《後漢書稽疑》據《太平御覽》卷一八一引謝承《後漢書》作"周磐字堅伯，初爲安陵令，以從弟暢爲司隸，縣屬州部，换陽平令，復换重合令。磐已歷二縣，耻復經三城，遂去還家，立精舍教授，守先人冢廬"，二者大異。他書不載，未詳孰是。（第509頁）

公府三辟，皆以有道特徵，磐語友人曰："昔方回、支父嗇神養和，不以榮利滑其生術。[1]吾親以没矣，從物何爲？"遂不應。[2]建光元年，年七十三，歲朝會集諸生，講論終日，[3]因令其二子曰："吾日者夢見先師東里先生，與我講於陰堂之奥。"[4]既而長歎："豈吾齒之盡乎！若命終之日，桐棺足以周身，[5]外椁足以周棺，[6]斂形懸封，濯衣幅巾。[7]編二尺四寸簡，[8]寫《堯典》一篇，[9]并刀筆各一，[10]以置棺前，示不忘聖道。"其月望日，[11]無病忽終，學者以爲知命焉。[12]

[1]【李賢注】嗇，愛惜也。滑，亂也。《列仙傳》曰："方回，堯時隱人也。堯聘之，練食雲母，隱於五柞山。至夏啓末，爲人所劫，閉之室中（閉，紹興本、大德本、殿本作'閇'，二字可通），從求道，回化而去。"《高士傳》曰："堯舜各以天下讓支父，支父曰：'予適有勞憂之病，方且療之，未暇理天下也。'"《莊子》作"支伯"。【今注】嗇神養和：愛惜精神，保養身心。和，指人體元氣。　榮利：功名利榮。　滑其生術：擾亂其長生之術。

[2]【李賢注】物猶事也。【今注】從物：追求物質享受或功名富貴。

[3]【李賢注】歲朝，歲旦（旦，殿本誤作"日"）。

[4]【李賢注】東南隅謂之奥，陰堂幽暗之室。又入其奥，死之象也。【今注】東里先生：指有才能的人。《列子·仲尼》："鄭之圃澤多賢，東里多才。"東里，地名，在今河南新鄭縣故城内。

[5]【今注】桐棺：桐木做的棺材。因其質地樸素，故表示薄葬。

[6]【今注】外槨：棺材外的套棺。

[7]【李賢注】斂形謂衣覆其形。懸封謂直下棺，不爲埏道也。濯衣，浣衣也，不更新制。幅巾（巾，大德本誤作"中"），不加冠也。封音窆。【今注】案，巾，大德本誤作"中"。

[8]【今注】編二尺四寸簡：漢代重要的儒家經典用二尺四寸簡。當時的一尺相當於現在23釐米左右。

[9]【今注】堯典：《尚書》篇名。專述堯、舜二帝之事。漢代伏生傳授博士弟子的《尚書》中的第一篇，漢代《今文尚書》二十八篇中的第一篇。伏生弟子歐陽、大小夏侯三家傳授的二十九篇的第一篇。《説文》："典，五帝之書也。"孔穎達《尚書正義》

卷二載，昔在帝堯，聰明文思，光宅天下，將遜于位，讓于虞舜，作《堯典》（參見顧頡剛、劉起釪《尚書校釋譯論》，中華書局2005年版，第1頁）。堯，上古人物。姓伊祁氏，名放勳，號陶唐。高唐氏部落首領，又稱唐堯。在位命羲和定曆法，設諫言之鼓，置四嶽（四方諸侯），命鯀治水患。後禪讓於舜。

［10］【今注】刀筆：古時用刀在龜甲和竹木簡上削改字，後以筆在上面寫字。刀筆爲書吏隨身攜帶。

［11］【今注】望日：農曆每月十五日。

［12］【今注】知命：懂得天地萬物生滅變化的道理。

磐同郡蔡順，字君仲，亦以至孝稱。[1]順少孤，養母。嘗出求薪，有客卒至，[2]母望順不還，乃噬其指，[3]順即心動，弃薪馳歸，跪問其故。母曰："有急客來，吾噬指以悟汝耳。"母年九十，以壽終。未及得葬，里中災，火將逼其舍，順抱伏棺柩，號哭叫天，火遂越燒它室，順獨得免。大守韓崇召爲東閤祭酒。[4]母平生畏雷，自亡後，每有雷震，順輒圜冢泣，曰："順在此。"崇聞之，每雷輒爲差車馬到墓所。後大守鮑衆舉孝廉，順不能遠離墳墓，遂不就。年八十，終于家。

［1］【李賢注】《汝南先賢傳》曰："蔡順事母至孝。井桔槔朽，在母生年上，而順憂，不敢理之。俄而有扶老藤生，繞之，遂堅固焉。"【今注】案，吴樹平《東觀漢記校注》卷一五《蔡順傳》載："蔡君仲，汝南人。王莽亂，人相食。君仲取桑椹，赤黑異器。賊問所以，君仲云：'黑與母，赤自食。'賊義之，遺鹽二斗，受而不食。"（第671頁）

［2］【李賢注】卒音千訥反。【今注】卒：倉促，急速。通

"猝"。

［3］【李賢注】嗌，嗌也。

［4］【今注】韓崇：惠棟《後漢書補注》卷一〇引陶宏景説，崇字長季，吴郡昆陵人。初仕宛陵令，蝗不集界，累遷汝南太守。陰皇后葬京師，近郡二千石妻，當會園陵，而崇獨清素。妻忿崇哭泣，詔問其故，太常馮奚答曰：汝南太守韓崇清苦，遠尚味道，享重官而妻自紡績，政化仁簡，視民如傷，深達奇博，有君子之鑒，斯則昏夕之夜光，陛下之子産也。妻不通寒儉之節，哭怨無衣，足以顯崇明德。上奇之，加崇俸禄，秩中二千石。後孝明帝巡狩汝南，上治崇府，崇使妻出住孤濁老嫗家。上聞歎曰："韓崇所謂百鍊不銷也。"賜縑五十匹。崇在郡積十四年，政化洽著，舉天下最。年七十四。　東閤祭酒：官名。郡太守屬吏。掌顧問應對，或協辦事務。

趙咨字文楚，東郡燕人也。[1]父暢，爲博士。[2]咨少孤，有孝行，州郡召舉孝廉，並不就。

［1］【李賢注】燕故城，今滑州胙城縣也，古南燕之國也。【今注】東郡：治濮陽縣（今河南濮陽市華龍區西南）。東漢獻帝初平二年（191），徙治東武陽縣（今山東莘縣南）。　燕：縣名。治所在今河南延津縣東北。

［2］【今注】博士：官名。秦置，漢因之，隸屬奉常（太常）。設僕射一人領之。掌古今史事、禮制顧問及典守書籍。秩比六百石。武帝時置五經博士，充學官，掌經學傳授、考核人材、奉命出使等事。東漢置博士祭酒一人，秩六百石。博士十四人，秩比六百石。掌教授弟子，國有疑事，掌承問對。

延熹元年，[1]大司農陳奇舉咨至孝有道，[2]仍遷博士。靈帝初，[3]大傅陳蕃、大將軍竇武爲宦者所誅，[4]

咨乃謝病去。太尉楊賜特辟，[5]使飾巾出入，請與講議。[6]舉高第，[7]累遷敦煌太守。[8]以病免還，躬率子孫耕農爲養。

［1］【今注】延熹：東漢桓帝劉志年號（158—167）。

［2］【今注】大司農：官名。秦置治粟内史，掌穀貨。西漢景帝後元元年（前143）更名大農令，武帝太初元年（前104）更名大司農。秩中二千石。王莽改曰羲和，後更爲納言。東漢掌錢穀金帛貨幣、郡國錢穀簿、邊郡諸官錢糧調度等。秩中二千石。　陳奇：中華本校勘記云，汲古閣本"奇"作"狶"，大德本、殿本作"豨"。

［3］【今注】靈帝：東漢靈帝劉宏，公元168年至189年在位。紀見本書卷八。

［4］【今注】大傅：官名。三公之一，爲上公。掌以善導，無常職。東漢光武帝以卓茂爲太傅，薨後因省。此後每帝初即位，置太傅録尚書事，薨後輒省。大德本、殿本作"太傅"。下同不注。　陳蕃：字仲舉，汝南平輿（今河南平輿縣北）人。傳見本書卷六六。　竇武：字游平，扶風平陵（今陝西咸陽市西北）人。傳見本書卷六九。　宦者：宦官。

［5］【今注】楊賜：字伯獻，弘農華陰（今陝西華陰市東）人。精通經學。傳見本書卷五四。　特辟：特別徵辟。這是漢代專門給予社會聲望較高者的一種特殊待遇。

［6］【李賢注】以幅巾爲首飾，不加冠冕。

［7］【今注】高第：漢代博士弟子、賢良文學等考試優等或官員考課成績第一。其中博士弟子每年考試，能通一經以上，補文學掌故；其高第則可爲郎中。

［8］【今注】敦煌：郡名。治敦煌縣（今甘肅敦煌市七里區白馬塔村）。

盜嘗夜往劫之，咨恐母驚懼，乃先至門迎盜，因請爲設食，謝曰："老母八十，疾病須養，居貧，朝夕無儲，乞少置衣糧。"妻子物餘，一無所請。[1]盜皆慙歎，跪而辭曰："所犯無狀，[2]干暴賢者。"[3]言畢奔出，咨追以物與之，不及。由此益知名。徵拜議郎，辭疾不到，詔書切讓，州郡以禮發遣，[4]前後再三，不得已應召。

［1］【今注】妻子物餘一無所請：妻子兒女生活必需品之外的東西，一點也不請求留下。案，惠棟《後漢書補注》卷一〇引蔣杲説，"物餘"當作"餘物"。《東觀漢記》卷一五作"妻子餘物無所惜"。

［2］【今注】所犯無狀：行爲失檢，没有禮貌。

［3］【今注】干暴：冒犯侵凌。

［4］【今注】發遣：使出任議郎。

復拜東海相。[1]之官，道經滎陽，[2]令敦煌曹暠，咨之故孝廉也，[3]迎路謁候，[4]咨不爲留。暠送至亭次，[5]望塵不及，謂主簿曰：[6]"趙君名重，今過界不見，必爲天下笑！"即弃印綬，[7]追至東海。謁咨畢，辭歸家。其爲時人所貴若此。

［1］【今注】東海：郡國名。治郯縣（今山東郯城縣西北）。東漢光武帝建武十五年（39），封皇子劉陽（後來的漢明帝劉莊）爲東海公，東海郡爲東海公國。建武十七年，劉陽進爵爲東海王，東海公國變爲東海王國。建武十九年，皇太子劉强被廢爲東海王。

［2］【今注】滎陽：縣名。治所在今河南鄭州市西北古滎鎮。

［3］【李賢注】咨爲敦煌大守時，薦暠爲孝廉。【今注】案，

鬲，大德本誤作“高”。

［4］【今注】迎路謁候：恭迎問候。

［5］【今注】亭次：秦漢基層行政機構。亭原爲軍事、交通需要而設，後兼管一亭部之民事。設亭長以主之。

［6］【今注】主簿：官名。戰國始置，掌文書簿籍。漢代中央和地方官署多置。掌文書、簿籍、印鑒等事。秩六百石。

［7］【今注】印綬：繫印鈕的絲帶，顏色不同代表官職高低不同。此處代指印信。

咨在官清簡，[1]計日受奉，[2]豪黨畏其儉節。[3]視事三年，以疾自乞，徵拜議郎。抗疾京師，[4]將終，告其故吏朱祇、蕭建等，[5]使薄斂素棺，[6]籍以黄壤，[7]欲令速朽，早歸后土，[8]不聽子孫改之。[9]乃遺書勑子胤曰：“夫含氣之倫，[10]有生必終，蓋天地之常期，[11]自然之至數。[12]是以通人達士，鑒兹性命，以存亡爲晦明，[13]死生爲朝夕，故其生也不爲娱，亡也不知戚。[14]夫亡者，元氣去體，貞魂游散，反素復始，歸於無端。[15]既已消仆，[16]還合糞土。[17]土爲棄物，[18]豈有性情，而欲制其厚薄，調其燥溼邪？但以生者之情，不忍見形之毁，乃有掩骼埋窆之制。[19]《易》曰：[20]‘古之葬者，衣以薪，藏之中野，後世聖人易之以棺椁。’[21]棺椁之造，自黄帝始。[22]爰自陶唐，[23]逮于虞、夏，[24]猶尚簡樸，或瓦或木，及至殷人而有加焉。[25]周室因之，[26]制兼二代。[27]復重以牆翣之飾，[28]表以旌銘之儀，[29]招復含斂之禮，[30]殯葬宅兆之期，[31]棺椁周重之制，[32]衣衾稱襲之數，[33]其事煩而害實，品物碎而難備。然而秩爵異級，貴賤殊等。自成、康以下，[34]其典稍乖。至於戰國，漸至穨陵，[35]法度衰毁，上下僭雜。[36]終使晉侯請隧，[37]秦伯殉葬，[38]陳大夫設參門之木，[39]宋司馬造石椁之奢。[40]爰暨暴秦，違道廢德，滅三代之制，[41]興淫邪之法，國貲糜於三泉，[42]人力單於酈墓，[43]玩好窮於糞土，伎巧費於窀穸。[44]自生民以來，厚終之敝，未有若此者。雖有仲尼重明周禮，[45]墨子勉以古道，猶不能禦也。[46]是以華夏之士，[47]争相陵尚，[48]違禮之本，事禮之末，務禮之華，弃禮之實，單家竭財，以相營赴。廢事生而營終亡，替所養而爲厚葬，[49]豈云聖人制禮之意乎？《記》曰：'喪雖有禮，哀爲主矣。'又曰：'喪與其易也寧戚。'[50]今則不然，并棺合椁，[51]以爲孝愷，[52]豐貲重襚，以昭惻隱，[53]吾所不取也。昔舜葬蒼梧，二妃不從。[54]豈有匹配之會，守常之所乎？聖主明王，其猶若斯，況於品庶，禮所不及。古人時同即會，[55]時乖則别，[56]動静應禮，臨事合宜。王孫裸葬，[57]墨夷露骸，[58]皆達於性理，貴於速變。[59]梁伯鸞父没，卷席而葬，身亡不反其尸。[60]彼數子豈薄至親之恩，亡忠孝之道邪？況我鄙闇，[61]不德不敏，薄意内昭，志有所慕，[62]上同古人，下不爲咎。[63]果必行之，勿生疑異。恐爾等目猒所見，耳諱所議，[64]必欲改殯，以乖吾志，故遠采古聖，近揆行事，[65]以悟爾心。但欲制坎，[66]令容棺椁，棺歸即葬，[67]平地無墳。[68]勿卜時日，[69]葬無設奠，[70]勿留墓側，[71]無起封樹。[72]於戲小子，[73]其勉之哉，吾蔑復有言矣！"[74]朱祇、蕭建送喪到家，[75]子胤不忍父體與土并合，欲更改殯，祇、建譬以顧命，[76]於是奉行，時稱咨明達。

［1］【今注】清簡：清廉儉約。案，周天游《八家後漢書輯注》引謝承《後漢書》載，“（東郡趙）咨爲東海相，人遺其雙枯魚，噉之，二歲不盡，以儉化俗”（第55頁）。

［2］【今注】計日受奉：依據官吏在任時日長短發放俸禄。或與當時喪亂時期某些士族“特有”且“高妙”的鬬争方式有關（參見馬天祥《“計日受奉”與漢末士風異動》，《學術交流》2013年第5期）。

［3］【今注】豪黨：豪强之人所結成的朋黨。　儉節：廉潔有節操。

［4］【今注】案，抗疾，宋佚名《後漢書考正》引劉攽曰，“抗”字無實際意義，當是“被”字。　京師：都城的别稱。此處指洛陽。《公羊傳》桓公九年：“京師者，天子之居也。京者何？大也。師者何？衆也。”

［5］【今注】案，王先謙《後漢書集解》認爲，“衹”疑當作“祇”。朱名本傳凡三見，汲本前一左從禾，後二左從衣，殿本前一後一左均從示，中一從禾，其右從氐則同。

［6］【今注】素棺：不加飾之棺。

［7］【李賢注】棺中置土，以籍其屍也（籍，大德本、殿本作“藉”，是）。【今注】案，周天游《八家後漢書輯注》引謝承《後漢書》載：“咨豫自買小素棺，使人取乾黄土，細擣篩之，聚二十石。臨卒謂建曰：‘亡後自著所有故巾單衣，先置土於棺，内屍其中，以壅其上。’”（第55頁）　又案，籍，大德本、殿本作“藉”。

［8］【今注】后土：大地。

［9］【今注】不聽子孫改之：不要聽從子孫的意見厚喪。

［10］【今注】含氣之倫：指一切生物。

［11］【今注】天地之常期：天地之間永恒不變的限數。期，

限數。

［12］【今注】自然之至數：指自然界事物發展的必然結果。

［13］【今注】存亡爲晦明：將生死視作黑夜和白天一樣自然的事情。晦明，黑夜和白晝。

［14］【今注】生也不爲娱亡也不知戚：指不因爲生死而感到快樂和悲傷。知，大德本、殿本作“爲”。王欽若《册府元龜》卷九〇七《總録部》引作“爲”。當以“爲”爲是。

［15］【李賢注】元氣，天之氣也。貞，正也。復，旋也。端，際也。太素、太始，天地之初也。言人既死，正魂游散，反於太素，旋於太始，無復端際者也。【今注】元氣去體：人的精神、精氣離開身體。　貞魂游散：人的正魂、精魂游離散逸。　反素復始：天地之間事物的原始狀態反復循環。素，太素。始，太始。　無端：没有起點和終點。

［16］【今注】消仆：失去生命、死亡。

［17］【今注】糞土：泥土。

［18］【今注】棄物：被丢棄之物，廢物。

［19］【今注】掩骼埋窆之制：掩埋骨骼使不暴露，將棺木葬入墓穴。窆，墓穴、墳塋。

［20］【今注】易：書名。傳説伏羲作八卦，文王、周公作六十四爻，孔子作十翼。秦始皇焚書，《易》爲卜筮之書，故没有被禁。漢代田何傳今文《易》，有施、孟、梁丘、京氏列於學官。東漢光武帝時，曾議立費氏《易》爲博士，但因“無有本師”而作罷。馬融、荀爽爲費氏《易》作傳。今流行傳本爲古文《易》，共十二篇，包括上下經與十翼，指上經、下經、上彖、下彖、上象、下象、上繫、下繫、文言、説卦、序卦、雜卦。彖傳解釋卦名、卦辭的含義，象傳以卦象解釋卦名、爻辭，繫辭解釋全書義理，文言解釋乾、坤二卦，説卦闡明每一卦的形象，序卦叙述六十四卦的次第，雜卦綜合説明各卦之間的關係和旨義。

［21］【李賢注】《易·繫辭》之文也。【今注】案，今本《周易·繫辭》作“古之葬者，厚衣之以薪，葬之中野，不封不樹，喪

期無數。後世聖人易之以棺槨，蓋取諸大過”。厚衣之以薪，言積薪以覆之。中野，荒野。

［22］【李賢注】劉向曰：“棺椁之作，自黄帝始。”案，《禮記》曰“殷人棺椁”，蓋至殷而加飾。【今注】黄帝：上古帝王。號軒轅氏、有熊氏。與蚩尤戰於涿鹿。因有土德之瑞，故號黄帝。後世很多發明和制作傳説均以黄帝爲始。

［23］【今注】陶唐：上古人物。姓伊祁氏，名放勳，號陶唐。初封於陶，又封爲唐侯。高唐氏部落首領，又稱唐堯。在位命羲和定曆法，設諫言之鼓，置四嶽（四方諸侯），命鯀治水患。後禪讓於舜。

［24］【今注】虞：虞舜。上古帝王。姚姓，有虞氏，名重華。相傳由四嶽推舉給堯。都於蒲板（今山西永濟市東南）。在位時除四凶，選禹治水，天下大治。　夏：夏禹。姒氏。因治水有功，舜禪讓於禹。禹傳子啓，啓建立夏朝。

［25］【李賢注】《禮記》：“有虞氏之瓦棺，夏后氏之堲周、殷人棺椁。”《古史考》曰：“禹作土堲以周棺。”堲音即七反。

［26］【今注】周室：周朝。分西周和東周。公元前 11 世紀，武王滅商，都鎬（今陝西西安市西澧水東岸）。公元前 771 年，周幽王被殺，西周滅亡，平王遷都洛邑（今河南洛陽市），爲東周。東周分春秋（前 770—前 476）、戰國（前 475—前 221）兩個時期。周赧王（前 314—前 256）時，分爲東周國和西周國。公元前 256 年，西周國爲秦所滅。公元前 249 年，東周國也被秦所滅。

［27］【今注】二代：夏商。《論語・八佾》子曰：“周監於二代，鬱鬱乎文哉！吾從周。”

［28］【李賢注】《禮記》曰：“周人牆置翣。”盧植曰：“牆，載棺車箱也。”《三禮圖》曰“翣，以竹爲之，高二尺四寸，廣三尺，衣以白布，柄長五尺，葬時令人執之於柩車傍”也。【今注】牆翣之飾：出殯時柩車上覆棺的布帷。《禮記・檀弓上》“飾棺墻”，漢鄭玄注：“牆，柳衣。牆之障柩，猶垣牆障家。”《周禮・天

官·縫人》“衣翣柳之材”，清孫詒讓《正義》認爲，凡覆蓋柩車的，上曰柳，下曰墻，柳衣謂之荒，墻衣謂之帷，概括而言，則墻亦通名柳，故《檀弓》注釋墻爲柳衣。墻之障柩，猶垣墻障家，故謂障柩之物爲墻。即柳衣。《左傳》襄公二十五年《正義》引《喪大記》云：“飾棺，君黼翣二，黻翣二，畫翣二。”鄭注引《漢禮》：“翣以木爲筐，廣三尺四寸，方，兩角高，衣以白布。畫者畫雲氣，其餘各如其象，柄長五尺。車行使人持之而從。既窆，樹於壙中。”

[29]【李賢注】《禮記》曰：“銘，明旌也。以死者爲不可别，故以其旗識之。”【今注】旌銘：喪葬時用的一種旗幡，上書死者的官階、姓名，置於柩前，或覆蓋於棺上。又作明旌。

[30]【李賢注】招復謂招魂復魄也。含，以玉珠實口也。斂，以衣服斂屍也。《禮記》曰：“凡復，男子稱名，婦人稱字。”《穀梁傳》曰：“貝玉曰含。”《禮記》曰“小斂於户内，大斂於阼”也。【今注】招復：招魂復魄。古代喪禮儀式之一。《儀禮·士喪禮》：“復者一人，以爵弁服，簪裳于衣，左向之，扱領于帶，升自前東榮，中屋，北面招以衣，曰：‘皋，某復。’三。降衣于前。”鄭玄注：“復者，有司招魂復魄也。”　含：古代喪禮以珠玉、貝米等置於死者口中。也有説飯、含本有區别。在死者口中放置米貝稱“飯”，放置珠玉稱“含”。　斂：把尸體裝入棺材。

[31]【李賢注】期謂諸侯五日而殯，五月而葬；大夫三日而殯，三月而葬；士三日而殯（三，大德本、殿本作“二”），踰月而葬。宅兆，葬之塋域也。【今注】殯葬宅兆之期：指停放靈柩、把靈柩送到墓地、選擇墓地的時間。指去世的月份至下葬的月份，中間經過一個月。

[32]【李賢注】《禮記》曰：“天子之棺四重。”鄭玄注云：“諸公三重，諸侯再重，大夫一重，士不重。”又曰：“君松椁，大夫柏椁，士雜木椁。”注云“天子七重（據沈欽韓《後漢書疏證》，應爲五重，與《禮·喪服大記》鄭注相合），諸公四重，諸侯三重，大夫再重，士一重”也。

［33］【李賢注】凡小斂，諸侯、大夫、士皆用複衾，君錦衾，大夫縞衾，士緇衾。又曰，天子襲十二稱，諸公九稱，諸侯七稱，大夫五稱，士三稱。小斂，尊卑同。十九稱。大斂，天子百稱，上公九十稱，侯伯七十稱，大夫五十稱，士三十稱。衣單複具曰稱。

［34］【今注】成：周成王。姬姓，名誦。武王之子。年幼，由周公旦攝政，平定三監及東夷叛亂，分封諸侯，制禮作樂，營建洛邑。周公攝政七年，此後親政。　康：周康王。姬姓，名釗。成王之子。由召公、畢公輔佐。伐鬼方及東夷。“刑錯四十餘年不用”，稱爲“成康之治”。　案，以，殿本作“已”，二字可通。

［35］【李賢注】戰國，當春秋時也。穨陵謂穨廢陵遲。【今注】戰國：因劉向《戰國策》而得名，一般指自周威烈王二十三年（前403）起，至秦始皇統一（前221）止，其間列國争雄，戰争不斷。

［36］【今注】法度衰毁上下僭雜：禮樂制度衰敗毁壞，上下等級之間僭越混亂。法度，禮制。僭雜，在下位者冒用在上位的名義或禮儀、器物，失去原來的秩序。

［37］【李賢注】隧謂掘地爲埏道，王之葬禮也。諸侯則懸柩，故請之也。《左傳》，晉文公朝于襄王，請隧，不許。【今注】晉侯請隧：晉侯請求以王禮下葬。隧，墓道。運送棺椁至墓室的通道。《左傳》僖公二十五年載：“戊午，晉侯朝王。王饗醴，命之宥。請隧，弗許，曰：‘王章也。未有代德而有二王，亦叔父之所惡也。’與之陽樊、温、原、欑茅之田。晉於是始起南陽。”

［38］【李賢注】《左傳》：“秦伯任好卒。”任好，秦繆公名也。以子車氏奄息、仲行、鍼虎殉葬，國人哀之，爲賦《黄鳥》之詩也。【今注】秦伯殉葬：《左傳》文公六年載：“秦伯任好卒，以子車氏之三子奄息、仲行、鍼虎爲殉，皆秦之良也。國人哀之，爲之賦《黄鳥》。”

［39］【今注】陳大夫設參門之木：何焯《義門讀書記》卷二

二《趙咨傳》謂，陳大夫事未詳，“門”疑作“同”。《檀弓篇》云，陳乾昔寢疾，屬其子曰，必大爲我棺，使吾二婢子夾我。陳乾昔死，其子曰，以殉葬，非禮也，況又同棺乎。弗果殺。此所謂參同者歟（中華書局1987年版，第377頁）。譚嗣同《石菊影廬筆識·學篇·四十》認爲，《後漢書·趙咨傳》：“陳大夫設參門之木。”案此句諸家未釋，當指《禮記·檀弓》下，陳乾昔屬“大爲我棺，使吾二婢子夾我”，並己而三，故曰參門之木。其曰門者，《素問·脈要精微論》“是門户不要也”注：“門户謂魄門，人死魄降於地，故謂死者曰門。”又“昔舜葬蒼梧，二妃不從”注：“《禮記》舜葬於蒼梧，蓋二妃未之從也。”案，注改“三”爲“二”，不知其說（《譚嗣同集》，岳麓書社2012年版，第120頁）。

［40］【李賢注】宋司馬，桓魋也。自爲石椁，三年不成。孔子曰：“若是其靡也，死不如速朽之愈也。”見《禮記》。【今注】案，《禮記·檀弓上》載：“昔者夫子居於宋，見桓司馬自爲石椁，三年而不成。夫子曰：‘若是其靡也！死不如速朽之愈也。’死之欲速朽，爲桓司馬言之也。”

［41］【今注】三代：指夏、商、周。

［42］【今注】三泉：深泉。地下深處。比喻人死後的葬處，猶言九泉。《史記》卷六《秦始皇本紀》載，秦始皇陵“穿三泉，下銅而致椁，宫觀百官奇器珍怪徙臧滿之”。

［43］【今注】人力單於酈墓：爲造酈山秦始皇陵用盡了人力。《史記·秦始皇本紀》載，建造秦始皇陵時，天下徒送詣七十餘萬人。酈墓，酈山秦始皇陵。在今陝西西安市臨潼區驪山鎮東下河村附近。

［44］【李賢注】窀，厚也。穸，夜也。厚夜猶長夜也。秦始皇初即位，營葬驪山，役徒七十餘萬人，下錮三泉，宫觀、百官、奇器、珍怪莫不畢備。令匠作弩矢，有所穿近，矢輒射之。以水銀爲百川江河大海，上具天文。以人魚爲膏燭（佚名《後漢書考正》引劉攽説，“膏”當在“爲”字前）。事見《史記》。

［45］【李賢注】謂周公制禮之後，仲尼自衛返魯，又定之也。【今注】案，指孔子自衛返魯後删詩書，定禮樂。《論語·子罕》："子曰：'吾自衛反於魯，然後樂正，《雅》《頌》各得其所。'"皇侃疏："孔子去魯後而魯禮樂崩壞，孔子以魯哀公十一年從衛還魯，而删《詩》《書》，定《禮》《樂》，故樂音得正。樂音得正，所以《雅》《頌》之詩各得其本所也。"

［46］【李賢注】禦，止也，言猶不能止其奢侈。《墨子》曰："古者聖人制爲葬埋之法，棺三寸足以朽體，衣衾三領足以覆惡。堯葬邛之山，滿坎無窆，舜葬紀市，禹葬會稽，皆下不及泉，上無遺臭。三王者（三，大德本誤作'二'），豈財用不足哉！"【今注】案，《墨子·節葬下》云："故古聖王制爲葬埋之法，曰：'棺三寸足以朽體，衣衾三領足以覆惡。以及其葬也，下毋及泉，上毋通臭，壟若參耕之畝，則止矣。'死者既以葬矣，生者必無久喪，而疾而從事，人爲其所能，以交相利也。此聖王之法也。"

［47］【今注】華夏：中國。《論語正義·八佾》："華夏皆謂中國，而謂之華夏者，夏，大也。言有禮儀之大，有文章之華也。"

［48］【今注】陵尚：超越、争勝。

［49］【李賢注】替，廢也。【今注】廢事生而營終亡替所養而爲厚葬：指廢棄侍養生者而費力經營亡者並進行厚葬。

［50］【今注】記：書名。即《禮記》。《漢書·藝文志》載《記》百三十一篇。即古文《禮》記。漢初，河間獻王又得仲尼弟子及後學者所記一百三十一篇獻之，當時也没有傳授。至劉向考校經籍，檢得一百三十篇，因編次記録。戴德傳《記》八十五篇，戴聖傳《記》四十九篇。但小戴《記》中《曲禮》《檀弓》《雜記》三篇分爲上下，實際衹有四十六篇。則此一百三十一篇與大、小載《記》篇數相合。但《隋書·經籍志》又説，後得《明堂陰陽記》三十三篇、《孔子三朝記》七篇、《王史氏記》二十一篇、《樂記》二十三篇，五種共二百十四篇。戴德删去重複，合爲八十五篇，即《大戴記》。而戴聖又删大戴之書，成四十六篇，即《小戴記》。漢

末，馬融遂傳小戴之學。融又益《月令》一篇、《明堂位》一篇、《樂記》一篇，合四十九篇，即今《禮記》。《禮記·問喪》："故曰：喪禮唯哀爲主矣。"《論語·八佾》林放問禮之本，子曰："大哉問！禮，與其奢也，寧儉。喪，與其易也，寧戚。"

[51]【今注】并棺合椁：指父母合葬。

[52]【今注】孝愷：孝敬。愷，和樂，和善。

[53]【李賢注】《穀梁傳》曰："衣衾曰襚。"音遂。【今注】豐貲重襚：以豐厚的貲財和多重的衣衾表示哀傷之情。

[54]【李賢注】二妃，娥皇、女英也。《禮記》曰："舜葬於蒼梧，蓋二妃未之從也。"

[55]【李賢注】謂吕望爲太師，死葬於周，其子封於齊，比五代皆反葬於周，此時同則會也。【今注】案，《禮記·檀弓上》："大公封於營丘，比及五世，皆反葬於周。"孔穎達疏曰："齊大公受封，留爲大師，死葬於周，子孫生焉，不忍離也，五世之後乃葬於齊。"

[56]【李賢注】謂舜葬於蒼梧，二妃不從。

[57]【李賢注】王孫者，楊王孫也。臨終令其子曰："吾死，可爲布囊盛尸，入地七尺。既下，從足脱其囊，以身親土。"遂裸葬。見《前書》。【今注】王孫：楊王孫。西漢武帝時人。學黄老之術。臨終令其子將其裸葬。傳見《漢書》卷六七。

[58]【李賢注】墨夷謂爲墨子之學者名夷之。欲見孟子。孟子曰："吾聞墨之治喪，以薄爲其道也。蓋上世嘗有不葬其親者，其親死，則舉而委之於壑。"見《孟子》。【今注】墨夷：人名。《孟子·滕文公上》作："吾聞夷子墨者，墨之治喪也，以薄爲其道也。夷子思以易天下，豈以爲非是而不貴也？然而夷子葬其親厚，則是以所賤事親也。""蓋上世嘗有不葬其親者，其親死則舉而委之於壑。"

[59]【今注】達於性理貴於速變：順應生命的規律，貴在能够變通。

［60］【李賢注】梁伯鸞父護寓於北地而卒，卷席而葬。鴻後出關適吴，及卒，葬於吴要離冢傍。【今注】梁伯鸞：梁鴻，字伯鸞，扶風平陵（今陝西咸陽市）人，東漢詩人、隱士。其父梁讓，王莽當朝時爲城門校尉，寓居在北地，後死於此。當時梁氏家貧、梁鴻尚幼，又逢亂世，衹得卷席而葬之。

［61］【今注】鄙闇：鄙陋昏昧。對自己的謙稱。

［62］【李賢注】薄，微也。【今注】薄意内昭：把自己的想法表達出來。

［63］【今注】上同古人下不爲咎：上仿效古人，下不被後人責備。

［64］【今注】目猒所見耳諱所議：日常習慣了所見的事，不能聽從我的想法。

［65］【今注】遠采古聖近揆行事：結合遠古聖人和近世的做法。

［66］【今注】制坎：挖掘墓穴。

［67］【李賢注】歸到東郡也。

［68］【今注】平地無墳：平地上不要築起土堆。

［69］【今注】勿卜時日：秦漢時期以天干地支爲符號，按照一定原理編纂，用於爲死者選擇吉日安葬，以趨吉避凶。睡虎地秦簡、放馬灘秦簡、懸泉漢簡《日書》均有此類材料（參見宋艷萍《先秦秦漢喪葬習俗中的數術行爲》，《管子學刊》2008 年第 2 期）。漢代帝陵由太史卜日。

［70］【今注】葬無設奠：下葬不要陳設祭品進行祭奠。

［71］【今注】勿留墓側：不要在墓旁臨時搭建用以居喪的簡陋屋舍。

［72］【今注】無起封樹：墳墓不起封土，周圍不種樹。不積土爲墳是不封；不種樹以標其處是不樹。

［73］【今注】於戲：嗚呼、於乎。感嘆詞。　小子：對年幼者的稱呼。

［74］【今注】吾蔑復有言矣：我再没有什麽可説的了。蔑，無、没有。

［75］【李賢注】《謝承書》曰："咨在京師病困，故吏蕭建經營之。咨豫自買小素棺，使人取乾黄土細擣篩之，聚二十石。臨卒，謂建曰：'亡後自著所有故巾單衣，先置土於棺，内尸其中以擁其上。'"

［76］【李賢注】譬，曉也。【今注】顧命：臨終遺命。

贊曰：公子、長平，臨寇讓生。淳于仁悌，[1]"巨孝"以名。居巢好讀，遂承家禄。伯豫逡巡，[2]方迹孤竹。[3]文楚薄終，喪朽惟速。周能感親，嗇神養福。[4]

［1］【今注】仁悌：仁愛孝悌。

［2］【今注】逡巡：退讓、謙讓。

［3］【今注】方迹：效仿。指劉愷的做法類似伯夷、叔齊。孤竹：指商末孤竹國君的長子伯夷。其父欲立叔齊，叔齊讓於伯夷。伯夷認爲是父命，逃去。叔齊也逃走。後聞周文王善養老，入周。見武王伐紂，叩馬而諫。武王滅商後，不食周粟，隱居首陽山，後餓死。

［4］【李賢注】感，思也。謂誦《詩》至《汝墳》，思養親而求仕也。嗇神養福謂不應辟召，以壽終也。《左傳》曰："能者養之以福。"【今注】案：王先謙《後漢書集解》謂"周能"二句當在"文楚"二句上，前諸傳贊皆順叙，末四句亦别無用意之處，不應倒置。

後漢書　卷四〇上

列傳第三十上

班彪 子固

班彪字叔皮，扶風安陵人也。[1]祖況，[2]成帝時爲越騎校尉。[3]父稚，[4]哀帝時爲廣平大守。[5]

［1］【今注】扶風：郡級政區名。治槐里縣（今陝西興平市東南）。建武十五年（39）爲光武帝皇子右翊公劉輔封國。建武十七年劉輔封中山王，復爲右扶風郡。　安陵：縣名。治所在今陝西咸陽市東北。本爲漢惠帝劉盈之陵（今陝西咸陽市東北白廟村南），因陵置縣。班彪在其祖父班況時遷居昌陵縣（今陝西西安市臨潼區東）。案，本書卷四七《班超傳》作“扶風平陵人”。中華本校勘記按，《班彪傳》云扶風安陵人，錢大昕《廿二史考異》卷七《漢書二》謂當有一誤。《校補》引柳從辰説，謂《東觀記》載班超亦爲安陵人，則作“平陵”者誤。

［2］【今注】況：班況。舉孝廉爲郎，積功勞至上河農都尉。大司農奏考核連續最佳，入爲左曹越騎校尉。成帝初，其女爲倢伃。後徙昌陵。昌陵後罷，遂著籍於長安三輔。事迹見《漢書》卷一〇〇上《叙傳上》。

［3］【今注】成帝：西漢成帝劉驁，公元前 33 年至前 7 年在位。紀見《漢書》卷一〇。　越騎校尉：官名。西漢武帝時始置，爲北軍八校尉之一。掌越騎，戍衛京師、領兵出征。秩二千石。東漢爲五校尉之一，掌領宿衛兵。秩比二千石。地位顯要，職務清閑，多以宗室外戚等擔任。《漢書·叙傳上》作"左曹越騎校尉"。

［4］【今注】稚：班稚。少爲黄門郎中常侍。哀帝即位，出爲西河屬國都尉，遷廣平相。《漢書·叙傳上》載，班況生三子，分别名伯、斿、稚。

［5］【李賢注】廣平，郡，今洺州永平縣也（洺，紹興本作"洛"，大德本作"各"，均誤；沈欽韓《後漢書疏證》卷三謂，"永平縣"當作"永年縣"，可從），隨室諱廣改焉（隨，紹興本、大德本、殿本誤作"隋"）。【今注】哀帝：劉欣。公元前 7 年至前 1 年在位。紀見《漢書》卷一一。　廣平：郡國名。西漢哀帝建平三年（前 4）改郡置廣平國，封廣德夷王弟劉漢。治所在今河北雞澤縣北。東漢光武帝建武十三年（37）國除，入鉅鹿郡。　大守：官名。秦漢郡的最高行政長官，掌一郡政務。秩二千石。原稱郡守，西漢景帝時改稱太守。案，紹興本、大德本、殿本作"太守"。下同不注。錢大昕《廿二史考異》卷一一《後漢書二》云，班稚哀帝時爲廣平太守。《漢書·叙傳上》作"廣平相"。廣平，西漢哀帝時爲諸侯王國，當云相，不當云太守。

彪性沈重好古。[1]年二十餘，更始敗，[2]三輔大亂。[3]時隗囂擁衆天水，[4]彪乃避難從之。囂問彪曰："往者周亡，[5]戰國竝争，[6]天下分裂，數世然後定。意者從横之事復起於今乎？[7]將承運迭興，[8]在於一人也？願生試論之。"[9]對曰："周之廢興，與漢殊异。昔周爵五等，[10]諸侯從政，[11]本根既微，[12]枝葉彊大，[13]故其末流有從横之事，[14]埶數然也。[15]漢承秦制，改立郡縣，[16]主有專己之威，臣無百年之柄。[17]至於成帝，假借外家，[18]哀、平短祚，國嗣三絶，[19]故王氏擅朝，[20]因竊號位。危自上起，傷不及下，[21]是以即真之後，[22]天下莫不引領而歎。[23]十餘年閒，中外騷擾，[24]遠近俱發，假號雲合，[25]咸稱劉氏，不謀同辭。[26]方今雄桀帶州域者，[27]皆無七國世業之資，[28]而百姓謳吟，思仰漢德，已可知矣。”囂曰：“生言周、漢之埶可也；至於但見愚人習識劉氏姓號之故，[29]而謂漢家復興，疏矣。昔秦失其鹿，劉季逐而羈之，時人復知漢乎？”[30]

[1]【今注】沈重好古：沉静穩重，喜歡古代的歷史和文化。《漢書》卷一〇〇上《叙傳上》云，“叔皮唯聖人之道然後盡心焉”。

[2]【今注】更始：指劉玄。公元23年，光武帝族兄劉玄被擁稱帝，建元更始，劉玄被稱爲更始帝。後以更始代稱劉玄。更始三年（25），劉玄投降於包圍長安的赤眉軍，被封爲長沙王，不久後被殺。傳見本書卷一一。

[3]【今注】三輔：行政地區名。掌漢代京畿地區，在今陝西中部地區，治所均在長安城中。西漢景帝二年（前155），以左、右内史與主爵中尉（後改主爵都尉）一同治理京畿地區，稱爲“三輔”。武帝太初元年（前104）改左、右内史、主爵都尉爲左馮翊、京兆尹、右扶風。東漢時，扶風移治槐里（今陝西興平市東南），馮翊移治高陵（今陝西西安市高陵區）。

[4]【今注】隗囂：字季孟，天水成紀（今甘肅静寧縣西南）人。傳見本書卷一二。　天水：郡名。西漢武帝元鼎三年（前114）置，治平襄縣（今甘肅通渭縣西北）。東漢明帝永平十七年（74）改漢陽郡，並移治冀縣（今甘肅甘谷縣東）。

[5]【今注】周：周朝。分西周和東周。公元前11世紀，武王

滅商，都鎬（今陝西西安市西灃水東岸）。公元前 771 年，周幽王被殺，西周滅亡；平王遷都洛邑（今河南洛陽市），爲東周。東周分春秋（前 770—前 476）、戰國（前 475—前 221）兩個時期。周赧王（前 314—前 256）時，分爲東周國和西周國。赧王公元前 256 年，西周國爲秦所滅。公元前 249 年，東周國也被秦所滅。

［6］【今注】戰國：因劉向《戰國策》而得名，一般指自周威烈王二十三年（前 403）起，至秦始皇統一（前 221）止，其間列國爭雄，戰爭不斷。

［7］【今注】從横：即合縱連横。戰國時縱横家所宣導的外交和軍事政策。東方六國地連南北，聯合抗秦，稱“合縱”；秦與東方六國横向聯合，破六國合縱，稱“連横”。其實合縱與連横變化無常。合縱既可抗齊，又可抗秦；連横既可聯秦，也可聯楚，這就是所謂“朝秦暮楚”。案，《漢書・叙傳上》載，“其抑者從横之事復起於今乎”。

［8］【今注】承運迭興：指朝代更替。承運，承天受命。代指政權。迭興，相繼興起。案，《漢書・叙傳上》載：“時隗囂據壟擁衆，招輯英俊，而公孫述稱帝於蜀漢，天下雲擾，大者連州郡，小者據縣邑。”

［9］【今注】生：先生。案，《漢書・叙傳上》作“願先生論之”。生、先均爲“先生”之簡稱。

［10］【今注】周爵五等：公、侯、伯、子、男五等爵。

［11］【今注】諸侯從政：諸侯各自爲政。諸侯，西周時分封的各級封國國君，分公、侯、伯、子、男五等。掌封國政治、經濟、軍事，並食其封國的税收，按時向周天子朝貢，並隨從出兵征伐等。

［12］【今注】本根：指周王室。

［13］【今注】枝葉：指地方諸侯國。戰國七雄等。

［14］【今注】末流：末年、末世。

［15］【今注】埶數：形勢和定數。指周末王室衰微、諸侯爭霸是歷史發展的必然結果。

[16]【今注】改立郡縣：中華本引張森楷校勘記謂“改”當依《漢書》作“並”，既承秦制，則非漢所改也。案，《漢書·叙傳上》作“並立郡縣”。郡縣，秦漢地方行政區劃和機構名。最初縣的地位高於郡，戰國時期郡高於縣。秦滅六國後，分天下爲郡縣。郡下轄若干縣，置守、尉、監。縣置縣令，以丞、尉爲吏。

[17]【今注】案，此兩句意爲漢朝繼承了秦朝的中央集權制和郡縣制，使得皇帝有中央集權，而臣子没有像周朝諸侯那樣的權力。

[18]【李賢注】外家謂王鳳、王商等，竝輔政領尚書事也。【今注】外家：外家親屬，特指皇帝的母族和妻族。又稱“外族”“外戚”。此處指元帝皇后王政君及其家屬王鳳、王商等。

[19]【李賢注】哀帝在位六年，平帝在位五年，故曰短祚。成、哀、平俱無子，是三絶也。【今注】哀：西漢哀帝劉欣，公元前7年至前1年在位。紀見《漢書》卷一一。　平：西漢平帝劉衎，公元前1年至5年在位。紀見《漢書》卷一二。

[20]【今注】王氏擅朝：指西漢哀帝崩後，王莽立平帝，受安漢公爵位。又號宰衡，加九錫。平帝崩後，王莽立孺子嬰。王莽攝政。公元8年，王莽改國號爲新。王氏，指王莽。

[21]【李賢注】成帝威權借於外家，是危自上起也。漢德無害於百姓，是傷不及下也。

[22]【今注】即真之後：指王莽代漢，由攝政即位爲帝，建立新朝。

[23]【今注】引領而歎：伸長脖子遠望並讚歎。形容殷切盼望。《漢書》卷九九上《王莽傳上》載，“天下喁喁，引領而歎，頌聲洋洋，滿耳而入”。

[24]【今注】案，騷，紹興本、大德本、殿本作“搔”，二字可通。

[25]【今注】假號雲合：新莽末年各地起事的義軍假託各種名號。如更始、王郎、盧芳、劉永、張步、隗囂、公孫述等人。

［26］【李賢注】謂王郎、盧芳等竝詐稱劉氏也。【今注】不謀同辭：事先没有經過商議，但是説的話完全一樣。

［27］【今注】帶州域：割據區域。州域，指一州的區域。

［28］【今注】七國：戰國時期齊、楚、燕、韓、趙、魏、秦七雄。

［29］【今注】姓號：姓氏。

［30］【李賢注】太公《六韜》曰："取天下如逐鹿，鹿得，天下共分其肉也。"【今注】案，此句隗囂意謂，當時之民不知漢，而漢竟有天下，今民雖知漢而不知隗囂，隗囂亦可以得天下。劉季，劉邦。《史記》卷八《高祖本紀》載，劉邦字季。《索隱》按，《漢書》"名邦，字季"，此單云字，亦又可疑。按，漢高祖長兄名伯，次名仲，不見别名，則季亦是名。故項岱云"高祖小字季，即位易名邦，後因諱邦不諱季，所以季布猶稱姓也"。案，劉季逐而羈之，王先謙《後漢書集解》引王補説，謂"羈"《漢書·叙傳》作"掎"，《通鑑》亦作"掎"，用《左傳》"晉人角之，諸戎掎之"。

彪既疾囂言，又傷時方艱，乃著《王命論》，[1]以爲漢德承堯，[2]有靈命之符，[3]王者興祚，[4]非詐力所致，欲以感之，而囂終不寤，遂避地河西。[5]河西大將軍竇融以爲從事，[6]深敬待之，接以師友之道。彪乃爲融畫策事漢，總西河以拒隗囂。[7]

［1］【今注】案，《王命論》屬於符命類文章，是除學術著述外漢代王命書寫的主要載體，其核心精神在於通過闡釋符命證明帝王受命合法性。《古文淵鑑》卷一八張英論云："上推天道，下述人事，以彰受命之符，陳運世之本，危言正論足以折隗囂逐鹿之談矣。"《王命論》全文見《漢書》卷一〇〇上《叙傳上》。

［2］【今注】漢德承堯：據《漢書·律曆志上》，太昊爲木，

炎帝爲火，黄帝爲土，少昊爲金，顓頊爲水，帝嚳爲木，唐堯爲火，虞舜爲土，伯禹爲金，成湯爲水，武王爲木。漢高祖皇帝，著《紀》，伐秦繼周。木生火，故爲火德。秦以水德，在周、漢木火之間。周人遷其行序，故《周易》不載。《漢書》卷一下《高帝紀下》載："漢承堯運，德祚已盛，斷蛇著符，旗幟上赤，協于火德，自然之應，得天統矣。"（楊權：《新五德理論與兩漢政治："堯後火德"説考論》，中華書局2006年版，第73—89頁）《漢書·郊祀志上》又載，文帝十三年（前167），公孫臣上書："始秦得水德，及漢受之，推終始傳，則漢當土德，土德之應黄龍見。宜改正朔，服色上黄。"次年，文帝召諸生申明土德，改曆、服色。

［3］【今注】靈命之符：天命的符應。靈命，指帝位。《漢書》卷一上《高帝紀上》載："母媪嘗息大澤之陂，夢與神遇。是時雷電晦冥，父太公往視，則見交龍於上。已而有娠，遂産高祖。"

［4］【今注】王者興祚：帝王建立國家。

［5］【今注】河西：漢、唐時指今甘肅、青海兩省黄河以西，即河西走廊與湟水流域。西漢武帝元狩二年（前121）匈奴昆邪王降漢後，以其故地置酒泉、武威、張掖、敦煌四郡，至昭帝始元六年（前81）於今湟水流域又置金城郡。合稱河西五郡。

［6］【今注】大將軍：重號將軍名。西漢武帝以衛青征匈奴有功，封大將軍。此後大將軍常冠大司馬之號，秩萬石，領尚書事。成帝綏和元年（前8），改稱大司馬。東漢光武帝復置，主征伐，事訖皆罷。秩萬石，不冠大司馬之號。多授予貴戚，常兼録尚書事，與太傅、太尉等共同主持政務。開府置僚屬，屬官有前、後、左、右等雜號將軍。本書卷二三《竇融傳》作"河西五郡大將軍事"。 竇融：字周公，扶風平陵（今陝西咸陽市西北）人。傳見本書卷二三。 從事：官名。又稱"從事史"，漢三公府至州郡自辟僚屬，多以從事爲稱。州府有别駕從事史、治中從事史、簿曹從事史、兵曹從事史、部郡國從事史。秩百石。

［7］【今注】案，西河，殿本作"河西"。

及融徵還京師，光武問曰：[1]“所上章奏，誰與參之？”融對曰：“皆從事班彪所爲。”帝雅聞彪才，[2]因召入見，舉司隸茂才，拜徐令，以病免。[3]後數應三公之命，[4]輒去。

［1］【今注】光武：東漢光武帝劉秀，公元25年至57年在位。紀見本書卷一。本書卷一上《光武帝紀上》李賢注曰，《禮》：“祖有功而宗有德”，光武中興，故廟稱世祖。《謚法》：“能紹前業曰光，克定禍亂曰武。”

［2］【今注】雅聞：素來知道。　案，才，大德本、殿本作“材”。

［3］【李賢注】司隸舉爲茂才也。徐，縣，屬臨淮郡。【今注】司隸茂才：指司隸校尉舉薦爲茂才。司隸，官名。司隸校尉掌察舉三輔（京兆、左馮翊、右扶風）、三河（河東、河内、河南）、弘農七郡的犯法者。西漢成帝元延四年（前9）省，哀帝時復置，改名司隸，隸大司空。東漢仍名司隸校尉，掌糾察宫廷皇親、貴戚百官，兼領兵、搜捕罪犯，並爲司隸州行政長官。光武帝特詔朝會時與御史中丞、尚書令並專席而坐，時號“三獨坐”。茂才，秀才。漢朝選舉科目。始於西漢武帝元封間，稱秀才。東漢避光武帝劉秀諱，改爲茂才或茂材。　徐：縣名。治所在今江蘇泗洪縣南。　令：縣令。漢代萬户以上縣的長官稱令，不足萬户稱長。

［4］【今注】三公：官名。西周時指太師、太傅、太保或司徒、司馬、司空。西漢初指丞相、御史大夫、太尉。武帝建元二年（前139）省太尉。元狩四年（前119）置大司馬。成帝綏和元年（前8）改御史中丞爲大司空。哀帝元壽二年（前1）改丞相爲大司徒。此後以丞相（大司徒）、大司馬、御史大夫（大司空）爲三公。王莽定三公之號曰大司馬、大司徒、大司空。東漢初，因而不改。光武帝建武二十七年（51），大司馬改爲太尉，大司徒、大司空去“大”字，亦稱“三司”。掌參議朝政，監察百官。

彪既才高而好述作，遂專心史籍之間。武帝時，[1]司馬遷著《史記》，[2]自太初以後，闕而不録，[3]後好事者頗或綴集時事，然多鄙俗，不足以踵繼其書。[4]彪乃繼採前史遺事，傍貫異聞，作後傳數十篇，因斟酌前史而譏正得失。[5]其略論曰：

[1]【今注】武帝：西漢武帝劉徹，公元前141年至前87年在位。紀見《史記》卷一二、《漢書》卷六。

[2]【今注】司馬遷：字子長，左馮翊夏陽（今陝西韓城市）人。生於西漢景帝中元五年（前145）。武帝元朔二年（前127），問學於董仲舒。元朔五年，問學於孔安國。元封元年（前110），繼其父司馬談爲太史令。此後多次隨漢武帝出巡。天漢三年（前98），因李陵之禍遭受腐刑。征和三年（前90），完成《太史公書》。卒於昭帝始元元年（前86）（關於司馬遷生平的相關論證，參見張大可、趙生群等《史記文獻與編纂學研究》，華文出版社2005年版，第21—37頁）。《漢書·藝文志》詩賦略著録《司馬遷賦》八篇。傳見《漢書》卷六二。　史記：又稱《太史公書》。中國第一部紀傳體通史，記載自傳説中的黄帝至漢武帝太初年間近三千年的歷史。分十二本紀、十表、八書、三十世家、七十列傳。共一百三十篇，五十二萬六千五百字。司馬遷希望此書"成一家之言，厥協六經異傳，整齊百家雜語，藏之名山，副在京師"。東漢末以後始稱《史記》（參《史記文獻與編纂學研究》，第44—54頁）。《隋書·經籍志》著録《史記》一百三十卷《目録》一卷，漢中書令司馬遷撰。《史記》八十卷，宋裴駰注；《史記音義》十二卷，宋徐廣撰；《史記音》三卷，梁鄒誕生撰。《舊唐志》又有許子儒、劉伯莊注本。《新唐志》著録注《史記》的有十餘家，其中司馬貞《史記索隱》三十卷、張守節《史記正義》三十卷，與裴駰《史記集解》合稱《史記》三家注。清杜文瀾輯《史記寧成傳異文》，王仁俊輯《史記佚文》一卷，王鳴盛、王仁俊又輯《律

曆逸文》。

［3］【李賢注】太初，武帝年號。【今注】太初：西漢武帝劉徹年號（前 104—前 101）。案，《史記》卷一三〇《太史公自序》，記事自五帝至秦漢，具體爲武帝太初年間（《史記索隱序》作“下訖天漢”），但記事至武帝末年（關於太初以後記事的情況，張大可等認爲，這些内容屬於“補竄”，包括四個方面：一爲褚少孫補史，二爲好事者補缺，三爲讀史者無意增竄，四爲司馬遷所附載的大事，詳參《史記文獻與編纂學研究》，第 124—136 頁）。

［4］【李賢注】好事者謂楊雄、劉歆、陽城衡（陽，大德本作“揚”）、褚少孫、史孝山之徒也。【今注】案，沈欽韓《漢書疏證》卷二四認爲，其中與褚少孫有關的爲《十二諸侯年表序》《建元侯者表》，續補的爲《外戚世家》《三王世家》《田叔》《滑稽》《日者》《龜策》及《景帝紀》《武帝紀》《漢興以來將相名臣年表》（迄成帝鴻嘉年間）。其後續《史記》的有馮商、劉歆、揚雄、陽城衡、褚少孫、史孝山等人。

［5］【今注】譏正：糾正。

唐虞三代，[1]詩書所及，[2]世有史官，以司典籍，[3]暨於諸侯，國自有史，[4]故孟子曰“楚之《檮杌》，晉之《乘》，魯之《春秋》，其事一也”。[5]定哀之間，[6]魯君子左丘明論集其文，[7]作《左氏傳》三十篇，[8]又撰異同，號曰《國語》，[9]二十一篇，[10]由是《乘》《檮杌》之事遂闇，[11]而《左氏》《國語》獨章。[12]又有記録黄帝以來至春秋時帝王公侯卿大夫，[13]號曰《世本》，[14]一十五篇。春秋之後，七國竝争，秦并諸侯，則有《戰國策》三十三篇。[15]漢興定天下，太中大夫陸賈記録時功，[16]作《楚漢春秋》九篇。[17]孝武之世，[18]太史令司馬遷採《左氏》《國語》，[19]删《世本》《戰國策》，據楚、漢列國時事，上自黄帝，下訖獲麟，[20]作本紀、世家、列傳、書、表凡百三十篇，[21]而十篇缺焉。[22]遷之所記，從漢元至武以絶，[23]則其功也。至于採經摭傳，分散百家之事，甚多疏略，不如其本，務欲以多聞廣載爲功，論議淺而不篤。其論術學，[24]則崇黄老而薄五經；[25]序貨殖，[26]則輕仁義而羞貧窮；[27]道游俠，[28]則賤守節而貴俗功：[29]此其大敝傷道，[30]所以遇極刑之咎也。[31]然善述序事理，辯而不華，質而不野，[32]文質相稱，蓋良史之才也。[33]誠令遷依五經之法言，同聖人之是非，意亦庶幾矣。[34]

[1]【今注】唐：唐堯，上古帝王。姓伊祁氏，名放勳，號陶唐。初封於陶，又封爲唐侯。爲高唐氏部落首領，又稱唐堯。在位命羲和定曆法，設諫言之鼓，置四嶽（四方諸侯），命鯀治水患。後禪讓於舜。　虞：虞舜，上古帝王。姚姓，有虞氏，名重華。相傳由四嶽推舉給堯。都於蒲板（今山西永濟市東南）。在位時除四凶，選禹治水，天下大治。　三代：指夏、商、周。

[2]【今注】詩：書名。古代詩歌總集，又稱《詩經》。所收自西周初年至春秋中期，據説最早有三千篇，經孔子整理爲三〇五篇。按音樂特點分爲風、雅、頌三類，表現手法有賦、比、興三種。漢代經、傳别行。經文二十八卷，其中十五國風十五卷，小雅七十四篇爲七卷，大雅三十一篇爲三卷，周頌三十一篇爲三卷，魯、商頌各爲一卷，共二十八卷。　書：書名。至漢代稱《尚書》。基本内容是古代帝王的文告和君臣談話内容的記録，相傳爲孔子編定。其内容有典、謨、訓、誥、誓、命六種。四十六卷，指今文二

十八篇爲二十八卷，又逸篇十六卷，加《書序》，共四十六卷。

［3］【李賢注】《禮記》曰："動則左史書之，言則右史書之。"見於史籍者，夏太史終古、殷太史向摯、周太史儋也。見《吕氏春秋》。【今注】案，《左傳》昭公十五年載："且昔而高祖孫伯黶，司晉之典籍，以爲大政，故曰籍氏。"

［4］【李賢注】《左傳》，魯季孫召外史掌惡臣。衞史華龍滑曰"我太史"也。楚有左史倚相。

［5］【李賢注】乘者，興於囦賦乘馬之事（囦，紹興本、大德本、殿本作"田"，是）。柢杌者（柢，紹興本、大德本、殿本作"檮"，是），嚚凶之類，興於記惡乏誡（乏，紹興本、大德本、殿本作"之"，是）。《春秋》以二始舉四時，以記萬事，遂各因以爲名，其記事一也。見趙岐《孟子注》。【今注】孟子：名軻，字子輿，鄒（今山東鄒城市）人。子思門人。以唐、虞、三代之德游説齊宣王、梁惠王，皆不被采納。傳見《史記》卷七四。案，此句見《孟子·離婁下》。　楚：古國名。羋姓。楚莊王時爲春秋五霸之一。初都丹陽（今湖北秭歸縣東南）。戰國時疆域東北到今山東南部，東南至錢塘江以北，西南至今廣西東北部。都壽春（今安徽壽春市）。戰國七雄之一。公元前223年爲秦所滅。　檮杌：一種動物，能逆知來事。代指史書（參見唐善純《釋"檮杌"》，《文史知識》1989年第9期；陳建梁《"檮杌"古義之探討》，《四川大學學報》1995年第1期）。也有學者認爲，楚史《檮杌》之"檮杌"就是伐木留下的樹樁。因其上有樹木生長的年輪，樹木一年一年地生長，正如歷史一年一年地記載，故可引申爲歷史書的名稱（魏平柱：《楚史〈檮杌〉之"檮杌"辨正》，《襄樊學院學報》2003年第6期）。也有學者認爲，楚國的先祖祭主是用圓木柱的"檮杌"（檮柮）做成的，所以就用祭主所用圓木柱來命名其先祖（王輝：《楚史書〈檮杌〉的名源與三星堆青銅人頭像性質考》，《史學史研究》2007年第4期）。　晉：周初諸侯國。姬姓。都唐（今山西翼城縣西）。晉獻公遷都於絳（今山西翼城縣東南）。

晉景公時遷都新田（今山西侯馬市西）。疆域包括今山西大部、河北西南部、河南北部及陝西部分地區。公元前 376 年，分爲韓、趙、魏三家。　乘：晉國記事之書。乘，通“載”。以記事而得名。　魯：周初諸侯國。姬姓。西周初年封周公旦，都曲阜（今山東曲阜市）。魯頃公二十四年（前 256）爲楚所滅。　春秋：魯國編年體史書。傳説爲孔子編次，十二篇。春秋魯國十二公，每一公爲一篇。包括隱公、桓公、莊公、閔公、僖公、文公、宣公、成公、襄公、昭公、定公、哀公等。記載列國之間朝聘、盟會、戰争等事，起魯隱公元年（前 722）至魯哀公十四年（前 481）。

［6］【李賢注】魯定公、哀公也。【今注】定：魯定公。名宋。公元前 510 年即位。在位十五年。　哀：魯哀公。名將，又作蔣。公元前 495 年即位。在位二十七年。

［7］【今注】左丘明：春秋時魯國人。史學家。與孔子同時，任魯國太史。相傳著《國語》。《史記·十二諸侯年表》云：“魯君子左丘明懼弟子人人異端，各安其意，失其真，故因孔子史記具論其語，成《左氏春秋》。”

［8］【今注】左氏傳：傳説孔子修《春秋》經，左丘明爲之傳，因詳於記事，故有三十卷。但《左氏傳》所紀事至悼公四年，較《春秋》本經多十七年事。《史記·十二諸侯年表》載，孔子看到周室的衰敗，論史記舊聞，因魯史而修《春秋》，記事始於隱公元年，終於哀公十四年之獲麟，其文辭簡約，有微言大義，涵蓋王道人事。因其書有譏刺的作用，所以孔子的弟子通過口授的方式傳授此書。魯君子左丘明懼後人不理解其意，形成異端邪説，故“具論其語”，成《左氏春秋》。

［9］【今注】國語：左丘明既撰《春秋内傳》，又稽其逸文，纂其别説，分周、魯、齊、晉、鄭、楚、吴、越八國，起自周穆王，終於魯悼公，爲《春秋外傳國語》，共二十一篇。自魏、晉以後，此書標題皆爲《春秋外傳國語》，則《左傳》爲内，《國語》爲外。

［10］【今注】案，二十一，大德本、殿本作“二十”。

［11］【李賢注】不行於時爲闇也。其書今亡。

［12］【今注】章：彰顯，知名。

［13］【今注】黄帝：上古帝王。號軒轅氏、有熊氏。與蚩尤戰於涿鹿。因有土德之瑞，故號黄帝。後世很多發明和制作傳説均以黄帝爲始。　春秋：因魯國編年體史書《春秋》而得名。魯國史官將歷史事件按年、季、月、日進行記録，以春秋代表四季，起自魯隱公元年（前722），至魯哀公十四年（前481）。春秋時期始於公元前770年（周平王元年），止於公元前476年（周敬王四十四年），總共295年。　公侯卿大夫：周制以公、卿、大夫分爲三等，爲内爵，封於畿内。而對於公、卿、大夫等名的意義，班固《白虎通》卷一載："公之爲言，公正無私也；卿之爲言章也，章善明理也；大夫之爲言大扶，扶進人者也。故傳曰：'進賢達能，謂之大夫'。"士，任事之人。大夫分上下，士分上中下。

［14］【今注】世本：此書爲歷代古史官所記帝系，諸侯、卿大夫世系等内容，而由劉向等集輯成篇。天子稱帝系，諸侯卿大夫謂之世本。《史記集解序》《索隱》引劉向説，《世本》爲古史官明於古事者之所記，録黄帝已來帝王諸侯及卿大夫系謚名號，凡十五篇。

［15］【今注】戰國策：書名，爲劉向輯録，記載戰國初年至秦統一前的歷史。分東周、西周、秦、齊、楚、趙、魏、韓、燕、宋、衛、中山十二國策。劉向《校書録序》云，漢代秘府所藏關於此書的名稱，或曰"國策"，或曰"國事"，或曰"短長"，或曰"事語"，或曰"長書"，或曰"修書"。劉向以爲戰國時游士輔所用之國，爲之策謀，宜爲《戰國策》。

［16］【今注】太中大夫：官名。秦置，居諸大夫之首。西漢武帝太初元年（前104）置，次於光禄勳，秩比千石。掌顧問應對、參謀議政、奉詔出使。東漢秩千石。　陸賈：楚人。能言善辯。漢初使南越臣服，封太中大夫。參與立漢文帝。撰《新語》《楚漢春秋》。傳見《史記》卷九七、《漢書》卷四三。

［17］【今注】楚漢春秋：書名。陸賈撰。載劉邦、項羽以及

漢惠帝至文帝時事。

［18］【今注】孝武：西漢武帝劉徹。《漢書》卷二《惠帝紀》顔師古注："孝子善述父之志，故漢家之謚，自惠帝已下皆稱孝也。"

［19］【今注】太史令：官名。漢九卿之一太常屬官。掌天文曆法。記録節日禁忌、瑞應災異。秩六百石。

［20］【李賢注】武帝太始二年（太，大德本、殿本作"泰"，二字可通），登隴首，獲白麟，遷作《史記》，絶筆於此年也。

［21］【今注】本紀：按世系和紀年載帝王事迹、國家大事，共十二篇，仿《春秋》十二公。　世家：載世襲諸侯封國家世、事迹。與本紀内容相似，但等級次之。如孔子、陳勝等著名人物也列入世家。共三十篇。　列傳：記載重要人物事迹的傳記，使傳於後世。有的列傳載周邊少數民族及國家。共七十篇。　書：按類别記載的國家政治、經濟、文化等重要制度，共八篇。　表：以表格按時間記載世系、事件等，與紀、傳互爲補充，共十篇。

［22］【李賢注】十篇謂遷殁之後，亡《景紀》《武紀》《禮書》《樂書》《兵書》《將相年表》《日者傳》《三王世家》《龜策傳》《傅靳列傳》。

［23］【今注】漢元：公元前206年。此處書"漢元年"，指正統屬於漢朝。

［24］【今注】術學：古代關於天文、曆法等方面的學問。

［25］【李賢注】黄帝、老子，道家也。五經，儒家也。遷《序傳》曰："道家使人精神專一，動合無形，贍足萬物。"此謂崇黄老也。又曰："儒者博而寡要，勞而少功。"此爲薄五經也。【今注】黄老：依托黄帝、老子的學説。黄老是道家的一個派别，形成於戰國後期，實際是對道家、儒家、法家思想的綜合。漢初統治者用黄老思想治理國家，在政治上主張清静無爲、衣食足、節民力，與漢初社會恢復發展的要求相適應。　五經：《易》《書》《詩》《儀禮》《春秋》。代指儒家學説。

［26］【今注】貨殖：經營商業而獲利。

［27］【李賢注】《史記·貨殖傳序》曰："家貧親老，妻子輭弱，歲時無以祭祀，飲食被服不足以自適，如此不慙恥，則無所比矣。無巖處奇士之行，而長貧賤，語仁義，亦足羞也。"

［28］【今注】游俠：古代重義輕利，誠信守諾，能救人於危難的人。《史記》卷一二四《游俠列傳》載，所謂游俠，其行爲並不符合當時社會上的法律規範，但他們説話必守信用，辦事必有成效，答應好的事情一定兑現，不愛惜自己的生命，而願使他人脱離危難。既已使人獲救於危難之中，也不誇耀自己的功勞，並羞於稱道自己的恩德。因此，他們有很多可以稱頌的地方。

［29］【李賢注】《史記·游俠傳序》曰："季次、原憲行君子之德，義不苟合當世，當世亦笑之。終身空室蓬户，褐衣疏食不饜。今游俠（大德本無'今'字），其行雖不軌於正義，然其言必信，於行必果（於，殿本作'其'），已諾必誠，不愛其軀，赴士之厄，蓋有足多者（多，大德本、殿本作'道'）。今拘學或抱咫尺之義，久孤於世，豈若卑論齊俗，與世沈浮而取榮名哉（沈，大德本作'沉'）！"

［30］【今注】大敝傷道：指司馬遷崇黄老、輕仁義、賤守節的做法損害儒家道德。《漢書》卷六二《司馬遷傳》載："又其是非頗繆於聖人，論大道則先黄老而後六經，序游俠則退處士而進姦雄，述貨殖則崇勢利而羞賤貧，此其所蔽也。"

［31］【李賢注】極刑謂遷被腐刑也。遷與任安書曰："最下腐刑，極矣！"

［32］【今注】野，殿本作"俚"。

［33］【今注】案，此五句指司馬遷《史記》擅於講述事情的道理，能言善辯而不用華麗的詞藻，詞句質朴而不流於鄙俗，文字直白叙事準確，可稱作良史之才。又見於《漢書·司馬遷傳》，作"皆稱遷有良史之材，服其善序事理，辨而不華，質而不俚，其文直，其事核，不虚美，不隱惡，故謂之實録"。

[34]【李賢注】《易》曰："顔氏之子，其殆庶幾乎！"【今注】案，此三句指聖人知幾，顔子亞聖未能知幾，但殆近庶慕而已，故云其殆庶幾。

夫百家之書，猶可法也。若《左氏》《國語》《世本》《戰國策》《楚漢春秋》《太史公書》，[1]今之所以知古，後之所由觀前，聖人之耳目也。[2]司馬遷序帝王則曰"本紀"，[3]公侯傳國則曰"世家"，卿士特起則曰"列傳"。[4]又進項羽、陳涉而黜淮南、衡山，[5]細意委曲，[6]條列不經。[7]若遷之著作，採獲古今，貫穿經傳，至廣博也。一人之精，文重思煩，[8]故其書刊落不盡，尚有盈辭，多不齊一。[9]若序司馬相如，[10]舉郡縣，著其字，至蕭、曹、陳平之屬，[11]及董仲舒竝時之人，[12]不記其字，或縣而不郡者，蓋不暇也。[13]今此後篇，[14]慎覈其事，[15]整齊其文，不爲世家，唯紀、傳而已。傳曰："殺史見極，[16]平易正直，《春秋》之義也。"

[1]【今注】太史公書：《史記》原名《太史公書》。東漢末以後始稱《史記》。見前注。

[2]【今注】聖人：對帝王的尊稱。指天子。

[3]【今注】序：排列次第。

[4]【今注】卿士：指執政的王卿。《左傳》隱公三年："鄭武公、莊公爲平王卿士。"杜預注："卿士，王卿之執政者。" 特起：突起、崛起。

[5]【李賢注】謂遷著《項羽本紀》。又陳涉起於壟畝（壟，

大德本、殿本作“朧”，二字可通），數月被殺，無子孫相繼，著爲世家，淮南、衡山，漢室之王胤，當世家而編之列傳，言進退之失也（失，大德本誤作“天”）。【今注】項羽：名籍，字羽，下相（今江蘇宿遷市西南）人。與叔父項梁起兵響應陳勝。項梁死後，項羽立楚懷王孫爲楚懷王，在鉅鹿擊敗秦軍。秦亡後自立爲西楚霸王，分封十八諸侯。後在垓下被劉邦擊敗，在烏江自殺。紀見《史記》卷七，傳見《漢書》卷三一。　陳涉：名勝。秦末首先反秦的起義首領。公元前209年，與吴廣在大澤鄉率衆起義。建立張楚政權。並派部將周文西擊秦，後爲莊賈所殺。世家見《史記》卷四八，傳見《漢書》卷三一。　淮南：劉長。劉邦少子。西漢高祖十一年（前196）立爲淮南王。其入朝在文帝三年（前177）。因驕横不法，陰謀反叛，被貶謫蜀地，途中絶食而死。謚厲王。傳見《漢書》卷四四。　衡山：劉賜。劉長之子。西漢文帝八年封陽周侯。十六年封廬江王。景帝四年（前153）爲衡山王。武帝元朔六年（前123）因謀反被殺。傳見《漢書》卷四四。

［6］【今注】細意委曲：指隱晦曲折。

［7］【今注】條列不經：指《史記》本紀、世家的某些篇目設置不符合儒家標準。

［8］【今注】文重思煩：文字重複、思慮混亂。煩，同“繁”。紛繁雜亂。

［9］【李賢注】刊，削也。謂削落繁蕪，仍有不盡。

［10］【今注】司馬相如：字長卿，蜀郡成都（今四川成都市）人。善辭賦。西漢景帝時爲武騎常侍。武帝任爲郎，以中郎將通西南夷。後爲孝文園令。撰《子虚賦》《上林賦》《大人賦》等。傳見《漢書》卷五七。

［11］【今注】蕭：蕭何，沛縣（今江蘇沛縣）人。初爲沛縣吏。從劉邦入咸陽。後爲丞相，薦韓信爲大將。封酇侯。世家見《史記》卷五三，傳見《漢書》卷三九。　曹：曹參，沛（今江蘇沛縣）人。秦時爲沛縣獄吏，遷將軍。漢初封平陽侯。繼蕭何爲丞相。謚懿侯。世家見《史記》卷五四，傳見《漢書》卷三九。

陳平：陽武（今河南原陽縣）人。先爲魏王咎太僕，後從項羽，任都尉。歸劉邦，任護軍中尉。善計謀。高祖六年，封曲逆侯。惠帝、吕后時任丞相。後與周勃誅諸吕，迎立文帝。世家見《史記》卷五六，傳見《漢書》卷四〇。

［12］【今注】董仲舒：廣川（今河北棗强縣東）人。治《公羊春秋》。以舉賢良文學，上《天人三策》。孝景帝時爲博士。武帝采納其議，下令罷黜百家，獨尊儒術。後任江都、膠西相。傳見《史記》卷一二一、《漢書》卷五六。

［13］【李賢注】《史記》"衞青者，平陽人也"，"張釋之，堵陽人"，竝不顯郡之類也。

［14］【今注】今此後篇：班彪所撰《史記後傳》。

［15］【今注】慎覈其事：歷代對於《漢書》文學性的考察不如《史記》豐富，主要原因在於《漢書》叙事工簡，體例嚴整。

［16］【今注】殺史見極：殺其繁辭以成簡嚴之體。

彪復辟司徒玉況府。[1]時東宫初建，諸王國竝開，[2]而官屬未備，師保多闕。[3]彪上言曰：

［1］【李賢注】玉音肅。【今注】司徒：官名。三公之一。西漢哀帝元壽二年（前1），正三公官分職，改丞相爲大司徒。王莽托古改制，重新確定三公分職。東漢光武帝建武二十七年（51），去"大"字，稱司徒。掌全國民政、教化等事宜。秩萬石。東漢三公名稱固定爲太尉、司徒、司空。沈欽韓《後漢書疏證》説，此時"司徒"上有"大"字。 玉況：京兆（今陝西西安市）人。曾任陳留太守。東漢光武帝建武二十三年爲司徒。二十七年薨。

［2］【李賢注】建武二十三年玉況爲司徒，十九年建明帝爲太子，十七年封諸王（王，紹興本誤作"五"）。【今注】東宫：太子所居之地。代指太子。

［3］【今注】師保："師""保"合稱。負責輔導、協助君王和

太子。傳説虞、夏始置，商、周沿置。《禮記·文王世子》："師也者，教之以事，而喻諸德者也；保也者，慎其身以輔翼之，而歸諸道者也。《記》曰：虞、夏、商、周有師保，有疑丞。"

孔子稱"性相近，習相遠也"。[1]賈誼以爲"習與善人居，不能無爲善，猶生長於齊，不能無齊言也。習與惡人居，不能無惡，猶生長於楚，不能無楚言也"。[2]是以聖人審所與居，而戒慎所習。[3]昔成王之爲孺子，[4]出則周公、邵公、太公史佚，[5]入則大顛、閎夭、南宫括、散宜生，[6]左右前後，禮無違者，[7]故成王一日即位，天下曠然太平。[8]是以《春秋》"愛子教以義方，不納於邪。驕奢淫佚，所自邪也"。[9]《詩》云："詒厥孫謀，以宴翼子。"言武王之謀遺子孫也。[10]

[1]【李賢注】見《論語》。【今注】案，此二句見《論語·陽貨》。

[2]【李賢注】賈誼上疏之辭。【今注】賈誼：洛陽（今河南洛陽市）人。著《吊屈原賦》《鵩鳥賦》《過秦論》《陳政事疏》等。今傳有《賈長沙集》《新書》。傳見《漢書》卷四八。　案，該段文字見《漢書·賈誼傳》，原文作"夫習與正人居之，不能毋正，猶生長於齊不能不齊言也；習與不正人居之，不能毋不正，猶生長於楚之地不能不楚言也"。不能無惡，中華本校勘記認爲，當據補一"爲"字。王先謙《後漢書集解》即作"不能無爲惡"。

[3]【今注】戒慎：警惕謹慎。《禮記·中庸》："是故君子戒慎乎其所不睹，恐懼乎其所不聞。"

[4]【今注】成王：周成王，姬姓，名誦，周武王子。即位時年幼，由周公攝政，平定武庚、管叔、蔡叔之亂。營建洛邑。　孺

子：幼子。

［5］【今注】周公：周武王弟。姬姓，名旦。以周地爲采邑，故謂周公。輔佐武王伐紂滅商。周初被封於魯，留在朝中輔政。成王年幼，行攝政。平定管叔、蔡叔、霍叔聯合武庚的叛亂。分封諸侯，興建洛邑，制禮作樂。成王年長後，返政於成王。　邵公：即召公。姬姓，名奭。食邑於召，故稱召公。封於燕。留在朝中輔政。成王時任太保。　太公史佚：西周太史。或作册逸、尹佚、尹逸。武王滅商後，史佚爲策祝。成王削桐葉爲圭與弟叔虞，後史佚因請擇日立叔虞。成王以爲戲言，史佚以天子無戲言勸諫，成王封叔虞於唐。歷武王、成王、康王三世。案，大德本無“公”字。

［6］【今注】案，大顛、閎夭、散宜生等一同歸文王。商紂囚西伯於羑里。閎夭等以有莘氏美女、驪戎之文馬、有熊九駟等珍奇之物，通過殷嬖臣費仲而獻之紂。使商紂赦免文王。武王伐紂時，散宜生、大顛、閎夭皆執劍以衛武王。滅商後，命閎夭封比干之墓。武王滅商，命南宫括散鹿臺之財，發鉅橋之粟，以振貧弱萌隸。命南宫括、史佚展九鼎保玉。《漢書·古今人表》云，此四人爲文王之四友。大顛，大德本、殿本作“太顛”。

［7］【李賢注】《左傳》曰：“自郊勞至於贈賄，禮無違者。”

［8］【今注】曠然太平：天下臣服，没有叛亂等事。

［9］【李賢注】《左傳》衛大夫石碏諫衛莊公之辭也。【今注】案，《左傳》隱公三年石碏諫曰：“臣聞愛子，教之以義方，弗納於邪，驕奢淫泆，所自邪也。”

［10］【李賢注】《詩·大雅》也。詒，遺也。宴，安也。翼，敬也。言文王遺其孫以善謀，武王以安敬之道遺其子。子謂成王也。

漢興，大宗使鼂錯導大子以法術，[1]賈誼教梁王以《詩》《書》。[2]及至中宗，亦令劉向、王褒、蕭望之、周堪之徒，以文章儒學保訓東宫以下，[3]

莫不崇簡其人，[4]就成德器。今皇太子諸王，雖結髮學問，[5]脩習禮樂，而傅相未值賢才，[6]官屬多闕舊典。宜博選名儒有威重明通政事者，[7]以爲太子太傅，[8]東宮及諸王國，備置官屬。又舊制，太子食湯沐十縣，[9]設周衛交戟，[10]五日一朝，因坐東箱，省視膳食，其非朝日，使僕、中允旦旦請問而已，明不媟黷，廣其敬也。[11]

[1]【李賢注】文帝時鼂錯爲博士，上言曰："人主所以顯功揚名者，以知術數也。今皇大子所讀書多矣（大子，紹興本、大德本、殿本作'太子'），而未知術數。願陛下擇聖人之術以賜太子。"上善之（善，大德本作"言"），拜錯爲太子家令。【今注】大宗：西漢文帝劉恒，公元前180年至前157年在位。廟號太宗，謚號孝文。紀見《史記》卷一〇、《漢書》卷四。《漢書》卷五《景帝紀》載，景帝元年（前156），丞相申屠嘉等議："世功莫大於高皇帝，德莫盛於孝文皇帝。高皇帝廟宜爲帝者太祖之廟，孝文皇帝廟宜爲帝者太宗之廟。天子宜世世獻祖宗之廟。郡國諸侯宜各爲孝文皇帝立太宗之廟。諸侯王列侯使者侍祠天子所獻祖宗之廟。"應劭曰："始取天下者爲祖，高帝稱高祖是也。始治天下者爲宗，文帝稱太宗是也。"師古曰："應説非也。祖，始也，始受命也。宗，尊也，有德可尊。"案，紹興本、大德本、殿本作"太宗"。　鼂錯：又作晁錯、朝錯，潁川（今河南禹州市）人。學申、商刑名之學。文帝時，以文學爲太常掌故，奉命從伏生受《尚書》。後爲太子家令，爲太子信用。西漢景帝時，任内史，遷御史大夫。主張削藩。吴楚七國反時，被斬於市。傳見《史記》卷一〇一、《漢書》卷四九。　大子：即後來的景帝劉啓。紀見《史記》卷一一、《漢書》卷五。案，大子，紹興本、大德本、殿本作"太子"。　法術：漢代儒學融合道家、法家和陰陽五行等學説，爲加

强統治而形成的理論、方法。

［2］【李賢注】賈誼爲梁王太傅。梁王，文帝之少子，名揖，愛而好書，故今誼傅之（今，大德本、殿本作“令”）。【今注】梁王：劉揖。西漢文帝少子。公元前 178 年立爲梁王。好《詩》《書》，文帝愛之異於他子。立十年因墮馬死，謚懷王。傳見《漢書》卷四七。

［3］【李賢注】中宗，宣帝也。時元帝爲太子，宣帝使王褒、劉向、張子僑等之太子宫，娱侍太子朝夕讀誦，蕭望之爲太傅，周堪爲少傅。竝見《前書》。【今注】中宗：西漢宣帝劉詢，公元前 74 年至前 49 年在位。中宗是其廟號。紀見《漢書》卷八。《漢書》卷一二《平帝紀》載，元始四年（4），尊孝宣廟爲中宗，孝元廟爲高宗，天子世世獻祭。　劉向：字子政，本名更生，沛（今江蘇沛縣）人。先爲諫大夫，以能屬文辭，獻賦頌數十篇。受《穀梁春秋》，講論五經於石渠閣。西漢元帝時，任宗正。成帝時，更名爲劉向，遷光禄大夫，至中壘校尉。領校中《五經》秘書。撰《别録》《洪範五行傳論》等。《隋志》載，劉向作《列仙傳》《列士傳》。傳見《漢書》卷三六。　王褒：字子淵，西漢蜀（今四川成都市）人。以辭賦著稱。宣帝時益州刺史王襄召見，使作《中和》《樂職》《宣布詩》三篇以頌漢德，後傳之於京師，爲宣帝所聞，被徵召擢爲諫大夫。又侍太子，作《甘泉》《洞簫頌》。後宣帝使往益州祭祀，死於道。傳見《漢書》卷六四。　蕭望之：字長倩，東海蘭陵（今山東蘭陵縣西南）人。後徙杜陵。治《齊詩》，又從夏侯勝問《論語》，時稱名儒。曾主持石渠閣會議，評定儒生對《五經》的解釋。傳見《漢書》卷七八。　周堪：字少卿，西漢齊郡（今山東淄博市）人。從夏侯勝受今文《尚書》。宣帝時，參與石渠閣會議論定五經，因學識優異，爲太子少傅。元帝即位，爲光禄大夫，與太傅蕭望之並領尚書事，同心輔政。爲中書令石顯等所譖，免官。後又爲光禄勳，左遷河東太守，後復拜爲光禄大夫，領尚書事。以受制於石顯，含恨而死。傳見《漢書》卷八八。

［4］【今注】崇簡：鄭重選擇。

［5］【今注】結髮：束髮，扎結頭髮。古代男子二十歲束髮而冠，女子十五歲束髮而笄，表示成年。男女成年的標志分別爲“加冠”“加笄”。

［6］【今注】傅相：古稱輔導國君、諸侯王之官。漢諸侯國有太傅。西漢景帝中元五年（前 145）令諸侯王不得治國，改丞相曰相，通稱傅相。

［7］【今注】宜博選名儒有威重明通政事者：從有名的儒者中選擇有威望、能持重，明通政事的人。

［8］【今注】太子太傅：官名。職掌輔導太子。禮如師，不領官屬。秩中二千石。

［9］【今注】太子食湯沐十縣：周制，諸侯朝天子，天子賜以王畿内的土地，作爲供住宿和齋戒沐浴的封邑，稱湯沐邑。皇帝，皇后、公主等收取賦稅的私邑，也叫湯沐邑。這裏指的是太子收取賦稅的私邑。本書卷一〇上《皇后紀上》李賢注：“湯沐者，取其賦稅以供湯沐之具也。”

［10］【今注】周衛交戟：四周的護衛持戟相交。

［11］【李賢注】《漢官儀》曰：“皇太子五日一至臺，因坐東箱，省視膳食，以法制勑太官尚食宰吏，其非朝日，使僕、中允旦旦請問，明不媟黷，所以廣敬也。太子僕一人，秩千石；中允一人，四百石，主門衛徼巡。”【今注】東箱：房屋正寢的東室。《漢書》卷四二《周昌傳》師古注：“正寢之東西室皆曰箱，言似箱篋之形。”　僕：詹事。秦官，掌皇后、太子家事。皇太后、太子宫所置，冠以官名，如長信詹事掌皇太后宫。西漢景帝中元六年更名少府。成帝鴻嘉三年（前 18）省，併入大長秋。綏和二年（前 7），置皇太后、皇后詹事。平帝元始四年更名長樂少府。東漢省。　中允：官名。皇太子屬官，掌侍從禮儀、駁正啓奏等事。本書《百官志四》作“太子中盾一人，四百石。本注曰：主周衛徼循”。　媟黷：褻狎、輕慢。即不恭敬、不嚴肅。

書奏，帝納之。

後察司徒廉爲望都長，吏民愛之。[1]建武三十年，年五十二，卒官。所著賦、論、書、記、奏事合九篇。[2]

[1]【李賢注】察，舉也。司徒薦爲廉。【今注】察司徒廉：司徒薦舉爲廉。察，選拔，舉薦。廉，孝廉。　望都：縣名。治所在今河北望都縣西北。

[2]【今注】賦：文體名。以大量華麗的詞句，張揚文采，細致地描寫事物，並表達思想感情。《漢書·藝文志》："傳曰：'不歌而誦謂之賦，登高能賦可以爲大夫'。"　論：文體名。用於議論。明吴訥《文章辨體序説》：論有二體，一曰史論，乃史臣於傳末作論議，以斷其人之善惡，若司馬遷之論項籍、商鞅；二曰論，則學士大夫議論古今時世人物，或評經史之言，正其訛謬，如賈生之論秦過，江統之議徙戎，柳子厚之論守道、守官。　書：文體名。指書信。《文心雕龍·書記》："所以記時事也。蓋聖賢言辭，總爲之書，書之爲體，主言者也。揚雄曰：'言，心聲也；書，心畫也。聲畫形，君子小人見矣。'故書者，舒也。舒布其言，陳之簡牘，取象於夬，貴在明決而已。"　記：文體名。叙事文體。多記人事、山水、景物等，以叙事爲主，兼有議論。　奏事：文體名。古代臣下寫給皇帝用於論事的文書。　案，《文心雕龍·才略篇》曰："二班、兩劉，弈葉繼采，舊説以爲固文優彪，歆學精向，然《王命》清辯，《新序》該練，璿璧産於崑岡，亦難得而逾本矣。"《隋書·經籍志》："後漢徐令《班彪集》二卷，梁五卷。"《舊唐書·經籍志》著録二卷，《新唐書·藝文志》作三卷。已佚。民國張鵬一輯《扶風班氏佚書》三卷，卷一即《叔皮集》，收入《關隴叢書》。今存《覽海賦》《北征賦》《王命論》《史記論》等十餘篇。

二子：固，超。[1]超别有傳。

［1］【今注】超：班超，字仲升，扶風平陵（今陝西咸陽市西北）人。班彪少子。傳見本書卷四七。

論曰：班彪以通儒上才，[1]傾側危亂之間，[2]行不踰方，[3]言不失正，仕不急進，貞不違人，[4]敷文華以緯國典，[5]守賤薄而無悶容。[6]彼將以世運未弘，[7]非所謂賤焉恥乎？[8]何其守道恬淡之篤也！[9]

［1］【今注】通儒：通曉古今，學識淵博而又能經世致用的儒者。　上才：具有上等才能的人。

［2］【今注】傾側危亂：王朝覆滅，面臨危險和動亂。指新莽末年戰亂。

［3］【李賢注】《論語》孔子曰："可謂仁之方。"鄭玄注云："方猶道也。"【今注】案，見《論語·雍也》："夫仁者，己欲立而立人，己欲達而達人，能近取譬，可謂仁之方也已。"方，規矩。

［4］【今注】案，"行不踰方"四句，謂行爲舉止不違背禮法，言語不偏離正道，爲官不追求很快升遷，品性正直不違背人情。

［5］【今注】敷文華以緯國典：鋪陳優美的文章以編撰成國家的典籍。緯，原指編織物的横綫，此處指編寫。

［6］【今注】守賤薄而無悶容：抱守着低賤的職位而没有愁容。

［7］【今注】世運未弘：時運不佳，未能實現自己的愿望。

［8］【今注】非所謂賤焉恥乎：並非以貧賤爲耻辱。

［9］【李賢注】孔子曰："邦有道，貧且賤焉恥也。"言彪當中典之初（典，紹興本、大德本、殿本作"興"，是），時運未泰，故不以貧賤爲恥，何守道清静之固也！恬淡猶清静也。篤，固也。【今注】何其守道恬淡之篤：恬静淡泊地堅守道義是多么真誠。

固字孟堅。年九歲，能屬文誦詩賦，[1]及長，遂博貫載籍，[2]九流百家之言，無不窮究。[3]所學無常師，不爲章句，[4]舉大義而已。性寬和容衆，不以才能高人，諸儒以此慕之。[5]

[1]【今注】屬文：撰寫文章。

[2]【今注】載籍：書籍、典籍。

[3]【李賢注】九流謂道、儒、墨、名、法、陰陽、農、雜、縱横。【今注】九流百家：九流指儒、道、陰陽、法、名、墨、縱横、雜、農九個流派，百家指九流中一人之書即爲一家。泛指各種學術流派（參見李鋭《“六家”“九流十家”與“百家”》，《中國哲學史》2005年第3期）。但有學者指出，當指除儒家之外的八家，再加上小説家（劉洪强《〈漢書・藝文志〉“可觀者九家”包括“小説家”考證》，《内江師範學院學報》2017年第7期）。

[4]【今注】章句：漢代學者將經書劃分章節、斷明句讀，是解説經文辭旨義的一種教授方式。

[5]【李賢注】《謝承書》曰：“固年十三，王充見之，拊其背謂彪曰：‘此兒必記漢事。’”

永平初，[1]東平王蒼以至戚爲驃騎將軍輔政，[2]開東閤，[3]延英雄。時固始弱冠，[4]奏記説蒼曰：[5]

[1]【今注】永平：東漢明帝劉莊年號（58—75）。

[2]【今注】東平王蒼：劉蒼。東漢光武帝子，明帝同母弟。傳見本書卷四二。　至戚：劉蒼爲東漢明帝同母弟，故稱至戚。　驃騎將軍：武官名。西漢武帝元狩二年（前121）始置，爲重號將軍，僅次於大將軍。東漢位比三公，地位尊崇。明帝初，以劉蒼爲驃騎將軍，因爲是諸侯王，故位在三公之上，以示優寵。

［3］【今注】東閤：漢代丞相、公侯及郡守府東向開的小門。殿本作“東閣”。《漢書》卷五八《公孫弘傳》顔師古注曰：“閤者，小門也，東向開之，避當庭門而引賓客，以别於掾史官屬也。”

［4］【今注】弱冠：古代男子年滿二十歲加冠，稱爲“弱冠”。《禮記·曲禮上》：“二十曰弱冠。”唐孔穎達正義：“二十成人，初加冠，體猶未壯，故曰弱也。”後泛指男子二十歲左右的年紀。

［5］【李賢注】奏，進也。記，書也。《前書》待詔鄭朋奏記於蕭望之，奏記自朋始也。【今注】奏記：漢代下級官吏對三公、百姓向公府等長官用書面陳述意見。

將軍以周、邵之德，[1]立乎本朝，承休明之策，[2]建威靈之號，[3]昔在周公，今也將軍，《詩》《書》所載，未有三此者也。[4]傳曰：“必有非常之人，然後有非常之事；有非常之事，然後有非常之功。”[5]固幸得生於清明之世，豫在視聽之末，[6]私以螻螘，竊觀國政，[7]誠美將軍擁千載之任，躡先聖之蹤，[8]體弘懿之姿，[9]據高明之埶，博貫庶事，服膺六蓺，[10]白黑簡心，求善無猒，[11]採擇狂夫之言，不逆負薪之議。[12]竊見幕府新開，[13]廣延群俊，四方之士，顛倒衣裳。[14]將軍宜詳唐、殷之舉，審伊、皋之薦，[15]令遠近無偏，幽隱必達，期於總覽賢才，收集明智，[16]爲國得人，以寧本朝。則將軍養志和神，[17]優游廟堂，[18]光名宣於當世，[19]遺列著於無窮。[20]

［1］【今注】案，邵，大德本、殿本作“召”。

［2］【今注】休明：美好清明。

［3］【李賢注】號驃騎將軍也。

［4］【李賢注】唯蒼與周公二人而已。

［5］【李賢注】司馬相如喻蜀之辭。【今注】案，見《漢書》卷五七下《司馬相如傳下》所載《難蜀父老檄》。

［6］【今注】豫在視聽之末：作爲皇帝提供顧問建議的小官吏。豫，參與。

［7］【李賢注】螻螘謂細微也。【今注】螻螘：比喻力量微弱、地位低微或無足輕重的人。

［8］【李賢注】千載謂自周公至明帝時千餘載也。先聖謂周公也。

［9］【今注】體弘懿之姿：體察弘大美好的姿態。

［10］【今注】六蓺：禮、樂、射、御、書、數。

［11］【李賢注】《淮南子》曰："聖人見是非，若白黑之别於目。"《左傳》曰"求善不猒"也。【今注】白黑簡心：明辨黑白是非。簡心，關心、留意。　求善無猒：追求善事，没有滿足。

［12］【李賢注】負薪，賤人也。《三略》曰"負薪之諾（諾，殿本作'語'），廊廟之言"也。【今注】案，"採擇狂夫之言"二句，采納放蕩不羈的人的話，不拒絶地位低微的人的建議。擇，大德本誤作"釋"。

［13］【今注】幕府：官署名。古代軍隊出征，居處以幕帳爲官署，故稱。漢時每任命一位將軍，則新設一幕府，並廣延人才以爲僚屬。

［14］【李賢注】《詩》曰："東方未明，顛倒衣裳。"言士争歸之怱遽也（怱，大德本、殿本作"急"）。【今注】顛倒衣裳：指人才争着歸附。《毛詩正義》卷五《東方未明》："上曰衣，下曰裳。箋云：挈壺氏失漏刻之節，東方未明而以爲明，故群臣促遽，顛倒衣裳。群臣之朝，别色始入。"别色，指黎明。通"辨色"。謂天色將明，能辨清東西的時候。

［15］【李賢注】堯舉皋陶，湯舉伊尹。【今注】案，"詳唐殷

之舉”二句，唐，唐堯，上古人物。姓伊祁氏，名放勳，號陶唐。初封於陶，又封爲唐侯，高唐氏部落首領。在位命羲和定曆法，設諫言之鼓，置四嶽（四方諸侯），命鯀治水患。後禪讓於舜。皋陶生於堯時，後被舜任命爲掌管刑法的理官。伊，伊尹，名阿衡，又名摯。商湯時大臣。尹爲官名。與湯言素王及九主之事。湯舉任以國政。作《女鳩》《女房》《咸有一德》。湯崩後，輔佐外丙、仲壬。立太甲，後放太甲於桐。又作《伊訓》《肆命》《徂后》《太甲訓》等。帝沃丁時卒。審，大德本、殿本作“察”。

[16]【今注】案，集，殿本作“習”。

[17]【今注】養志和神：涵養心志，和悅心神。

[18]【今注】廟堂：太廟的明堂。古代帝王祭祀、議事的地方。代指朝廷。

[19]【今注】光名宣於當世：美名流傳於當時。名，殿本作“明”。

[20]【今注】遺列著於無窮：遺留的功業顯著於後世。列，紹興本、大德本、殿本作“烈”。

竊見故司空掾桓梁，[1]宿儒盛名，[2]冠德州里，[3]七十從心，行不踰矩，[4]蓋清廟之光暉，當世之俊彦也。[5]京兆祭酒晉馮，[6]結髮修身，[7]白首無違，[8]好古樂道，[9]玄默自守，[10]古人之美行，時俗所莫及。扶風掾李育，[11]經明行著，[12]教授百人，客居杜陵，茅室土階。京兆、扶風二郡更請，[13]徒以家貧，數辭病去。温故知新，論議通明，[14]廉清修絜，行能純備，[15]雖前世名儒，國家所器，韋、平、孔、翟，無以加焉。[16]宜令考績，[17]以參萬事。京兆督郵郭基，[18]孝行著於州里，經學稱於師門，[19]政務之績，有絶異之效。

如得及明時，[20]秉事下僚，[21]進有羽翮奮翔之用，退有杞梁一介之死。[22]涼州從事王雍，[23]躬卞嚴之節，文之以術藝，[24]涼州冠蓋，[25]未有宜先雍者也。古者周公一舉則三方怨，曰“奚爲而後己”。[26]宜及府開，以慰遠方。弘農功曹史殷肅，[27]達學洽聞，才能絶倫，誦《詩》三百，[28]奉使專對。[29]此六子者，皆有殊行絶才，德隆當世，如蒙徵納，以輔高明，[30]此山梁之秋，夫子所爲歎也。[31]昔卞和獻寶，以離斷趾，[32]靈均納忠，終於沈身，[33]而和氏之璧，千載垂光，屈子之篇，萬世歸善。願將軍隆照微之明，[34]信日昃之聽，[35]少屈威神，咨嗟下問，[36]令塵埃之中，[37]永無荆山、汨羅之恨。[38]

［1］【今注】司空掾：指司空府官員。公府諸曹的正長官稱掾，副長官稱屬。

［2］【今注】宿儒：素有聲望的博學之士。宿，年老的，久經其事的。

［3］【今注】州里：鄉里。古代以二千五百家爲州，五家爲鄰，五鄰爲里。

［4］【李賢注】《論語》孔子曰：“七十而縱心所欲，不逾矩。”言恣心之所爲，皆闇合於法則。【今注】案，指雖從心所欲而不逾越法度。孔子這樣説，欲以勉人志學而善始令終。

［5］【李賢注】《詩·周頌》曰：“於穆清廟，肅雍顯相，濟濟多士，秉文之德（秉，紹興本、大德本、殿本作‘執’）。”鄭玄注曰：“顯，光也。”言桓梁可參多士，助祭於清廟爲光暉也（暉，殿本作“輝”）。《爾雅》曰：“髦，俊也。”美士爲彦。【今注】清廟：古代帝王的宗廟。　案，暉，殿本作“輝”，二字可通。

［6］【今注】京兆祭酒：官名。京兆尹屬官。典訓諭、掌教化。公卿州郡的佐官中功高者爲祭酒。　晉馮：《史通》言段肅與晉馮嘗撰《史記》，以續司馬遷之書。

［7］【今注】結髮：束髮。指初成年時。

［8］【今注】無違：指不要違反禮法、天道。

［9］【今注】好古樂道：喜愛古制，以守道爲樂。

［10］【今注】玄默：清静無爲。《文選·長楊賦》："且人君以玄默爲神，淡泊爲德。"李周翰注："玄默，無事也。"

［11］【李賢注】育字元春，見《儒林傳》。【今注】扶風掾：右扶風諸曹掾史。扶風，郡級政區名，亦爲官名。漢三輔之一。西漢武帝太初元年（前104）改主爵都尉置。相當於郡太守。治長安縣（今陝西西安市西北）。東漢移治槐里縣（今陝西興平市東南）。建武十五年（39）爲光武帝皇子右翊公劉輔封國。建武十七年劉輔封中山王，復爲右扶風郡。　李育：字元春，扶風漆（今陝西彬州市）人。少習《公羊春秋》。撰《難左氏義》。東漢章帝建初元年（76）爲議郎。四年參與白虎觀論五經，與賈逵辯《公羊》。遷尚書令、侍中。傳見本書卷七九下。

［12］【今注】經明行著：通曉經學，品行端正。《漢官儀》曰："建初八年十二月己未，詔書辟士四科……二曰經明行脩，能任博士……"

［13］【今注】京兆：郡級政區名，亦爲官名。西漢武帝太初元年改右内史置。漢三輔之一。治長安縣（今陝西西安市西北）。據《三輔黄圖》，治所"在故城南尚冠里"。

［14］【今注】通明：通曉明瞭。《漢書》卷八四《翟方進傳》載，翟方進知能有餘，兼通文法吏事，以儒雅緣飭法律，號爲通明相。

［15］【今注】行能純備：德行與才能純正完備。

［16］【李賢注】韋賢、平當、孔光、翟方進也。流俗本"平"字作"玄"，誤。【今注】韋：韋賢，字長孺，西漢鄒縣（今山東鄒城市東南）人。爲人質樸少欲，篤志於學，爲鄒魯大儒。

被徵爲博士、給事中。爲昭帝授《詩》，遷光禄大夫、詹事、大鴻臚。因參預立漢宣帝，賜爵關内侯。後爲長信少府。本始三年（前71），爲丞相，封扶陽侯。謚節侯。傳見《漢書》卷七三。　平：平當，字子思，西漢平陵（今陝西咸陽市西北）人。少爲大行治禮丞，補大鴻臚文學。任順陽、栒邑縣令。以明經爲博士，遷給事中。遷丞相司直、朔方刺史、太中大夫給事中、長信少府、大鴻臚、光禄勳。因諫修昌陵，降爲鉅鹿太守、騎都尉。哀帝即位，任光禄大夫、光禄勳，後升御史大夫至丞相。賜爵關内侯。傳見《漢書》卷七一。　孔：孔光，字子夏，西漢魯國（今山東曲阜市）人。通經學。元帝時，爲諫大夫。成帝即位，爲博士、尚書僕射、尚書令，遷光禄大夫、給事中、光禄勳，領尚書。後任御史大夫、丞相，封博山侯。哀帝時，因阻止傅太后稱尊號，被免相，元壽元年（前2）拜光禄大夫，復爲丞相。傳見《漢書》卷八一。　翟：翟方進，字子威，汝南上蔡（今河南上蔡縣西南）人。讀經博士，受《春秋》。以射策甲科爲郎。舉明經，遷議郎。成帝河平中，轉博士，遷朔方刺史，遷丞相司直。永始二年（前15），遷御史大夫，擢爲丞相，封高陵侯。綏和二年（前7），以天象而自殺。謚恭侯。傳見《漢書》卷八四。

［17］【今注】考績：按一定標準考核官吏的成績。《尚書·舜典》："三載考績。三考，黜陟幽明。"孔傳："三年有成，故以考功。九歲則能否幽明有别，黜退其幽者，升進其明者。"

［18］【今注】督郵：官名。漢置，郡府屬吏。掌監屬縣、督送郵書，兼及案繫盜賊、點録囚徒、催繳租賦等。漢代每郡依據所轄縣多少，分東、西、南、北、中等五部（或二部、三部），分部循行。

［19］【今注】經學：即注經之學，爲闡釋儒家經典的學問。　師門：老師的門下。王充《論衡·量知》載"不入師門，無經傳之教"。

［20］【今注】明時：治世，政治清明的時代。

［21］【今注】秉事下僚：受任命爲屬吏。

［22］【李賢注】《説苑》曰："趙簡子遊於西河而歎曰：'安得賢士而與處焉？'舟人吉桑對曰：'鴻鵠高飛，所恃者六翮也。背上之毛，腹下之毳，加之滿把，飛不能爲之益高。不知門下左右客千人，亦有六翮之用乎？將盡毛毳也？'"又曰"齊莊公攻莒，杞梁與華周進鬭，壞軍陷陣，三軍不敢當。至莒城下，殺二十七人而死"也。【今注】案，見《説苑》卷八《尊賢》。今本"吉桑"作"古乘"。又見《新序》卷一《雜事·晉平公浮西河章》："晉平公浮西河，中流而歎曰：'嗟乎！安得賢士與共此樂者？'船人固桑進對曰：'君言過矣。夫劍産于越，珠産江漢，玉産昆山，此三寶者，皆無足而至，今君苟好士，則賢士至矣。'平公曰：'固桑，來。吾門下食客三千餘人，朝食不足，暮收市租；暮食不足，朝收市租。吾尚可謂不好士乎？'固桑對曰：'今夫鴻鵠高飛沖天，然其所恃者六翮耳。夫腹下之毳，背上之毛，增去一把，飛不爲高下。不知君之食客三千餘人，六翮耶？將腹背之毛毳也？'平公默然而不應焉。"

［23］【今注】涼州：西漢武帝元封五年（前106）置十三刺史部之一。東漢時治所在隴縣（今甘肅張家川回族自治縣）。

［24］【李賢注】卞嚴，卞莊子也。《新序》曰："卞莊子好勇，養母，戰而三北，交遊非之，國君辱之。莊子受命，顔色不變。及母死三年，齊與魯戰，莊子請從。至，見於將軍曰：'初獨與母處，是以戰而三北（三，大德本誤作"二"）。今母没矣，請塞責。'遂赴敵而鬭，獲甲首而獻，曰：'夫三北，以養母也。吾聞之，節士不以辱生。'遂殺十人而死。"《論語》孔子曰："卞莊子之勇，冉求之藝，文之以禮樂。"

［25］【今注】冠蓋：官吏。原指古代官吏的帽子和車蓋。

［26］【李賢注】孫卿子曰："周公東征，西國怨，曰：'何獨不來也！'南征而北國怨，曰：'何獨後我也！'"

［27］【李賢注】《固集》"般"作"段"。【今注】弘農：郡名。治弘農縣（今河南靈寶市北故函谷關城）。　功曹史：郡國屬

吏。掌選署功勞、官吏賞罰任免。　殷肅：曹金華《後漢書稽疑》認爲，李賢注："《固集》'殷'作'段'。"當作"段"。《史通·五史篇》作"段肅"，楊樹達謂"'殷'與'段'形近誤也"。惠棟《後漢書補注》卷一〇云，《隋書·經籍志》有段肅注《春秋穀梁傳》十四卷。（曹金華：《後漢書稽疑》，中華書局2014年版，第523頁）

[28]【今注】詩三百：即《詩經》。詩歌總集。相傳原有三千餘篇，由孔子删定爲三百零五篇。按音樂特點分爲風、雅、頌三類。所載詩最早爲西周初年，最晚爲春秋中期。

[29]【今注】奉使專對：謂任使節時獨自隨機應答。《漢書》卷七二《王駿傳》師古曰："專對謂見問即對，無所疑也。《論語》稱孔子曰：'使於四方，不能專對，雖多亦奚以爲？'"

[30]【今注】高明：指王蒼。爲對人的敬詞。

[31]【李賢注】秋猶時也。《論語》孔子曰："山梁雌雉，時哉！"

[32]【李賢注】離，被也。斷趾，刖足也。事見《韓子》。【今注】案，見《韓非子·和氏》。

[33]【李賢注】屈原，字靈均，納忠於楚，終不見信，自沈於汨羅之水而死。

[34]【今注】照微之明：光明能照到隱微之處。形容察見隱微。

[35]【李賢注】信音申。【今注】日昃之聽：聽取臣下的意見直到日頭西斜還不停止。昃，太陽偏西。大德本誤作"是"。

[36]【今注】咨嗟：讚歎。　下問：向比自己年齡小或輩分、地位、學問低的人請教。

[37]【今注】塵埃之中：指世俗民間。塵埃，塵俗。

[38]【今注】永無荆山汨羅之恨：指使有才能和價值的人不被埋没。荆山，指楚人卞和，於荆山（今湖北南漳縣西北武當山東南）得玉，獻於楚厲王、武王，但不被認可，遭刖刑。楚文王時，

卞和哭於荆山下，文王命人剖石得美玉。汨羅，指屈原遭排擠誹謗，投汨羅江（在今湖南汨羅市）而死。

蒼納之。

父彪卒，歸鄉里。固以彪所續前史未詳，乃潛精研思，[1]欲就其業。既而有人上書顯宗，[2]告固私改作國史者，有詔下郡，收固繫京兆獄，[3]盡取其家書。先是扶風人蘇朗僞言圖讖事，[4]下獄死。固弟超恐固爲郡所覈考，[5]不能自明，乃馳詣闕上書，[6]得召見，具言固所著述意，而郡亦上其書。顯宗甚奇之，召詣校書部，[7]除蘭臺令史，[8]與前睢陽令陳宗、長陵令尹敏、司隸從事孟異共成世祖本紀。[9]遷爲郎，[10]典校秘書。固又撰功臣、平林、新市、公孫述事，[11]作列傳、載記二十八篇，[12]奏之。帝乃復使終成前所著書。

[1]【今注】潛精研思：專心鑽研。案，李賢注引《謝承書》曰："固年十三，王充見之，拊其背謂彪曰：'此兒必記漢事。'"見前注。

[2]【今注】顯宗：東漢明帝劉莊，公元57年至75年在位。紀見本書卷二。

[3]【今注】京兆獄：監獄名。西漢置。爲京兆尹所治監獄。（參見宋傑《漢代監獄制度研究》，中華書局2013年版，第106—110頁）

[4]【今注】扶風人蘇朗僞言圖讖事：東漢光武帝建武中元元年（56），宣布圖讖於天下，確立了官定圖讖文本八十一篇，包括河洛讖、七經讖兩部分。對於私造圖讖，均視爲大逆之罪（參見張學謙《東漢圖讖的成立及其觀念史變遷》，《文史》2019年第4輯）。

[5]【今注】覈考：審核考察。

［6］【今注】詣闕上書：漢代案件一般應按司法管轄逐級告劾，但如認爲蒙受冤獄，也可越級上書中央司法機關申冤。

［7］【李賢注】《前書》固叙傳曰（固叙，大德本作“叙圖”）：“永平中爲郎，典校秘書。”【今注】校書部：官名。東漢置，即以郎官典校皇家秘籍圖書。中華本校勘記按：“‘校書部’疑當作‘校書郎’。《御覽》卷五一五引正作‘校書郎’，又《班超傳》云‘兄固，被召詣校書郎’。”曹金華《後漢書稽疑》按，本傳云“召詣校書部，除蘭臺令史，與前睢陽令……共成《世祖本紀》，遷爲郎，典校秘書”，明其遷郎前非爲“郎”也。《初學記》卷二一引《東觀記》作“徵詣校書，除蘭臺令史，遷爲郎，典校秘書”，《後漢紀》卷一三作“徵詣校書部，除蘭臺令史”，皆爲佐證。（第524頁）

［8］【李賢注】《漢官儀》曰：“蘭臺令史六人，秩百石，掌書劾奏。”【今注】蘭臺令史：官名。掌奏及印工文書，兼典校秘書。秩六百石。

［9］【今注】睢陽：縣名。治所在今河南商丘市南。　長陵：縣名。治所在今陝西咸陽市渭城區韓家灣鄉怡魏村。本爲漢高祖劉邦陵園（遺址在今陝西咸陽市窑店鎮三義村北），後因陵置縣。　司隸從事：司隸校尉的屬吏。秩百石。　孟異：惠棟《後漢書補注》卷一〇，謂“異”當作“冀”，見馬援、杜林等傳。又引沈欽韓説，謂《史通·正史篇》作“孟冀”。　世祖：東漢光武帝劉秀廟號。光武中興，故廟稱世祖。建武中元二年三月丁卯，葬光武皇帝於原陵。有司奏上尊廟曰世祖。

［10］【今注】郎：官名。掌守宫門，備諮詢，出充車騎。東漢於光禄勳下設五官、左、右中郎將署，主管諸中郎、侍郎、郎中，實爲儲備人才的機構，其郎官多達二千餘人。

［11］【今注】功臣：《東觀漢記》卷一載：“光武功臣鄧禹等二十八人皆爲侯，封餘功臣一百八十九人。”本書卷一下《光武帝紀下》載，建武十三年，“功臣增邑更封，凡三百六十五人”。吴

樹平《東觀漢記校注》卷四校勘記引《史通·古今正史篇》云："在漢中興，明帝始詔班固與睢陽令陳宗、長陵令尹敏、司隸從事孟異作世祖本紀，並撰功臣及新市、平林、公孫述事，作列傳、載記二十八篇。自是以來，春秋考紀亦以煥炳，而忠臣義士莫之撰勒。於是又詔史官謁者僕射劉珍及諫議大夫李尤雜作記，表，名臣、節士、儒林、外戚諸傳，起自建武，訖乎永初。事業垂竟而珍、尤繼卒。復命伏無忌與諫議大夫黄景作諸王、王子、功臣、恩澤侯表，南單于、西羌傳，地理志。"（吴樹平：《東觀漢記校注》，中華書局2008年版，第141頁）　平林：縣名。治所在今湖北隨州市東北。本書卷一一《劉玄傳》："平林人陳牧、廖湛復聚衆千餘人，號平林兵。"　新市：即南新市。縣名。在今湖北京山縣東北。王匡、王鳳、馬武及其支黨朱鮪、張卬等北入南陽，號新市兵。　公孫述：字子陽，扶風茂陵（今陝西興平市東北）人。更始元年（23），攻克成都，自立爲蜀王。東漢光武帝建武元年（25）稱帝，號成家。建武十一年，兵敗被殺。傳見本書卷一三。

［12］【今注】列傳：史書體裁之一。記載重要人物事迹的傳記，使傳於後世。　載記：史書體裁之一。記載不屬中央王朝的割據政權的事迹。《四庫全書總目》稱："是實立乎中朝，以叙述列國之名。"

固以爲漢紹堯運，[1]以建帝業，至於六世，史臣乃追述功德，[2]私作本紀，編於百王之末，厠於秦、項之列，[3]太初以後，[4]闕而不録，故探撰前記，綴集所聞，以爲《漢書》。起元高祖，終于孝平、王莽之誅，[5]十有二世，二百三十年，[6]綜其行事，傍貫五經，上下洽通，爲春秋考紀、表、志、傳凡百篇。[7]固自永平中始受詔，潛精積思二十餘年，至建初中乃成。[8]當世甚重其書，學者莫不諷誦焉。

［1］【今注】漢紹堯運：兩漢經師多認爲劉氏爲堯後，同爲“火德”。《左傳》昭公二十九年：“有陶唐氏既衰，其後有劉累。”《漢書》卷一下《高祖紀下》：“漢承堯運，德祚已盛，斷蛇著符，旗幟上赤，協於火德，自然之應，得天統矣。”

［2］【李賢注】六代謂武帝，史臣謂司馬遷也。【今注】案，指司馬遷撰《史記》。又案，中華本校勘記認爲，此注原誤置於“史臣”之下，今移至此處。蓋正文“六世”句絕，“史臣”屬下爲句，若注於“史臣”之下，則“史臣”二字當連“六世”爲句。

［3］【李賢注】《史記》起自黄帝，漢最居其末也。【今注】厠於秦項之列：指《高祖本紀》列於《秦始皇本紀》《項羽本紀》之後。秦，秦始皇。紀見《史記》卷六。項，項羽。紀見《史記》卷七，傳見《漢書》卷三一。

［4］【今注】太初：西漢武帝劉徹年號（前104—前101）。司馬遷《史記》記事斷至太初四年。

［5］【今注】孝平：西漢平帝劉衎，公元前1年至5年在位。紀見《漢書》卷一二。　王莽：字巨君，魏郡元城（今河北大名縣東北）人。西漢元帝皇后王政君侄子。孺子嬰初始元年（8）稱帝，改國號爲新，年號始建國。傳見《漢書》卷九九。

［6］【李賢注】高、惠、吕后、文、景、武、昭、宣、元、成、哀、平十二代也。并王莽合二百三十年。【今注】案，自西漢高祖元年（前206）至新莽地皇四年（23）。

［7］【李賢注】紀十二，表八，志十，列傳七十，合百篇。《前書音義》曰：“春秋考紀謂帝紀也。言考覈時事，具四時以立言，如《春秋》之經。”

［8］【今注】建初：東漢章帝劉炟年號（76—84）。

自爲郎後，遂見親近。時京師脩起宫室，[1]濬繕城隍，[2]而關中耆老猶望朝廷西顧。[3]固感前世相如、壽王、東方之徒，造構文辭，終以諷勸，[4]乃上《兩都賦》，盛稱洛邑制度之美，[5]以折西賓淫侈之論。[6]其辭曰：

［1］【今注】案，東漢明帝永平三年（60），起北宫及諸官府。八年十月，北宫成。

［2］【今注】城隍：城墻。《説文·阜部》：“隍，城池也。有水曰池，無水曰隍。”

［3］【今注】關中：函谷關以西今陝西關中盆地一帶。東有函谷關，南有武關（今陝西商南縣南），西有散關（今陝西寶雞市西南），北有蕭關（今甘肅環縣西北）。關中父老仍希望朝廷西顧，建都長安（曹金華：《試論東漢的遷都思潮及其影響》，《江蘇社會科學》1992年第3期）。　耆老：受人尊敬的老人。古代以六十歲爲耆，七十歲爲老。

［4］【李賢注】相如作《上林》《子虚賦》，吾丘壽王作《士大夫論》及《驃騎將軍頌》，東方朔作《客難》及《非有先生論》，其辭竝以諷喻爲主也（喻，大德本、殿本作“諭”；主，大德本作“王”）。【今注】相如：司馬相如，字長卿，蜀郡成都（今四川成都市）人。西漢景帝時爲武騎常侍。武帝時拜文園令。善作賦。《漢書·藝文志》著録司馬相如賦二十九篇。傳見《史記》卷一一七、《漢書》卷五七。　壽王：吾丘壽王，字子贛，趙人。以善格五爲待詔。從董仲舒受《春秋》。善辭賦。《漢書·藝文志》著録《吾丘壽王賦》十五篇。其文有《駁公孫弘禁民挾弓弩》《説汾陰寶鼎》《驃騎論功論》三篇。傳見《漢書》卷六四上。　東方：東方朔，字曼倩，平原厭次（今山東惠民縣）人。善辭賦，性恢諧滑稽，然能直言切諫。《漢書》卷六五《東方朔傳》載，東方朔的文辭，以《答客難》《非有先生之論》二篇最善。其餘《封泰山》《責和氏璧》及《皇太子生禖》《屏風》《殿上柏柱》《平樂觀賦獵》，八言、七言上下，《從公孫弘借車》，凡劉向所録均是東方朔所撰，世間所傳其他事皆非。傳見《漢書》卷六五。

造搆文辭：撰寫辭賦。　諷勸：諷刺勸諫。

［5］【今注】洛邑：城名。指東漢都城洛陽。在今河南洛陽市。

［6］【今注】西賓：《西都賦》中虛擬的人物，即賦中西都賓的略稱。

有西都賓問於東都主人曰：[1]"蓋聞皇漢之初經營也，嘗有意乎都河洛矣。輟而弗康，寔用西遷，作我上都。主人聞其故而覩其制乎？"[2]主人曰："未也。願賓攄懷舊之蓄念，發思古之幽情，[3]博我以皇道，[4]弘我以漢京。"[5]賓曰："唯唯。"[6]

［1］【李賢注】中興都洛陽，故以東都爲主，而謂西都爲賓也。

［2］【李賢注】皇，大也。《尚書》曰："厥既得吉上則經營（上，紹興本、大德本、殿本作'卜'）。"高祖五年，劉敬説上都關中（劉，殿本作"婁"），上疑之。左右大臣皆山東人，多勸都洛陽，此爲有意都河洛矣。張良曰："洛陽其中小不過數百里，四面受敵，非用武之國。關中金城千里，天府之國也。"於是上即日西都關中，此爲輟而弗康也。輟，止也。康，安也。【今注】皇漢：大漢。　河洛：指黄河與洛水之間的地區。　輟而弗康：指天子止於河洛，以爲不安，是以西遷長安。　寔用西遷：因此西遷至關中，都長安。　上都：首都。

［3］【李賢注】《廣雅》曰，攄，舒也。【今注】攄：抒發、表達。

［4］【今注】皇道：大道。指上古帝王治國的法則。《禮記正義》："太上貴德"，孔穎達疏稱，《尚書中候·握河紀》云："皇道

帝德，非朕所事。”是三皇行道，五帝行德。不同者，但德由道生，道爲其本，故道優於德。散而言之，德亦是道，故總云貴德。既三皇行道，五帝行德，以次推之，則三王行仁，五霸行義。

［5］【今注】漢京：漢朝都城長安。代指漢朝。

［6］【今注】唯唯：表示恭敬的應諾之詞。同“是，是”。

漢之西都，在于雍州，[1]寔曰長安。[2]左據函谷、二崤之阻，表以泰華、終南之山。[3]右界褒斜、隴首之險，帶以洪河、涇、渭之川。[4]華實之毛，則九州之上腴焉；防禦之阻，則天下之奥區焉。[5]是故横被六合，三成帝畿，[6]周以龍興，秦以虎視。及至大漢受命而都之也，[7]仰寤東井之精，俯協河圖之靈，[8]奉春建策，留侯演成，[9]天人合應，以發皇明，乃眷西顧，寔惟作京。[10]於是睎秦領，睋北阜，挾酆霸，據龍首。[11]圖皇基於億載，度宏規而大起，[12]肇自高而終平，世增飾以崇麗，歷十二之延祚，故窮奢而極侈。[13]建金城其萬雉，呀周池而成淵，披三條之廣路，立十二之通門。[14]内則街衢洞達，[15]閭閻且千，九市開場，貨别隧分，人不得顧，車不得旋，闐城溢郭，傍流百廛，紅塵四合，煙雲相連。[16]於是既庶且富，娱樂無疆，都人士女，殊異乎五方，游士擬於公侯，列肆侈於姬、姜。[17]鄉曲豪俊游俠之雄，節慕原、嘗，名亞春、陵，連交合衆，騁騖乎其中。[18]

［1］【今注】雍州：古九州之一。在今陝西、甘肅和青海東部

地區。

［2］【李賢注】《前書音義》曰："長安本秦之鄉名，高祖都焉。"【今注】長安：縣名。治所在今陝西西安市西北。西漢都於此。

［3］【李賢注】函谷，關名也。《左傳》曰"崤有二陵，其南陵夏后皇之墓（皇，紹興本、大德本、殿本作'皋'，是），其北陵文王之所避風雨"，故曰二崤。太華，山也，《山海經》曰，華首之西六十里曰太華。終南，長安南山也。《詩》曰："終南何有。"注云："終南，周之名山中南也。"【今注】函谷：關名。有"故關""新關"之分。"故關"在今河南靈寶市王垛村一帶，戰國秦置。其地南依崤山，北帶黄河，道路嵌在峽谷之中，自東至西形如函匣，故名函谷關，是河洛通往關中的必經之地。西漢武帝元鼎三年（前114），將關隘東徙至新安（今河南澠池縣東），是爲"新關"。　二崤：崤山東崤、西崤的合稱。在今河南洛寧縣西北。與函谷關並爲關中東部屏障。　泰華：山名。即今陝西境内華山。中華本校勘記謂："'太華'字本不作'泰'，後人誤以爲范曄避其父諱，改'泰'爲'太'，遂並非諱改者而亦回改爲'泰'。今據改。"　終南：山名。在今陝西西安市南四十多千米處。因此山在關中之南，處天下之中、都城之南，又稱"中南山"，爲漢代顯貴隱居游樂之所。

［4］【李賢注】褒斜，谷名，南口曰褒，北口曰斜，在今梁州。隴首，山名，在今秦州。洪，大也。【今注】褒斜：山谷名。在今陝西眉縣西南，爲古代秦嶺南北通道之一褒斜道之北口。　隴首：山名。今陝西寶鷄市、隴縣與甘肅清水縣、張家川回族自治縣諸縣間的隴山，爲關中西部險要。　洪河：水名。泛指西漢都城長安北部的涇水、渭水等。　涇：水名。渭河支流。在今陝西中部。　渭：水名。源出今甘肅渭源縣鳥鼠山，向東穿過陝西關中平原，在潼關注入黄河。案，《文選》此下有"衆流之隈，汧涌其西"語。胡紹煐《文選箋證》卷一認爲，《後漢書》無此二句。陳景雲

曰：李善對這八字没有訓釋，疑與范書同有此二句者，恐係五臣本。梁章鉅《旁證》云：這種説法以西字與上川字非韻而疑之。按，西讀若遷，古音，同在元部，西與川未嘗非韻，然李善與五臣對於汧水皆無注，疑是後人以别本增之。

［5］【李賢注】華實之毛謂草木也。《左傳》曰："食土之毛。"《前書》曰："秦地九州膏腴。"《尚書》雍州"厥田上上"。防禦謂關禁也（防禦，大德本作"改廪"誤）。楊雄《衛尉茂》曰（茂，紹興本、大德本、殿本作"箴"，是）："設置山險，盡爲防禦。"奥，深也。言秦地險固，爲天下深奥之區域。【今注】華實之毛：有花朵和果實的植物。毛，通"芼"，指草木、五穀。　九州：《禹貢》所載上古行政區劃，即冀、豫、雍、揚、兖、徐、梁、荆、青。泛指天下。

［6］【李賢注】《前書音義》曰："關西爲横。"被猶及也。《吕氏春秋》曰："神明通于六合。"高誘注云："四方上下爲六合。"《周禮》曰："方千里曰王畿。"三成謂周、秦、漢竝都之也。

［7］【李賢注】龍興虎視，喻盛彊也。孔安國《尚書序》曰："漢室龍興。"《易》曰："虎視眈眈。"

［8］【李賢注】寤猶曉也。協，合也。高祖至霸上，五星聚於東井。又《河圖》曰："帝劉季，日角戴勝，斗匈龍般（般，紹興本、大德本、殿本作'股'，是），長七尺八寸。昌光出軫，五星聚井，期之興，天授圖，地出道，予張兵鈐劉季起（鈐，大德本作'鈴'）。"東井，秦之分野，明漢當代秦都關中。【今注】案，《漢書》卷一上《高帝紀上》、卷二六《天文志》均載，高祖元年（前206）冬十月，五星聚於東井。東井，即井宿，爲二十八宿中南方七宿的第一宿，爲秦國的分野。　河圖：相傳伏羲氏時洛陽東北孟津縣境内有龍馬負圖出於河，伏羲據其文以畫八卦。

［9］【李賢注】奉春君，婁敬也。春者，四時之始。婁敬亦始建遷都之策，故以號焉。留侯，張良也。《蒼頡篇》曰："演者，

引也。”【今注】奉春：婁敬。西漢高祖五年（前202），賜姓劉氏，拜爲郎中，號爲奉春君。《史記》卷九九《劉敬叔孫通列傳》，《索隱》引張晏云“春爲歲之始，以其首謀都關中，故號奉春君”。又載，漢五年，婁敬勸説劉邦建都關中，云：“夫秦地被山帶河，四塞以爲固，卒然有急，百萬之衆可具也。因秦之故，資甚美膏腴之地，此所謂天府者也。陛下入關而都之，山東雖亂，秦之故地可全而有也。夫與人鬬，不搤其亢，拊其背，未能全其勝也。今陛下入關而都，案秦之故地，此亦搤天下之亢而拊其背也。” 留侯：張良。西漢高祖六年，封留侯。贊同劉敬的建都之策。《漢書》卷四〇《張良傳》載：張良曰：“雒陽雖有此固，其中小，不過數百里，田地薄，四面受敵，此非用武之國。夫關中左殽、函，右隴、蜀，沃野千里，南有巴、蜀之饒，北有胡苑之利，阻三面而固守，獨以一面東制諸侯。諸侯安定，河、渭漕挽天下，西給京師；諸侯有變，順流而下，足以委輸。此所謂金城千里，天府之國。劉敬説是也。”

［10］【李賢注】天謂五星聚東井也。人謂婁敬等進説也。皇明謂高祖也。西顧謂入關也。《詩》云：“乃眷西顧。”

［11］【李賢注】睎，望也，音希。睋，視也，音蛾。秦領在今藍田東南。北阜即今三原縣北有高阜，東西橫亘者是也。豐水出鄠縣南山豐谷（豐，大德本、殿本作“酆”）。霸水出藍田谷。《三秦記》曰：“龍首山六十里，頭入渭水，尾達樊川。”在傍曰挾，在上曰據也。【今注】睎：眺望。 秦領：即秦嶺。位於今陝西中南部、渭河與漢江之間的山地，東以灞河與丹江河谷爲界，西止於嘉陵江。又因位於關中以南，故名“南山”。案，領，殿本作“嶺”，二字可通。 睋：眺望。 北阜：今陝西關中平原北部的山岡丘陵。 挾：靠近。 酆霸：酆水和霸水。酆水，又作灃水。今陝西灃河。源出秦嶺豐峪，北流經今陝西西安市西，至咸陽市東南入渭水。霸水，渭河支流。在今陝西中部。源出藍田縣東秦嶺北麓，西南流納藍水，折向西北經西安市東，過灞橋北流入渭河。霸

水與酆水在長安東西兩側，如同用胳膊夾持。 龍首：山名。在陝西西安市北。一名龍首原。

［12］【今注】度：惠棟《後漢書補注》謂李善曰“度”或爲“慶”，“慶”與“羌”古字通，《小爾雅》云：“羌，發聲也。”中華本校勘記云：“王念孫謂李善本‘度’字本作‘慶’，今本作‘度’者，後人據五臣本及《班固傳》改之耳。善注原文當云‘《小雅》曰羌，發聲也，“慶”與“羌”古字通，“慶”或爲“庋”。’又謂作‘慶’是。慶，語詞。”

［13］【李賢注】肇，始也。始自高祖，終於平帝，爲十二代也。【今注】案，王先謙《後漢書集解》謂《固集》及《文選》“奢”並作“泰”，此亦范氏避其父諱而改。

［14］【李賢注】金城言堅固也。張良曰：“金城千里。”杜預注《左傳》云：“方丈爲堵，三堵爲雉。”《字林》曰：“呀，大空也。”音火加反。《周禮》：“國方九里，旁三門。”每門有大路（有，大德本、殿本誤作“爲”），故曰三條。鄭玄注《周禮》云“司門若今城門校尉，主王城十二門”也（司門若今城門校尉主王城十二門，紹興本作“天子城十二門通十二子”）。【今注】金城：比喻如金屬般堅固的城池。 萬雉：形容城墻極高。雉，古代計算城墻面積的單位。長三丈、高一丈爲一雉。 周池：護城河。形容其深且大。《文選》吕向注：“言城下池，周繞而大，乃成深淵。”

［15］【今注】街衢：街道。衢，四通八達的道路。

［16］【李賢注】《字林》曰：“閭，里門也。閻，里中門也。”且于（于，紹興本、大德本、殿本作“千”，是），言多也。《漢宮閣疏》曰（閣，大德本、殿本作“闕”）：“長安九市，其六在道西，三在道東。”隧，列肆道也。鄭玄注《禮記》曰：“廛，市物邸舍也（大德本、殿本無‘物’字）。”【今注】紅塵四合：鬧市的飛塵四面聚攏。形容繁華熱鬧的城市。 煙雲相連：煙霧和雲氣都連在了一起。

［17］【李賢注】《論語》："子適衛，冉有僕。子曰：'庶矣哉！'冉有曰：'既庶矣，又何加焉？'曰：'富之。'"《詩·周頌》云："惠我無疆。"疆，境也。《詩·小雅》曰："彼都人士。"毛萇注云："城郭之域曰都。"五方謂四方及中央也。《前書》曰："秦地五方雜錯（五，大德本、殿本誤作'三'）。"鄭玄注《周禮》曰："肆，市中陳物處也。"杜元凱注《左傳》云"姬、姜，大國之女"也。【今注】姬姜：周王室爲姬姓，周初齊國爲姜姓。代指王室貴族。

［18］【李賢注】豪俊游俠謂朱家、郭解、原涉之類也。原、嘗平原君趙勝（大德本、殿本"嘗"後有"謂"字，當據補）、孟嘗君田文也，春、陵謂春申君黄歇、信陵君無忌也，竝招致賓客，名高天下也。【今注】鄉曲：鄉里、鄉下。《文選》卷一"俊"作"舉"，李善注引《史記》魏公子無忌曰"平原之游，徒豪舉耳"。 原：平原君趙勝。戰國時趙惠文王弟，爲趙相，封於東武城（今山東武城縣西北）。養賓客數千人。趙孝成王七年（前259），秦圍邯鄲，招死士三千人，又得楚、魏救兵，擊退秦軍。 嘗：孟嘗君田文。其父田嬰爲齊宣王庶弟，封於薛（今山東滕州市南）。有食客數千人。入秦爲相。後爲齊湣王相。率領齊、韓、魏三國之兵攻秦。齊湣王七年（前294）因田甲叛亂，爲湣王所疑，奔至魏，任相國。曾西合秦、趙與燕共伐破齊。 春：春申君黄歇。戰國時楚國大臣。楚頃襄王時任左徒。楚考烈王即位，任爲相，封春申君。相楚二十五年。有食客三千人。 陵：信陵君魏無忌。戰國魏貴族。魏安僖王元年（前276）封爲信陵君。門下有食客三千人。安僖王三十年，聯合五國擊退秦將蒙驁。 連交合衆：指廣泛結交，聚集徒衆。

若乃觀其四郊，浮遊近縣，則南望杜、霸，北眺五陵，名都對郭，邑居相承，英俊之域，紱冕所興，冠蓋如雲，七相五公。[1]與乎州郡之豪桀，五都之貨殖，三選七遷，充奉陵邑，蓋以彊幹弱枝，隆上都而觀萬國。[2]封畿之内，厥土千里，逴犖諸夏，兼其所有。[3]其陽則崇山隱天，幽林穹谷，陸海珍藏，藍田美玉，商、洛緣其限，鄠、杜濱其足，[4]源泉灌注，陂池交屬，竹林果園，芳草甘木，郊野之富，號曰近蜀。[5]其陰則冠以九嵕，陪以甘泉，乃有靈宫起乎其中。秦、漢之所極觀，淵、雲之所頌歎，於是乎存焉。[6]下有鄭、白之沃，衣食之源，隄封五萬，疆埸綺分，溝塍刻鏤，原隰龍鱗，決渠降雨，荷臿成雲，五穀垂穎，桑麻敷菜。[7]東郊則有通溝大漕，潰渭洞河，泛舟山東，控引淮、湖，與海通波。[8]西郊則有上囿禁苑，林麓藪澤，陂池連乎蜀、漢，繚以周牆，四百餘里，離宫别館，三十六所，神池靈沼，往往而在。[9]其中乃有九真之麟，大宛之馬，黄支之犀，條枝之鳥，踰崐崘，越巨海，殊方異類，至三萬里。[10]

[1]【李賢注】浮遊謂周流也。杜、霸謂杜陵、霸陵，在城南，故南望也。五陵謂長陵、安陵、陽陵、茂陵、平陵，在渭北，故北眺也。竝徙人以置縣邑，故云名都對郭。《蒼頡篇》曰："黻，綬也。冕，冠也。"其所徙者皆豪右、富貲、吏二千石，故多英俊冠蓋之人。如雲，言多也。《詩》曰："出其東門，有女如雲。"七相謂丞相車千秋，長陵人，黄霸、王商，竝杜陵人也，韋賢、平當、魏相、王嘉，竝平陵人也。五公謂田蚡爲太尉，長陵人，張安世爲大司馬，朱博爲司空，竝杜陵人，平晏爲司徒，韋賞爲大司馬（賞，大德本、殿本作"賢"），竝平陵人也。【今注】四

郊：城市四周的郊野。　杜：杜陵，縣名。治所在今陝西西安市雁塔區。本爲西漢宣帝劉詢陵墓，因陵置縣。　霸：霸陵，縣名。治所在今陝西西安市東北。本爲西漢文帝劉恒陵園，因陵置縣。　五陵：長陵、安陵、陽陵、茂陵、平陵，均在長安城北面。長陵，縣名。治所在今陝西咸陽市渭城區韓家灣鄉怡魏村。本爲西漢高祖劉邦陵園，後因陵置縣。安陵，縣名。治所在今陝西咸陽市東北。本爲西漢惠帝劉盈之陵，因陵置縣。陽陵，縣名。治所在今陝西咸陽市東北。本爲西漢景帝劉啓陵園，因陵名縣。茂陵，縣名。治所在今陝西興平市東北。本爲槐里縣之茂鄉，西漢武帝建元二年（前139）於其地修建茂陵，因陵置縣。平陵，縣名。治所在今陝西咸陽市西北。其地本屬槐里縣，昭帝析地以修建平陵，因陵置縣。　名都對郭：指長安城與北面和東北面的郭區相對應，互相配合。　黻冕：官員貴族的禮服和禮帽。黻，古代禮服上黑與青相間的花紋。代指高官顯貴。

［2］【李賢注】《前書音義》曰："五都謂洛陽、邯鄲、臨淄、宛、成都也。"三選，選三等之人，謂徙吏二千石及高貲富人及豪桀并兼之家於諸陵（桀，大德本、殿本作"傑"），蓋以彊幹弱枝，非獨爲奉山園也。見《前書》。自元帝已後不遷，故唯七焉。《爾雅》曰："覯，指示也。""選"或爲"徙"，義亦通。【今注】案，《漢書·地理志下》："漢興，立都長安，徙齊諸田，楚昭、屈、景及諸功臣家於長陵。後世世徙吏二千石、高訾富人及豪桀并兼之家於諸陵。蓋亦以强幹弱支，非獨爲奉山園也。"豪桀，大德本、殿本作"豪傑"。　陵邑：漢代爲守護帝王陵園所置的邑地。

［3］【李賢注】《前書》曰："秦地沃野千里，人以富饒。"逴犖猶超絶也。逴音卓。犖音呂角反。諸夏謂中國也。【今注】封畿：京城附近的地區。　厥土：那里的土壤。

［4］【李賢注】穹谷，深谷。東方朔曰："漢興，去三河之地，止灞、滻之西，都涇、渭之南，此謂天下陸海之地也。"范子計然曰："玉出藍田。"商及上洛皆縣名。隈，山曲也。濱猶近也。鄠、

杜，二縣名，近南山之足。《爾雅》云："麓，山足也。"【今注】崇山隱天：高大的山巒遮蔽天空。　幽林：茂密幽深的森林。　陸海：高平而物產豐饒的陸地。《漢書·地理志下》："有鄠、杜竹林，南山檀柘，號稱陸海，爲九州膏腴。"顏師古注："言其地高陸而饒物產，如海之無所不出，故云陸海。"　藍田：縣名。治所在今陝西藍田縣西。　商：縣名。治所在今陝西丹鳳縣西。　洛：縣名。治所在今河南洛陽市東北。　鄠：縣名。治所在今陝西西安市鄠邑區北。　杜：縣名。西漢宣帝元康元年（前65）改杜縣置，治所在今陝西西安市東南。

［5］【李賢注】孔安國注《尚書》曰："澤障曰陂，停水曰池。"《前書》曰："巴、蜀土地肥美，有山林竹樹蔬食果實之饒。"今南山亦有之，與巴、蜀相類，故曰近蜀。《爾雅》曰："邑外曰郊，郊外曰野。"【今注】陂池：池塘。　郊野：古代都城外百里以內的地區稱"郊"，百里以外稱"野"。

［6］【李賢注】陰謂北也。九嵕山尤高峻（嵕，大德本作"堫"），故稱冠雲。甘泉山在雲陽北，秦始皇於上置林光宮，漢又起甘泉宮、益壽、延壽館、通天臺，故云"秦、漢之所極觀"。王褒字子泉（泉，大德本、殿本作"淵"，二字可通），作《甘泉頌》，楊子雲作《甘泉賦》（楊，大德本、殿本作"揚"），故云"泉雲頌歎（泉，大德本、殿本作'淵'）"。【今注】九嵕：山名。位於今陝西咸陽市禮泉縣東北。由九座山峰聚集而成，故名。　甘泉：宮殿名。在今陝西淳化縣西北。　靈宮：對帝王宮殿的美稱。

［7］【李賢注】《史記》曰："韓使水工鄭國説秦，令引涇水爲渠，傍北山，東注洛，溉田四萬餘頃，名曰鄭國渠。"武帝時，趙中大夫白公奏穿渠引涇水，首起谷口，尾入櫟陽，溉田四千餘頃，因名白渠。時人歌之曰："田於何所？池陽谷口。鄭國在前，白渠起後。舉臿爲雲，決渠爲雨。涇水一石，其泥數斗。且溉且糞，長我禾黍。衣食京師，億萬之口。"《前書》曰："天子畿方千

里，隄封百萬井。"《音義》曰："隄謂積土爲封限也，音丁奚反（奚，大德本、殿本作'兮'，二字可通）。"《廣雅》曰："埸，界也。"音亦。《周禮》曰："夫閒有遂，十夫有溝。"《説文》曰："塍，田畦也。"塍音繩。刻鏤謂交錯如鏤也。《爾雅》曰："高平曰原，下溼曰隰。"言如龍鱗之五色也。五穀，黍、稷、菽、麥、稻也。《爾雅》曰（校補謂此見《小爾雅·廣物篇》，《文選》李善注引作"小雅曰"，《文選》注于《小爾雅》皆省稱"小雅"，此則脱去"小"字）："禾穗謂之穎。"《爾雅》曰："敷，布也。"棻，茂盛也，音芬。【今注】鄭：鄭國渠。戰國時期秦國在關中開鑿的水利工程。公元前246年，秦王嬴政采納韓國水工鄭國的建議，並由其主持在關中渭水以北興修大型灌溉渠。渠西引涇水，東經今陝西涇陽、三原、高陵、臨潼、富平、渭南、蒲城注入洛水，全長一百五十餘千米。遺址位於今陝西涇陽縣王橋鄉上然村北仲山西麓涇河東岸。　白：白渠。西漢時期關中地區的水利工程。武帝太始二年（前95），由趙中大夫白公建議開鑿，自谷口（今陝西禮泉縣東北）鄭國渠南引涇水，向東南經今高陵、臨潼東北櫟陽鎮附近，至渭南市北下邽鎮南注入渭水，長一百餘千米。因爲建議始自白公，故稱白渠或白公渠。　隄封：總共、通計。包括疆域之内的所有土地，總計其數量。　疆埸綺分：田地的邊界縱横交錯。綺分，相互交錯成文章。《文選》作"綺紛"。　溝塍刻鏤：溝渠和田埂猶如刻鏤一般整齊。　原隰龍鱗：平原和低窪潮濕的地方如同龍鱗般五顏六色。　決渠降雨：開鑿的水渠水源豐富，如同降雨。　荷臿成雲：形容舉鍬的人多如天上的雲。臿，掘土用的鍬。《方言》卷五：江、淮、南楚之間謂之臿。　敷棻：形容桑麻茂盛。同"敷紛"。

［8］【李賢注】漕，水運也。《蒼頡篇》曰："潰，傍決也。"《前書》武帝穿漕渠通渭。《史記》曰："滎陽下引河東南爲鴻溝，以與淮、泗會。"【今注】案，《漢書·溝洫志》載："時鄭當時爲大司農，言：'異時關東漕粟從渭上，度六月罷，而渭水道九百餘

里，時有難處。引渭穿渠起長安，旁南山下，至河三百餘里，徑，易漕，度可令三月罷；而渠下民田萬餘頃又可得以溉。此損漕省卒，而益肥關中之地，得穀。'上以爲然，令齊人水工徐伯表，發卒數萬人穿漕渠，三歲而通。以漕，大便利。其後漕稍多，而渠下之民頗得以溉矣。"　泛舟山東：《漢書·溝洫志》載："自是之後，滎陽下引河東南爲鴻溝，以通宋、鄭、陳、蔡、曹、衞，與濟、汝、淮、泗會。"山東，戰國、秦漢時指崤山或華山以東地區。與海通波：與吴淞江相連通。吴淞江，太湖最大的支流，經今吴江、昆山、青浦、淞江、上海、嘉定等地，會合黄浦江入海。

［9］【李賢注】上囿謂上林苑也。《穀梁傳》曰："林屬於山爲麓。"鄭玄注《周禮》曰："澤無水曰藪。"繚猶繞也，音了。《三輔黄圖》曰："上林有建章、承光等一十一宫，平樂、繭觀等二十五，凡三十六所。"《三秦記》曰："昆明池中有神池，通白鹿原。"《詩》曰："王在靈沼。"【今注】上囿禁苑：苑囿名。秦惠王時始建，漢武帝時擴建，内有宫觀禽獸，供皇帝游樂射獵。舊址在今陝西西安市西南至周至縣一帶。《長安志》所引《關中記》曰："上林苑門十二，中有苑三十六，宫十二，觀二十五。"　靈沼：對池沼的美稱。原爲周文王所建靈臺旁邊的池沼。

［10］【李賢注】宣帝詔曰："九真郡獻奇獸。"晉灼《漢書注》云："駒形，麟色，牛角。"武帝時，李廣利斬大宛王首，獲汗血馬來。又黄支國自三萬里貢生犀。條支國臨西海（支，殿本作"枝"，二字可通），有大鳥，卵如甕。條支與安息接（支，殿本作"枝"），武帝時，安息國發使來獻之。又曰："崐崘山高二千五百里。"竝見《前書》。【今注】九真之麟：西漢宣帝神爵元年（前61）春正月，九真獻奇獸。或爲長頸鹿。九真，郡名。治胥浦縣（今越南清化省清化市西北）。麟，大德本誤作"鱗"。　大宛之馬：西漢武帝太初四年（前101），貳師將軍廣利斬大宛王首，獲汗血馬來。大宛，西域古國名。在今烏兹别克斯坦費爾干納盆地。都城在貴山城（今烏兹别克斯坦塔什干市東南卡散賽）。　黄

支之犀：西漢平帝元始二年（2）春，黄支國獻犀牛。《漢書》卷九六下《車師後國傳》："能睹犀布、瑇瑁則建珠崖七郡，感枸醬、竹杖則開牂柯、越嶲，聞天馬、蒲陶則通大宛、安息。自是之後，明珠、文甲、通犀、翠羽之珍盈於後宫，蒲梢、龍文、魚目、汗血之馬充於黄門，鉅象、師子、猛犬、大雀之群食於外囿。"黄支，古國名。在今印度金奈西南的甘吉布勒姆。　條枝之鳥：東漢章帝永元十三年（101），安息國遣使獻師子及條枝大爵（通"雀"）。條枝，西亞古國名。又作"條支"。又稱塞琉古王國。公元前312年建國，都城在安條克（今土耳其南部哈塔伊省安塔基亞市）。傳見本書卷八八。　崐崘：山名。西起帕米爾高原，横貫新疆和西藏交界處，東經青海直至四川西北部。　巨海：裹海。位於歐亞交界，是世界上最大的湖泊。今爲哈薩克斯坦、俄羅斯、阿塞拜疆、伊朗、土庫曼斯坦共享。

其宫室也，體象乎天地，經緯乎陰陽，據坤靈之正位，放泰、紫之圓方。[1]樹中天之華闕，豐冠山之朱堂，因瑰材而究奇，抗應龍之虹梁，列棼橑以布翼，荷棟桴而高驤。[2]雕玉瑱以居楹，裁金璧以飾璫，發五色之渥采，光爓朗以景彰。[3]於是左墄右平，重軒三階，閨房周通，門闥洞開，列鍾虡於中庭，立金人於端闈，仍增崖而衡閾，臨峻路而啓扉。[4]徇以離殿別寢，承以崇臺閒館，焕若列星，紫宫是環。[5]清涼宣温，神仙長年，金華玉堂，白虎麒麟，區宇若兹，不可殫論。[6]增槃業峨，登降炤爛，殊形詭制，每各異觀，乘茵步輦，唯所息宴。[7]後宫則有掖庭椒房，后妃之室，合歡、增成，安處、常寧，茝若、椒風，披香、發越，蘭林、蕙草，鴛鸞、飛翔之列。[8]昭陽特盛，隆乎孝成，屋不呈材，牆不露形，裛以藻繡，絡以綸連，隨侯明月，錯落其閒，金釭銜璧，是爲列錢，翡翠火齊，流燿含英，懸黎垂棘，夜光在焉。[9]於是玄墀釦切，玉階形庭，碝磩采緻，琳珉青熒，珊瑚碧樹，周阿而生。[10]紅羅颯纚，綺組繽紛，精曜華燭，俯仰如神。[11]後宫之號，十有四位，窈窕繁華，更盛迭貴，處乎斯列者，蓋以百數。[12]左右廷中，朝堂百僚之位，蕭曹魏邴，謀謨乎其上。[13]佐命則垂統，輔翼則成化，流大漢之愷悌，蕩亡秦之毒螫。[14]故令斯人楊樂和之聲，作畫一之歌，功德著於祖宗，膏澤洽于黎庶。[15]又有天禄石渠，典籍之府，命夫諄誨故老，名儒師傅，講論乎六蓺，稽合乎同異。[16]又有承明金馬，著作之庭，大雅宏達，於兹爲群，元元本本，周見洽聞，啓發篇章，校理秘文。[17]周以鉤陳之位，衛以嚴更之署，總禮官之甲科，群百郡之廉孝。[18]虎賁贅衣，閹尹閽寺，陛戟百重，各有攸司。[19]周廬千列，徼道綺錯。[20]輦路經營，脩涂飛閣。[21]自未央而連桂宫，北彌明光而亘長樂，陵墱道而超西墉，混建章而外屬，設璧門之鳳闕，上柧棱而棲金雀。[22]内則别風之嶕嶢，眇麗巧而竦擢，張千門而立萬户，順陰陽以開闔。[23]爾乃正殿崔巍，層構厥高，臨乎未央，經駘盪而出馺娑，洞枍詣與天梁，上反宇以蓋戴，激日景而納光。[24]神明鬱其特起，遂偃蹇而上躋，軼雲雨於太半，虹霓回帶於棼楣，雖輕迅與僄狡，猶愕眙而不敢階。[25]攀井幹而未半，目眴轉而意迷，舍櫺檻而却倚，若顛墜而復稽，魂怳怳以失度，巡回涂而下低。[26]既懲懼於登望，降周流以彷徨，步甬道以縈紆，又杳窱而不見陽。[27]排飛闥而上出，若游目於天表，似無依之洋洋。[28]前唐中而後太液，攬滄海之湯湯，揚波濤於碣石，激神嶽之嶈嶈，濫瀛洲與方壺，蓬萊起乎中央。[29]於是靈草冬榮，神木叢生，巖峻崔崒，金石崢嶸。[30]抗仙掌與承露，擢雙立之金莖，軼埃壒之混濁，鮮顥氣之清英。[31]騁文成之丕誕，馳五利之所刑，庶松喬之群類，時游從乎斯庭，實列仙之攸館，匪吾人之所寧。[32]

[1]【李賢注】圓象天，方象地。南北爲經（經，大德本誤作“緾”），東西爲緯。楊雄《司空箴》曰（楊，殿本作“揚”）：“普彼坤靈，侔天作合。”放，象也。太、紫謂太微（微，大德本誤作“德”）、紫宫也。劉向《七略》曰：“明堂之制：内有太室，象紫宫；南出明堂，象太微。”《春秋合誠圖》曰：“太微，其星十二，四方。”《史記·天官書》曰：“環之匡衞十二星，藩臣，皆曰紫宫。”是太微方而紫宫圓也。【今注】體象：仿照。　經緯：規劃布局。外朝屬陽，宫殿布局采用奇數；内廷屬陰，宫殿布局采用偶數。　坤靈：大地。　案，放，大德本誤作“於”。　泰：太微。指朝廷或帝王所居的宫殿。古人把太微垣比作一座宫殿。垣正南方左、右執法二星間稱作端門。左執法與東上相間稱爲左掖門，右執法與西上將間稱右掖門。　紫：紫宫。天帝之宫。指帝王的宫禁。

[2]【李賢注】《列子》曰：“周穆王作中天之臺。”《説文》曰：“闕，門觀也。”《前書》蕭何作東闕、北闕。豐，大也。冠山

謂在山之上也。《禆蒼》曰（禆，殿本作“埤”）：“瑰瑋，珍奇也。”《廣雅》曰：“有翼曰應龍。”梁作應龍之形，而又曲如虹也。《説文》曰：“棼，複屋之棟。”橑，椽也。翼，屋之四阿也。荷，負也。驤，舉也。《爾雅》曰：“棟謂之桴。”音浮。【今注】中天：中天之臺。《列子·周穆王》：“土木之功，赭堊之色，無遺巧焉。五府爲虚，而臺始成。其高千仞，臨終南之上，號曰‘中天之臺’。”　華闕：華麗的門闕。《春秋演孔圖》作“闕，華闕之門，當帝坐”。　朱堂：朱紅色的殿堂。　因瑰材而究奇：因爲珍貴的材料而奇特。　抗應龍之虹梁：高舉如應龍一般高架而拱曲的屋梁，因形如虹，故稱。應龍，古代傳説中有翼的龍。　列棼橑以布翼：閣樓的梁椽分布於四周。　荷棟桴而高驤：房梁高聳騰起。

[3]【李賢注】《廣雅》曰：“磌（磌，殿本作‘瑱’），磌也。”音田。“瑱”與“磌”通。楹，柱也。雕王爲磌以承柱也（王，紹興本、大德本、殿本作“玉”）。《上林賦》曰：“華榱璧璫。”韋昭注曰：“璫，榱頭也。”渥，光潤也。爛音豔。【今注】玉瑱：指以玉石做成的石礅，用以承載宫殿的柱子。或當作“玉磌”。　裁金璧以飾璫：裁金子、璧玉作爲屋椽頭的裝飾。璫，即“瓦當”。　發五色之渥采：發散五色的濃豔光澤。五色，指青、黄、赤、白、黑五色。也泛指各種顔色。　光爓朗以景彰：光焰明亮使影子更加鮮明。

[4]【李賢注】摯虞《決疑要注》曰：“墄者爲階級，平者以文塼相亞次也。”“域”亦作“墄”。言階級勒墄然，音七則反。王逸《楚辭注》曰：“軒，樓板也。”《周禮》夏后氏“世室九階”，鄭玄注云“南面三階，三面各二”也（二，大德本誤作“一”）。《爾雅》曰：“宫中之門謂之闈，小者謂之閨。”簴以懸鍾也。《史記》：“秦始皇收天下兵器，聚之咸陽，銷以爲金人十二，置宫中。”端闈，宫正門也。《三輔黄圖》曰：“秦宫殿端門四達，以則紫宫。”仍，因也。衡，横也。閾，門限。【今注】左墄右平：左邊是給人登的臺階，而右邊則是給車行的緩坡。墄，臺階

的階梯。殿本作“墄”。平，平坦的緩坡。（陳蘇鎮：《秦漢殿式建築的布局》，《中國史研究》2016 年第 3 期） 重軒三階：雙重樓板和三層臺階。《管子·君臣上》：“立三階之上。”尹知章注：“君之路寢前有三階。”重軒，指多層樓。 闥：宫中小門。 虡（jù）：古代懸掛鐘、磬的架子，兩旁柱子爲虡。 中庭：古代廟堂前階下正中部分。爲朝會或授爵行禮時臣下站立之處。 增崖：重重高聳的山崖。增，通“層”。 衡閾（yù）：横設的門坎。衡，同“横”，此處指横設。閾，門坎。 臨峻路而啓扉：指在險峻的山路旁修建亭臺樓閣，門窗正對着險路。

［5］【李賢注】徇猶繞也。崇，高也。閒音閑。焕，明也。言周回宫館，明若列星之環繞紫宫也。環，協韻音官（官，大德本、殿本作“宦”）。【今注】案，此四句指上林苑中的各種宫殿、館舍、高臺如同星辰環繞紫宫一樣排列布局。

［6］【李賢注】《三輔黄圖》曰：“未央宫有清涼殿、宣室殿（宣，大德本誤作‘宫’）、中温室殿、金華殿、大玉堂殿、中白虎殿、麒麟殿，長樂宫有神仙殿。”殫，盡也。

［7］【李賢注】增，重也。槃，屈也。業峨，高也。業音五臘反。峨音我。詭，異也。茵，褥也。駕人曰輦。【今注】增槃業峨：重重盤旋高大巍峨。業峨，《文選》作“崔嵬”。 登降炤爛：高高低低輝煌燦爛。 殊形詭制：形態奇特各異。 乘茵：坐茵褥之上，而令四人持舉茵之四角，輿而行。 步輦：用人力擡行的代步工具。最初有輪，用馬拉行，帶有車廂。秦以後改由人擡。據衛宏《漢舊儀》：“皇后、倢伃乘輦，餘茵以茵，四人輿以行。” 唯所息宴：隨時隨處可以歇息。

［8］【李賢注】《漢官儀》曰：“婕妤以下皆居掖庭。”《三輔黄圖》曰：“長樂宫有椒房殿。”《前書》曰：“班婕妤居增成舍。”桓譚《新論》曰：“董賢女弟爲昭儀，居舍號曰椒風。”《漢宫閣名》長安有披香殿、鴛鸞殿、飛翔殿（閣，殿本作“闕”）。餘未詳。【今注】掖庭：漢代宫廷管理後宫女性的機構。司馬貞《史

記索隱》："永巷，别宫名，有長巷，故名之也。"後改爲掖庭。韋昭以爲在掖門内，故謂之掖庭也。《漢書》卷三《文帝紀》顔師古注謂"非正門而在兩旁，若人之臂掖也"。　椒房：殿名，皇后所居。以椒和泥塗壁，取其温暖而芳香。在未央宫、長樂宫。案，《三輔黄圖》引《決録》未央宫有延年殿、合歡殿、回車殿。　增成：《漢書》卷九七下《外戚傳下》載："孝成班倢伃，帝初即位選入後宫。始爲少使，蛾而大幸，爲倢伃，居增成舍。"案，合歡、增成、安處、常寧、茝若、椒風、披香、發越、蘭林、蕙草、鴛鸞、飛翔，爲漢代後宫八區。應劭曰："後宫有八區，增成第三也。"張衡《西京賦》作"後宫則昭陽、飛翔，增成、合歡，蘭林、披香，鳳皇、鴛鸞"。

［9］【李賢注】昭陽殿，成帝趙昭儀所居也。《説文》曰："裛，纏也。"音於業反。綸，糾，青絲綬也。"綸"或作"編"（綸，大德本作"編"）。《淮南子》曰："隨侯之珠，和氏之璧。"高誘注云："隨侯行見大蛇傷，以藥傅之。後蛇銜珠以報之，因曰隨侯珠。"《説文》曰："釭，轂鐵也。"音江，又音工。謂以黄金爲釭，其中銜璧，納之於壁帶（壁，紹興本、大德本、殿本作"璧"，本注下同），爲行列歷歷如錢也。《前書》曰："昭陽殿壁帶，往往爲黄金釭，函藍田玉璧，明珠翠羽飾之。"《異物志》曰："翠鳥形如燕，赤而雄曰翡，青而雌曰翠，其羽可以飾幃帳。"《韻集》曰："火齊，珠也。"《戰國策》曰："應侯謂秦王曰'梁有縣黎'。"《左傳》曰："晉荀息請以垂棘之璧假道於虞。"言懸黎、垂棘之玉，竝夜有光暉也（暉，大德本、殿本作"輝"）。【今注】屋不呈材牆不露形：漢代的室内，還常以文綉覆蓋墻與柱，木構和墻體表面不可暴露原材，必須施以油飾彩繪，纔符合使用要求。　藻繡：彩色的紋飾。　綸連：將絲帶編結成網狀。　隨侯明月：明月珠。《淮南子·覽冥訓》高誘注："隋侯，漢東之國，姬姓諸侯也。隋侯見大蛇傷斷，以藥傅之，後蛇于江中銜大珠以報之，因曰隋侯之珠，蓋明月珠也。"《史記》卷八七《李斯列傳》《正

義》引《説苑》云：昔隨侯行，遇大蛇中斷，疑其靈，使人以藥封之，蛇乃能去，因號其地爲斷蛇丘。歲餘，蛇銜明珠徑寸，絶白而有光。因號隨珠。　釭：本義爲車轂上穿軸用的鐵圈。此處指宫室壁上的環狀裝飾物，以黄金做成，中間鑲嵌玉璧。　列錢：像排列成串的圓錢。　翡翠：古代一種生活在南方的鳥，毛色十分美麗，通常有藍、緑、紅、棕等顔色。這種鳥雄性爲紅色，謂之“翡”；雌性爲緑色，謂之“翠”。　火齊：琉璃。　懸黎：會發夜光的美玉。《戰國策·秦策三》：“梁有懸黎，楚有和璞。”　垂棘：春秋時晉國地名，在今山西潞城市北，産美玉。用以代指美玉。　夜光：一種能發光的珍珠。《抱朴子·内篇·祛惑》：“凡探明珠，不於合浦之淵，不得驪龍之夜光也。”

［10］【李賢注】《前書》曰：“昭陽殿中庭彤朱，而殿上髹漆。”髹音休。漆黑故曰玄。墀，殿上地也。又曰：“切皆銅沓，黄金塗，白玉階。”釦音口。碝、磩，琳、珉，竝石次玉者。碝音而兖反，磩音戚。綵緻，其文理密也。青熒，其光色也。《漢武故事》曰：“武帝起神堂，植玉樹，葺珊瑚爲枝（葺，大德本、殿本誤作‘茸’），以碧玉爲葉。”《淮南子》曰：“崐崘山有碧樹在其北。”高誘注云：“碧，青石也。”謂以珠玉假爲樹而植之於殿曲。阿，曲也。【今注】玄墀：以漆塗過的殿前地面。　釦（kòu）切：用金玉鑲嵌的門檻。《漢書》卷九七下《外戚傳下》載：“（昭儀）居昭陽舍，其中庭彤朱，而殿上髤漆，切皆銅沓，黄金塗，白玉階，壁帶往往爲黄金釭，函藍田璧，明珠、翠羽飾之，自後宫未嘗有焉。”　玉階：玉石砌成或裝飾的臺階。　彤庭：以朱漆塗過的殿前中庭。　碝（ruǎn）磩采緻：碝磩文理細緻。碝磩皆爲次玉的石頭。　琳珉青熒：琳珉閃耀着微弱的青光。琳珉，像玉的石頭。　珊瑚碧樹：用珊瑚做枝幹，用碧玉做樹葉。　周阿：宫殿的角落。《文選·西都賦》劉良注：“阿，曲也。言生于庭曲。”

［11］【李賢注】薛綜注《西京賦》曰：“颯纚，長袖貌。颯音素合反（大德本無‘音’字），纚音山綺反。”綺，文繒也。

組，綬也。繽紛，盛貌。燭，照也。言精彩華飾照燿也（燿，大德本、殿本作“曜”）。《戰國策》張儀謂秦王曰：“彼周、鄭之女，粉白黛黑立於衢，非知而見之者以爲神也。”【今注】紅羅颯纚（xǐ）：紅色的衣裙長袖飄動。紅羅，一種紅色輕軟的絲織品，多用於製作婦女的衣裙。颯纚，衣袖飄動的樣子。　綺組：用有紋彩的絲織品做成的綬帶。　精曜華燭：色彩炫爛、光彩照人。曜，大德本作“耀”。

［12］【李賢注】《前書》曰：“漢興，因秦之稱號，正嫡稱皇后，妾皆稱夫人。凡十四等，有昭儀、婕妤、娙娥、傛華、美人、八子、充衣（衣，殿本誤作‘依’）、七子、良人、長使、少使、五官、順常（順，紹興本誤作‘湏’），是爲十三等；又有無涓、共和、娛靈、保林、良使、夜者（者，大德本誤作‘君’），秩祿同（秩，紹興本、大德本、殿本作‘秩’。同，紹興本作‘司’），共爲一等，合十四位也。”窈窕，幽閑也。繁華，美麗也。百數謂以百而數之也。【今注】案，《漢書》卷九七上《外戚傳上》載，昭儀位視丞相，爵比諸侯王。倢伃視上卿，比列侯。娙娥視中二千石，比關内侯。傛華視真二千石，比大上造。美人視二千石，比少上造。八子視千石，比中更。充依視千石，比左更。七子視八百石，比右庶長。良人視八百石，比左庶長。長使視六百石，比五大夫。少使視四百石，比公乘。五官視三百石。順常視二百石。無涓、共和、娛靈、保林、良使、夜者皆視百石。

［13］【李賢注】蕭何、曹參竝沛人，魏相字弱翁，濟陰人，邴吉字少卿，魯國人，竝爲丞相。【今注】蕭：蕭何。西漢高祖元年（前206）爲丞相。十年爲相國。世家見《史記》卷五三，傳見《漢書》卷三九。　曹：曹參。西漢孝惠二年（前193）爲丞相。世家見《史記》卷五四，傳見《漢書》卷三九。　魏：魏相，字弱翁，濟陰定陶（今山東菏澤市定陶區西北）人。西漢宣帝地節三年（前67），代韋賢爲丞相，封高平侯。神爵三年（前59）卒，謚憲。傳見《漢書》卷七四。　邴：邴吉（又作“丙吉”），字少

卿，西漢魯國（今山東曲阜市）人。治律令，爲魯獄史，遷廷尉右監。武帝末，詔治巫蠱郡邸獄。保護皇曾孫。任大將軍霍光長史，建議迎立宣帝。地節三年，任太子太傅，遷御史大夫。元康三年（前63），封博陽侯。神爵三年，代魏相爲丞相。卒謚定。傳見《漢書》卷七四。 謀謨：謀劃制定策略。

［14］【李賢注】李陵書曰："其餘佐命立功之士。"司馬相如曰："垂統理順易繼也。"統，業也。《禮記》曰："保者慎其身以輔翼之。"愷，樂也。悌，易也。楊雄《長楊賦》曰（楊，殿本作"揚"）："今朝廷出愷悌，行簡易。"王褒《四子講德論》曰："秦之處位任政者，竝施毒螫。"《前書》曰："孝惠、高后之時，海内得離戰國之苦，君臣俱欲無爲，而天下晏然，衣食滋殖。"又曰："近觀漢相，高祖開基，蕭、曹爲冠。孝宣中興，丙、魏有聲（丙，大德本、殿本作'邴'）。"是時黜陟有序，衆職修理，公卿多稱其位，海内興於禮讓也。【今注】佐命則垂統：蕭何、曹參等輔佐有天命的劉邦開創功業，延續國祚。 輔翼則成化：魏相、邴吉等輔佐宣帝等後世帝王以政令教化百姓。 流大漢之愷悌：傳播漢朝的仁政和寬容政策。 蕩亡秦之毒螫：清除被滅亡的秦朝的暴政。毒螫，原指毒蟲刺人或動物。

［15］【李賢注】《孔叢子》曰："古之帝王，功成作樂，其功善者其樂和。"《前書》曰，蕭何薨，曹參代之，百姓歌之曰："蕭何爲法，較若畫一，曹參代之，守而勿失。"祖宗謂高祖、中宗也。【今注】案，楊，殿本作"揚"。 樂和：樂曲名。樂職、中和。《漢書》卷六四下《王褒傳》："於是益州刺史王襄欲宣風化於衆庶，聞王褒有俊材，請與相見，使褒作《中和》《樂職》《宣布》詩。"顔師古注："中和者，言政治和平也。樂職者，言百官各得其職也。宣布者，風化普洽，無所不被。"大德本、殿本作"和樂"。 畫一：歌曲名。《漢書》卷八九《循吏傳》載："漢興之初，反秦之敝，與民休息，凡事簡易，禁罔疏闊，而相國蕭、曹以寬厚清静爲天下帥，民作'畫一'之歌。"顔師古注："謂歌曰：'蕭何爲法，

講若畫一；曹參代之，守而勿失。’”　祖宗：指漢高祖劉邦、漢宣帝劉詢。　黎庶：百姓。

［16］【李賢注】《三輔故事》曰：“天禄、石渠竝閣名，在未央宫北，以閣秘書。”諄誨謂殷勤教告也。《詩·大雅》曰：“誨爾諄諄。”鄭玄注云：“我教告王，口語諄諄然。”諄音之純反。六蓺謂《詩》《書》《禮》《樂》《易》《春秋》也。稽，考也。《前書》：甘露中詔諸儒講五經同異，令蕭望之平奏其議。【今注】天禄：漢代藏典籍之所。在未央宫北部，南距前殿七百多米，西距石渠閣五百多米。遺址在今陝西西安市未央區小劉寨村。《三輔黄圖》卷六載：“天禄閣，藏典籍之所。”《漢宫殿疏》云：“天禄麒麟閣，蕭何造，以藏秘書處賢才也。”劉向於成帝之末，校書天禄閣。石渠：漢代藏典籍之所。在未央宫西北部，東距天禄閣五百多米。遺址在今陝西西安市未央區小劉寨村西南、周家河灣村東。《三輔黄圖》卷六：“石渠閣，蕭何造；其下礲石爲渠以導水，若今御溝，因爲閣名。所藏入關所得秦之圖籍。至於成帝，又於此藏秘書焉。”　諄誨故老：輔佐教誨帝王的元老舊臣。　師傅：太師與太傅。賈誼《新書·保傅》云：“保，保其身體；傅，傅之德義；師，道之教訓。”掌輔佐天子、議論朝政。　稽合乎同異：《漢書》卷八《宣帝紀》載，甘露三年（前51），詔諸儒講五經同異，太子太傅蕭望之等平奏其議，上親稱制臨決焉。乃立梁丘《易》、大小夏侯《尚書》、穀梁《春秋》博士。

［17］【李賢注】承明，殿前之廬也。金馬，署名也。門有銅馬，故名金馬門，待詔者皆居之。宏亦大也。元其元，本其本。秘文，秘書也。《孝經鉤命決》曰“丘掇秘文”也。【今注】承明：承明廬，承明殿旁的屋舍，在石渠閣外，爲宿衛文士所居之處。　金馬：金馬門，未央宫門。位於中軸綫上，前殿正北。門旁有銅馬。後常指學士待詔處。　元元本本：探求事物的起因和根源。　周見洽聞：指見識廣博。《文選》卷一作“殫見洽聞”。校理秘文：校訂整理國家所藏典籍。《文選》劉歆《移書讓太常博

士》:“孝成皇帝愍學殘文缺，稍離其真，乃陳發秘藏，校理舊文。”

［18］【李賢注】周，環也。《前書音義》曰:“鉤陳，紫宮外星也，宫衛之位亦象之。”嚴更之署，行夜之司也。禮官，奉常也，有博士掌試策（試，大德本誤作“証”），考其優劣，爲甲乙之科（科，大德本誤作“刻”），即《前書》曰“太常以公孫弘爲下第”是也。言百郡，舉全數。《前書》又曰:“興廉舉孝。”【今注】周以鉤陳之位：密布以宫廷護衛。《水經注·河水五》云:“紫微有鉤陳之宿，主鬬訟兵陣。” 衛以嚴更之署：護衛以督行夜鼓的郎署。姚鼐《惜抱軒筆記》卷八曰:“漢宫周衛：蓋郎一層在内，衛卒一層在外。郎所居曰署，卒所居曰廬。故班云:‘衛以嚴更之署。’此言郎選。其下周廬千列，乃言衛卒。”署，大德本作“著”。 禮官：掌禮儀之官。 甲科：漢代課士科目名稱，分甲乙丙三科。《史記》卷一二一《儒林列傳》《索隱》引如淳云:“《漢儀》弟子射策，甲科百人補郎中，乙科二百人補太子舍人，皆秩比二百石；次郡國文學，秩百石也。”《漢書》卷七八《蕭望之傳》師古注曰:“射策者，謂爲難問疑義書之於策，量其大小署爲甲乙之科，列而置之，不使彰顯。有欲射者，隨其所取得而釋之，以知優劣。射之，言投射也。對策者，顯問以政事經義，令各對之，而觀其文辭定高下也。”卷八一《匡衡傳》師古注:“投射得甲科之策，而所對文指不應令條也。《儒林傳》説歲課甲科爲郎中，乙科爲太子舍人，景科補文學掌故。今不應令，是不中甲科之令，所以止爲掌故。”卷八八《儒林傳》:“平帝時王莽秉政，增元士之子得受業如弟子，勿以爲員，歲課甲科四十人爲郎中，乙科二十人爲太子舍人，丙科四十人補文學掌故云。” 廉孝：即孝廉。漢代選官科目之一。始於西漢武帝元光元年（前134）。由郡國舉孝、廉各一人。孝指善事父母，廉指廉節正直。漢代以甲科、孝廉爲郎官，爲宫廷侍衛。

［19］【李賢注】虎賁，宿衛之臣。贅衣，主衣之官。贅，綴也，音之鋭反。《尚書》曰:“綴衣虎賁。”閹尹、閽寺竝宦官，

《周禮》有閽人、寺人。陛戟，執戟於陛也。百重，言多也。攸，所也。司，主也，協韻音伺。【今注】虎賁：官名。《周禮·夏官》有虎賁氏，掌出入護衛。西漢武帝建元元年（前140）置期門郎。平帝元始元年（1）更名虎賁郎，由虎賁中郎將率領，主宿衛皇宫。東漢屬虎賁中郎將。分左右僕射、左右陛長各一人，秩六百石。其中僕射主虎賁郎。陛長主直虎賁、虎賁中郎、虎賁侍郎、虎賁郎中、節從虎賁。掌宿衛侍從。　贅衣：官名。同“綴衣”。掌天子衣服。　閹尹：周朝及春秋戰國諸侯宫内宦官之長。掌帝王之六寢。　閽寺：閽人、寺人。掌宫門開閉。《禮記·内則》：“深宫固門，閽寺守之。男不入，女不出。”注：“閽掌守中門之禁也，寺掌内人之禁令也。”　陛戟：持戟侍衛列於殿階兩側。　攸司：職掌。《文選》卷一作“典司”。

［20］【李賢注】廬謂宿衛之廬，周於宫也。千列，言多也。《史記》：“衛令曰周廬，設卒甚謹。”徼道，徼巡之道。綺錯，交錯也。《前書》曰“中尉掌徼循京師（循，紹興本、大德本、殿本作‘巡’）”也。

［21］【李賢注】《前書音義》曰：“輦道，閣道也。”“涂”亦“塗”也（涂，殿本作“塗”），古字通用。【今注】輦路：天子車駕通行的道路。　經營：往來回旋。　脩涂：長長的臺階。涂，臺階。涂，《文選》卷一作“除”，注“除，樓陛也”。　飛閣：連接宫殿樓閣淩空建造的閣道。

［22］【李賢注】未央宫在西，長樂宫在東，桂宫、明光宫在北，言飛閣相連也。墱，陛級也，音丁鄧反。墉，城也。混，同也。建章宫在城西。屬，連也。《前書》曰：“建章宫，其東則鳳闕，門高二十餘丈，其南有璧門之屬。”《説文》曰“柧棱，殿堂上最高之處也。”柧音孤，棱音力登反。其上棲金雀焉。《三輔故事》曰“建章宫闕上有銅鳳皇（皇，大德本、殿本作‘凰’）”，即金雀也。【今注】“自未央而連桂宫”二句：未央宫在長安城西南，桂宫在北，明光宫在東北，長樂宫在東，皆以復道飛閣相連。

“陵墱道而超西墉”二句：言登臨有臺階的道路，越過西面的城墻，與西邊的建章宫連爲一片。張澍輯《三輔故事》帝於未央宫營造日廣，以城中爲小，乃於宫西跨城池作飛閣，通建章宫，構輦道以上下。輦道爲閣道，可以乘輦而行。墱，同“磴”。磴（dèng）道，有臺階的道路，可以登高。墉（yōng），墻，指城墻。 璧門：建章宫正門，高二十五丈。又名閶闔，以象徵天門。 鳳闕：在建章宫以東。闕上有金鳳，高丈餘。 上柧（gū）棱而棲金雀：柧棱，宫殿屋檐轉角處的瓦脊。《文選》卷一作“觚（gū）棱”。朱珔《文選集釋》卷一曰：“殿制四阿，重屋則八觚。每轉角處必峭上，則最高上必作飛鳥形，故下言‘栖金爵’也。”胡紹煐《文選箋證》引《演繁露》云：“建章之外闕，其上立有棱之觚，觚上立金鑄之鳳，即此所謂‘金爵’也。”

［23］【李賢注】《三輔故事》曰：“建章宫東有折風闕。”《關中記》曰：“折風一名別風。”嶕嶢，高也。嶕音焦，嶢音堯。《前書》曰，建章宫度爲千門萬户（度，大德本、殿本作“庭”）。合謂之陰（合，大德本、殿本作“闔”），開謂之陽。《易》曰：“闔户謂之坤，闢户謂之乾。”【今注】別風：《三輔黄圖》卷二《建章宫》載，“（右神明臺）門内北起別風闕，高五十丈”。本注曰：“在閶闔門内，以其出宫垣識風從何處來，以爲闕名。”何清谷注：“其闕高出宫墻，闕上有銅鳳凰，下有‘轉樞’裝置，銅鳳凰迎風轉動，可以用來辨别風向，因名別風闕，又稱鳳凰闕。”（何清谷：《三輔黄圖校注》，三秦出版社 2006 年版，第 148 頁）

［24］【李賢注】正殿即前殿也。層，重也。臨乎未央，言高之極也。《關中記》建章宫有駘盪、馺娑、枍詣殿。天梁亦宫名也。駘音殆，盪音蕩。馺音素合反，娑音素可反。枍音烏計反。《小雅》曰（小，大德本、殿本作“爾”）：“蓋戴，覆也。”反宇謂飛檐上反也。激日謂日影激入於殿内也。【今注】案，《三輔黄圖》：建章有駘蕩、馺娑、枍詣、天梁、奇寶、鼓簧等宫。又有玉堂、神明堂，疏圃、鳴鑾、奇華、銅柱、函德二十六殿，及太液

池、唐中池。　駘盪：使人舒暢。駘蕩宫，春時景物駘蕩滿宫中也。李善注引《莊子》曰："惠施之材，駘蕩而不得，逐物不反。"　馺娑：馬快速奔跑的樣子。馬行迅疾一日之間遍宫中，形容宫殿之寬大。　枍詣：宫殿名。在建章宫中，其中美木茂盛。　天梁：宫殿名。梁木至於天，形容宫殿之高大。　反宇：屋檐上仰起的瓦頭。　激日景而納光：阻止了陽光的直射，又有很好的采光。激，本義指水勢受阻遏後騰涌或飛濺。此處指阻擋。

［25］【李賢注】神明，臺名也。躋，升也。偃蹇，高貌也。軼，過也。《前書音義》曰："凡數三分有二爲太半。"《説文》曰："棼，棟也。"《爾雅》曰："楣謂之梁。"郭璞云："門户上横梁也。"《方言》曰："僄，輕也。"音匹妙反。鄭玄注《禮記》曰："狡，疾也。"《字書》曰："愕，驚也。"音五各反。《字林》曰："眙，驚貌也。"音丑吏反（丑，大德本作"刃"）。【今注】神明：臺名。《三輔黄圖·神明臺》："神明臺，《漢書》曰：'建章有神明臺。'《廟記》曰：'神明臺，武帝造，祭仙人處，上有承露盤，有銅仙人，舒掌捧銅盤玉杯，以承雲表之露。以露和玉屑服之，以求仙道。'《長安記》：'仙人掌大七圍，以銅爲之。魏文帝徙銅盤折，聲聞數十里。'"神明臺在建章宫前殿西北，是武帝祭祀仙人的場所。《漢書·郊祀志下》："立神明臺、井幹樓，高五十丈，輦道相屬焉。"顔師古注引《漢宫閣疏》云："神明臺高五十丈，上有九室，恒置九天道士百人。"　鬱其：鬱鬱。本爲茂盛之義，此處爲峥嶸、高聳貌。　特起：特出地聳立。　偃蹇（jiǎn）：夭矯，屈曲貌。此處形容臺上建築相屬，磴道曲折。　躋（jī）：登，上升。此句説神明臺高聳，其建築又層層相連屬，於是登之者曲折而上。　軼：超過。原指車轍輾過的痕迹。　虹霓回帶於棼楣：虹霓繚繞於樓閣的棟梁之間。形容極高。　輕迅與僄（piào）狡：輕捷疾速，靈活勇猛。迅，大德本、殿本作"信"。　愕眙而不敢階：樓閣太高，使人驚愕而不敢攀登。階，按臺階上升。

［26］【李賢注】井幹，樓名也。《前書》曰："武帝作井幹

樓，高五十丈，輦道相屬焉。”《蒼頡篇》曰：“眴，視不明也。”音眩。櫺檻，樓上欄楯也。櫺音零。稽，留也。【今注】井幹：何清谷《三輔黄圖校釋》按：“《史記》卷十二《孝武本紀》《索隱》引《關中記》曰：‘“宫北有井幹臺，高五十丈，積木爲樓。”言築累萬木，轉相交架如井幹。’所謂‘宫北’，就是井幹樓在建章宫北，神明臺附近，與建章宫南門内的别風闕形成南北對峙。井幹樓高五十丈，每丈以今二點三米計，合今一百一十五米。”（中華書局2012年版，第126頁）《漢書·郊祀志下》師古曰：“《漢宫閣疏》云神明臺高五十丈，上有九室，恒置九天道士百人。然則神明、井幹俱高五十丈也。井幹樓積木而高，爲樓若井幹之形也。井幹者，井上木欄也，其形或四角，或八角。張衡《西京賦》云‘井幹叠而百層’，即謂此樓也。幹或作韓，其義並同。” 眴轉而意迷：因看不清楚而心神迷亂。 舍櫺（líng）檻（jiàn）而却倚：指不敢近邊，放開邊上的欄杆不扶，身子儘量向裏，靠着裏面的墻壁之類。舍，捨棄。却，後退。 若顛墜而復稽：指感到要掉下去，因而又停下來不敢走。稽，止。 怳（huǎng）怳：失神的樣子。 失度：失去常態，指身體失去平衡。 巡回涂而下低：沿着原路而向下，至於低處。巡（yán），通“沿”。《禮記·祭禮》注：“巡，讀如‘沿漢’之沿，謂更相從道。”

［27］【李賢注】《淮南子》曰：“甬道相連。”高誘注云：“甬道，飛閣複道也。”《廣雅》曰：“窈窱，深也。”“杳”與“窈”通。窱音它鳥反。陽，明也。既創前之登望，乃下巡於複道，宫宇深邃，又不見明者（者，大德本、殿本作“也”）。【今注】懲懼：害怕。《廣雅·釋言》：“懲，懼也。” 降：由高處下來。 周流：盤桓。 仿徨：徘徊，四處漫步。 縈紆：曲折回旋。 杳窱：幽深。

［28］【李賢注】飛闥，閣上門也。王逸注《楚辭》曰：“洋洋，無所歸皃（皃，殿本作‘貌’）。”【今注】游目：隨意眺望。 天表：天外。 洋洋：隨意漂浮無所憑依貌。《楚辭·哀郢》：

"焉洋洋而爲容。"王逸注："洋洋，無所歸貌。"

［29］【李賢注】《前書》曰："建章宫，其西唐中數十里。"《音義》曰："唐，庭也。"其北太液池中有蓬萊、方丈、瀛洲、壺梁，象海中神山。湯湯，流貌也。《蒼頡篇》曰："濤，大波也。"碣石，海畔山也。《説文》曰："濫，泛也。"《列子》曰："海中有神山，一曰岱輿，二曰員嶠，三曰方壺，四曰瀛洲，五曰蓬萊。"【今注】唐中：即中唐，庭道。據《漢書·郊祀志》載，長數十里，在建章宫以西。　太液：池名。西漢武帝所造，在建章宫以北，其中有蓬萊、方丈、瀛洲、壺梁，以象徵海中仙山。　湯（shāng）湯：大水急流貌。　碣石：本爲渤海邊之山名。此處指太液池邊像碣石山並以"碣石"爲名者。　激：衝激。　神嶽：神山。此處指碣石山。　蹡（qiāng）蹡：水激山之聲。案，此數句均指建章宫而言。

［30］【李賢注】靈草、神木謂不死藥也。《史記》曰："海中神山，仙人不死藥在焉。"崢嶸，高峻也。崔音徂回反，崒音才律反（崒，大德本作"萃"）。崢音仕耕反，嶸音宏。【今注】靈草：仙草。　冬榮：冬天開花。　巖峻：陡峭。　金石崢嶸：指瀛洲等水中仙山上的石頭突兀高聳。金石，此處偏指石。

［31］【李賢注】《前書》曰，武帝時作銅柱承露僊人掌之屬。《三輔故事》云："建章宫承露槃（槃，大德本、殿本作'盤'），高二十丈，大七圍，以銅爲之。上有仙人掌承露，和玉屑飲之。"金莖即銅柱也。軼，過也。埃壒，塵也。鮮，絜也。《説文》曰："顥，白皃（皃，大德本、殿本作'貌'）。"音皓。【今注】"抗仙掌與承露"至"鮮顥氣之清英"：漢武帝很迷信，在神明臺上立銅仙人手擎玉盤收集露水，認爲把這種露水與玉石碎末和拌，服用可以長生不老。此事的記載還見於《西京賦》："立修莖之仙掌，承雲表之清露。屑瓊蕊以朝飧，必性命之可度。"李善注引《三輔故事》曰："武帝作銅露盤，承天露，和玉屑飲之，欲以求仙。"抗，舉，聳起。仙人掌、承露盤，皆漢武帝所作。《三輔故事》云："建

章宫承露盤，高二十丈，大七圍，以銅爲之。上有仙人掌承露。”與，大德本、殿本作“以”。擢，聳立，拔起。金莖，銅柱，用以擎承露盤。軼（yì），超越。埃壒，塵埃。《淮南子・兵略訓》：“揚塵起埸。”注：“埸，埃。”鮮，新鮮。此處爲意動用法。顥（hào）氣，所謂混茫之氣，天地之真氣。清英，清潔的精華。

[32]【李賢注】丕，大也。誕，欺也。《前書》曰：“齊人李少翁以方士見上，上拜爲文成將軍，言於上曰：‘即欲與神通，宫室被服非象神，神物不至。’乃作甘泉宫，中爲臺，畫天、地、泰一諸鬼神，而置祭具以致天神。”又曰：“膠東人樂大多方略而敢爲大言，言曰：‘臣常往東海中，見安期、羨門之屬。’乃拜爲五利將軍（利，大德本誤作‘刺’）。”刑，法也。《列仙傳》曰：“赤松子者，神農時雨師也，服水玉以教神農。”又曰：“王子喬者，周靈王太子晉（太，殿本作‘大’），道士浮丘公接以上嵩山。”【今注】騁：施展。 文成：齊人李少翁，因方術被漢武帝封爲文成將軍。他對武帝説，如欲與神通，宫室被服須象神物。於是作甘泉宫，中爲臺，畫天地泰一諸神鬼，而置祭具以祭天神。歲餘，神不至。後以帛書喂牛腹中欺騙武帝，被看出破綻而受誅。丕誕：十分荒誕。 馳：與上文“騁”義同。 五利：膠東王宫人樂大，大言“黄金可成，河決可塞，不死之藥可得，仙人可致”，因當時黄河決口，武帝正在憂慮，故拜樂大爲“五利將軍”。後其術多不驗，因亦受誅。 刑：法，典範。此處指五利將軍所表現的種種法術。 庶：庶幾，差不多。 松：赤松子。傳説中的仙人。 喬：王子喬，周靈王太子晉，道士浮丘公接以上嵩山，後成仙。 時：時時。 游從：相從游息。 斯庭：指建章宫。 列仙：諸位神仙。 攸館：寓居之處。 寧：安居。

爾乃盛娱游之壯觀，奮大武乎上囿，因兹以威戎夸狄，燿威而講事。[1]命荆州使起鳥，詔梁野而驅獸，毛群内闐，飛羽上覆，接翼側足，集禁林而屯聚。[2]水衡虞人，理其營表，種别群分，部曲有署。[3]罘罔連紘，籠山絡野，列卒周帀，星羅雲布。[4]於是乘鑾輿，備法駕，帥群臣，披飛廉，入苑門。[5]遂繞酆鎬，歷上蘭，六師發胄，百獸駭殫，震震爚爚，雷奔電激，草木塗地，山淵反覆，蹂躪其十二三，乃拗怒而少息。[6]爾乃期門佽飛，列刃鑽鍭，要趹追蹤，鳥驚觸絲，獸駭值鋒，機不虛掎，弦不再控，矢無單殺，中必疊雙，飑飑紛紛，矰繳相纏，風毛雨血，灑野蔽天。[7]平原赤，勇士厲，猿狖失木，豺狼慴竄。[8]爾乃移師趨險，竝蹈潛穢，窮虎奔突，狂兕觸蹷。[9]許少施巧，秦成力折，掎僄狡，扼猛噬，脱角挫脰，徒搏獨殺。[10]挾師豹，拖熊螭，頓犀犛，曳豪羆，超迴壑，越峻崖，蹷巉巖，鉅石隤，松柏仆，叢林摧，草木無餘，禽獸殄夷。[11]於是天子乃登屬玉之館，歷長揚之榭，覽山川之體埶，觀三軍之殺獲，原野蕭條，目極四裔，禽相鎮厭，獸相枕藉。[12]然後收禽會衆，論功賜胙，陳輕騎以行炰，騰酒車而斟酌，割鮮野食，舉燧命爵。[13]饗賜畢，勞逸齊，大輅鳴鑾，容與裴回，集乎豫章之宇，臨乎昆明之池。[14]左牽牛而右織女，似雲漢之無崖，茂樹蔭蔚，芳草被堤，蘭茝發色，曄曄猗猗，若摛錦布繡，燭燿乎其陂。[15]玄鶴白鷺，黄鵠鵁鶄，鶬鴰鴇鶂，鳧鷖鴻鴈，朝發河海，夕宿江漢，沈浮往來，雲集霧散。[16]於是後宫乘輚路，登龍舟，張鳳蓋，建華旗，袪黼帷，鏡清流，靡微風，澹淡浮。[17]櫂女謳，鼓吹震，聲激越，謍厲天，鳥群翔，魚闚淵。[18]招白閒，下雙鵠，揄文竿，出比目。[19]撫鴻幢，御矰繳，方舟竝騖，俛仰極樂。[20]遂風舉雲搖，[21]浮遊普覽，[22]前乘秦領，[23]後越九嵕，[24]東薄河華，西涉岐雍，宮館所歷，百有餘區，行所朝夕，儲不改供。[25]禮上下而接山川，究休祐之所用，採遊童之歡謡，第從臣之嘉頌。[26]于斯之時，都都相望，邑邑相屬，國藉十世之基，家承百年之業，士食舊德之名氏，農服先疇之畎畝，商修族世之所鬻，工用高曾之規矩，粲乎隱隱，各得其所。[27]

[1]【李賢注】大武謂大陳武事也。月令"孟冬之月，天子乃命將帥講武（帥，紹興本、大德本、殿本作'帥'，是），習射御"也。【今注】盛娱游：使游樂場面達到最盛。　奮：振奮。上囿：指上林苑。　因兹：借此機會。　威戎：示威於西戎。戎，古代西方的少數民族。　夸狄：誇耀於狄。狄，古代北方的少數民族。　燿：炫耀。　威：王師的威懾之力。如王褒《四子講德論》説："威靈外覆。"　講事：演習軍事。《文選》卷一作"耀威靈而講武事"。

[2]【李賢注】荆州，江、湘之地，其俗習於捕鳥，故使起之。梁野，巴、漢之人，其俗習於逐獸，故使其人驅之。闐音田。聚音才諭反。【今注】荆州：古九州之一，周漢亦均置荆州。《漢書·地理志上》："正南曰荆州，其山曰衡，藪曰雲夢，川曰江、漢，寖曰潁、湛。"漢代因之。　起鳥：（向上林苑）驅鳥。　詔：命令。　梁野：梁州之野。梁州亦古九州之一。據《漢書·地理志上》，周朝將梁州合於雍州。"正西曰雍州"，即今陝西、甘肅、寧夏、青海之地。　毛群：獸類。　内闐（tián）：充滿苑囿。闐，

通“填”。　飛羽：鳥類。　接翼側足：指鳥獸很多。空中飛的鳥翅膀相接，地上的獸側足而立。

［3］【李賢注】《前書》曰：“上林苑屬水衡都尉。虞人，掌山澤之官。”《周禮》曰：“虞人萊所田之野爲表。”鄭司農曰：“表，所以識正行列也。”《續漢書》“將軍領軍皆有部，大將軍營五部，部校尉一人，部下有曲，曲有軍候一人”也。【今注】水衡：官名。即水衡都尉。管理上林苑中水流池澤。《漢書·百官公卿表上》：“水衡都尉掌上林苑，有五丞。”　虞人：官名。掌山林田獵。《禮記·檀弓下》鄭注：“虞人，掌山澤之官。”《孟子·滕文公下》趙岐注：“虞人，守園囿之吏也。”《周禮·大司馬》賈公彦疏：“虞人者，若田在澤，澤虞；若田在山，山虞。”　營表：大規模田獵時，虞人芟除野草而樹立標志，以便狩獵士卒行進。所立標志叫“營表”。　種別群分：參加狩獵者根據職守而分爲幾部分。　部曲：古代軍隊的編制單位。本書《百官志一》：“將軍領軍，皆有部曲。大將軍營五部，部校尉一人。部下有曲，曲有軍候一人。”　有署：各有專責。署，部署，職司。

［4］【李賢注】鄭玄注《禮記》曰：“獸罟曰罘。”音浮。紘，罘之綱。【今注】罘（fú）罔：捕禽獸的羅網。罔，通“網”。　連紘（hóng）：牽羅網的繩索相連。指所布羅網甚密。紘，罘網的綱（主繩）。　籠山絡野：罩住了整個山，交織纏繞了整個原野。　列卒：布列士卒。　周帀（zā）：周遍嚴密。帀，同“匝”。

［5］【李賢注】蔡雍《獨斷》曰（雍，紹興本、大德本、殿本作“邕”，是）：“天子至尊，不敢渫瀆言之，故託於乘輿。天子車駕有大駕、法駕、小駕。大駕則公卿奉引，備千乘萬騎。法駕，公不在鹵簿中（殿本‘公’後有‘卿’字），唯執金吾奉引，侍中驂乘。”飛廉，館名也，武帝所作。《前書音義》曰：“飛廉，神禽，能致風氣，身似鹿，頭如雀，有角而蛇尾，文如豹文。於館上作之，因以名焉。”【今注】乘鑾輿：代指天子。蔡邕《獨斷》卷上云：“天子至尊，不敢渫瀆言之，故託於乘輿。”據李善注，當

删“鑾”字。　法駕：皇帝車駕的一種，較大駕爲簡而較小駕爲排場。《三輔黄圖》卷六云：“法駕，公卿不在鹵簿中，河南尹、執金吾、洛陽令奉引，侍中參乘，奉車郎御，屬車三十六乘。”　披：開。　飛廉：一種能致風雨的神獸，身似鹿，頭如雀，有角而蛇尾。《三輔黄圖》卷五曰：“飛廉，神禽，能致而風氣者，身似鹿，頭如雀，有角而蛇尾，文如豹，武帝命以銅鑄置觀上，因以爲名。”

[6]【李賢注】酆，文王所都（大德本無“所”字），在鄠縣東。鎬，武王所都，在上林苑中。《三輔黄圖》云，上林苑有上蘭觀。《尚書》曰：“司馬掌邦政，統六師。”又曰：“百獸率舞。”駭殫，言驚懼也。震震爚爚，奔走之貌。爚音躍（爚，大德本誤作“瀹”）。塗，污也。反覆猶傾動也。車騎既多，視之眩亂，有似傾動。蹂，踐也，音汝九反。躪，轢也，音力刃反。拗猶抑也，音於六反（六，殿本作“少”）。言且抑六師之怒而少停也。【今注】酆（fēng）：古邑名。周文王所都，在今陝西西安市鄠邑區。　鎬：鎬京，周武王所都，在今陝西西安市西南。　歷：經過。　上蘭：觀名。在上林苑中。　六師：六軍。周制天子六軍，諸侯大國三軍。　發胄：奔馳。　震震：雷聲。　爚（yuè）爚：電光閃耀貌。　塗地：塗於地上。形容草被人馬踐踏後伏爛於地。　山淵反覆：山丘、湖泊都倒了個兒。形容天翻地覆。　蹂（róu）躪（lìn）：踐踏。　十二三：概數，指十分之二或十分之三。　拗（ào）怒：抑制憤怒。　少息：稍事休息。

[7]【李賢注】《前書》曰，武帝與北地良家子期於殿門，故號“期門”。又曰：“募佽飛射士”。《音義》：“佽飛，本秦左弋官也。武帝改爲佽飛官，有一令九丞，在上林中。紡矰繳，弋鳧鴈，歲萬頭，以供宗廟。”《蒼頡篇》曰：“攢，聚也。”“鑽”與“攢”通。《爾雅》曰：“金鏃翦羽謂之鍭（鏃，大德本誤作‘鍭’）。”音侯。《廣雅》曰：“趹，奔也。”音決。機，弩牙也。《説文》曰：“掎（大德本誤作‘倚’），偏引也。”音居綺反。颮颮紛紛，衆多也。《説文》曰：“颮，古飆字。”鄭玄注《周禮》曰：“結繳

於矢謂之矰。”矰，高也。【今注】期門：官名。掌出入護衛。《漢書》卷六五《東方朔傳》載，武帝建元三年（前138）始微行，“與侍中常侍、武騎及待詔隴西北地良家子能騎射者，期諸殿門，故有期門之號”。　佽（cì）飛：官名。少府屬官，主管弋射。原爲古代勇士之名，武帝取以代秦官左弋。　列刃：兵器陳列。　鑽（cuán）鍭（hóu）：箭頭聚集。鑽，與“攢”通。　要（yāo）趹（jué）：負責攔截野獸的武士。要，攔截。趹，通“赽”，疾奔。指疾奔的野獸。　觸絲：撞入羅網。　值鋒：碰到刀刃上。　機：弩機，一種用機械發射的弓。　掎（yǐ）：發射。　控：拉弓弦。　飑（biāo）飑紛紛：形容空中穿行的箭衆多。飑，古“飆”字。狂風。　矰（zēng）繳（zhuó）：繫有絲繩用以射鳥的短箭。矰，短箭。繳，生絲綫。　風毛雨血：飛禽的毛隨風在空中飄動，野獸的血像雨一樣飛濺。下句的“灑野”就血而言，“蔽天”就毛而言，兩句爲互文用法。　中（zhòng）必疊雙：每箭必然射穿兩個。中，射中。

［8］【李賢注】郭璞注《山海經》曰：“猨似猴而大（猨，大德本、殿本作‘猿’），臂長，便捷，色黑。”《蒼頡書》曰：“狖似狸。”音以救反。《淮南子》曰：“猨狖顛蹷而失木枝。”懾，懼也，音之葉反。竄，走也，協韻音七外反。【今注】赤：指鮮血浸染，使土地成赤色。　厲：振奮，志氣旺盛。　猿狖（yòu）：泛指猿猴。狖，殿本作“犹”。　懾竄：驚懼逃竄。

［9］【李賢注】潛，深也。穢謂榛蕪之林，虎兕之所居也。《爾雅》曰：“兕似牛。”郭璞曰：“一角，青色，重千斤。”《廣雅》曰：“蹷，跳也。”音居衛反。【今注】移師：轉移隊伍。　趨險：奔向高危險峻之處。　潛穢：指野獸潛藏在荒草中。穢，荒草，叢生的草。　窮虎：走投無路的虎。　奔突：狂奔亂撞。　狂兕：發狂的兕。兕，一種似牛的野獸。指獨角犀牛。　觸蹷（jué）：自己撞倒。

［10］【李賢注】許少、秦成，竝未詳。僄狡，獸之輕捷者。

《説文》曰："搤，捉也。"音厄。"搤"與"扼"通。噬，嚙也。挫，折也。脰，頸也。徒，空也。謂空手搏殺之也。《爾雅》曰："暴虎，徒搏也。"殺音所界反。【今注】許少：錢大昕《三史拾遺》卷二《漢書·古今人表》疑即許幼（或作"許男"），以輕捷聞名。　秦成：古代壯士。高步瀛曰："枚叔《七發》曰：'秦缺樓許爲右。'古人名字往往取相濟之義，豈秦成即秦缺耶？"　力折：以力制服。折，制。　掎（jǐ）僄（piào）狡：追趕輕捷凶猛的野獸，從後捉住其足。掎，拖住。僄，矯捷。狡，健壯。　扼：抓住要害部位（如咽喉、脖頸）。　猛噬：指要啃咬人的猛獸。　脱角挫脰（dòu）：在格鬬中把獸角打掉，把野獸的脖頸折斷。

［11］【李賢注】師，師子也。《説文》曰："拖，曳也。"音徒可反。杜預注《左傳》云："螭，山神，獸形。"郭璞注《山海經》曰："犀似牛而豬頭，黑色，有三角，一在頂上，一在額上，一在鼻上。犛牛，黑色，出西南徼外。"犛音力之反。《爾雅》曰："羆似熊而黄。"巉巖，山石高峻之貌也。殄，盡也。夷猶殺也。【今注】挾：夾持。　師：即獅子。古代寫作"師"。　螭（lí）：古代傳説中没有角的龍。李善注引歐陽喬《尚書説》："螭，猛獸也，敕離切。"《説文》"離"字下引歐陽喬説作"離，猛獸也"。歐陽喬蓋説今文之《坶誓》，而《史記》作"如豺如離"，則此處"螭"爲"離"之借。　頓：僕，倒。《説文》："僕，頓也。"　犛（máo）：髦牛。　曳：拖。　羆：即棕熊。皮毛棕褐色，能爬樹，游泳，力氣强大。　超：跨，越過。　迴壑：深溝。　靡：行急貌。　巉（zhǎn）巖：險峻的山巖。　鉅：通"巨"。　隤（tuí）：倒塌。　摧：毁壞。　殄（tiǎn）夷：滅盡。

［12］【李賢注】《前書》，宣帝幸萯陽宫屬玉觀。《音義》曰："屬玉，水鳥也，似鵁鶄，於觀上作之，因以名焉。"《三輔黄圖》曰："上林有長揚宫（揚，大德本、殿本作'楊'）。"鄭玄注《禮記》曰："土高曰臺，有木曰榭。"獲，協韵音胡卦反。《楚詞》曰："山蕭條而無獸。"【今注】屬（zhǔ）玉之館：即屬玉觀。

“屬玉”爲水鳥名，裝飾在觀上，因以名觀。 長揚：宫名。因其中有長楊樹而得名，在上林苑中。長楊榭在長楊宫中。揚，大德本、殿本作“楊”。 榭：臺上建的屋。 目極：盡目力望至極遠之處。 四裔：四方邊遠之地。 鎮壓：層層積壓。 枕藉（jiè）：互相枕、墊，積壓。藉，薦，墊。

［13］【李賢注】胙，餘肉也。《左傳》曰：“歸胙于公。”《詩·小雅》曰：“炰之燔之。”毛萇注曰：“以毛曰炰。”音步交反。《子虚賦》曰：“割鮮染輪。”孔安國注《尚書》曰：“鳥獸新殺曰鮮。”【今注】收禽：收集獵獲的禽獸。 會衆：集合狩獵的人衆。 論功賜胙（zuò）：按照功勞大小賜予祭肉。胙，祭祀過神靈的肉。 陳：陳列。 輕騎（jì）：輕裝快馬。 行炰（páo）：傳送烤肉。 騰：奔馳。 酒車：載酒之車。 斟酌：指給各車上供酒。此兩句寫在車騎行進過程中行酒食之事。 割鮮：切割鮮肉。 野食：野餐。 舉燧：高舉起燃燒的火把。 爵：商周時期禮儀中所用酒器，青銅製成，三足，有流，兩柱，形似雀。舉燧命爵，指舉起大火把作爲一起行酒的號令。

［14］【李賢注】大輅，玉輅也。《周禮》曰：“凡馭輅儀以鑾和爲節。”鄭玄注曰：“鑾在衡（鑾，大德本、殿本作‘鸞’），和在軾，皆金鈴也。”《三輔黄圖》曰：“上林苑有豫章觀。”【今注】饗（xiǎng）賜：賜賞，犒賞。 勞逸齊：田獵與游息都很盡興。齊，均等。《左傳》哀公元年“勤恤其民而與之勞逸”。 大輅：天子之車。 鸞：通“鑾”。安在車的軛首或車衡上的銅鈴。也有挂在馬鑣（馬嚼子）上者，左右各一，一馬兩鑾。 容與：安閑自得的樣子。 豫章之宇：在豫章觀屋檐下，如同説“豫章觀中”。豫章，觀名。在上林苑中。宇，檐。 昆明之池：西漢武帝元狩三年（前120）以謫吏掘池，仿昆明滇池，故名。元鼎元年（前116）進行擴建。在長安西南，周回四十里，三百三十二頃。故址在今陝西西安市長安區西灃水與潏水之間。即斗門鎮東南洼地。

［15］【李賢注】《漢宮閣疏》曰："昆明池有二石人，牽牛、織女之象也。"雲漢，天河也。郭璞注《爾雅》云："茝，香草。"音昌改反。曄曄猗猗，美茂之貌。《説文》曰："摛，舒也。"【今注】左牽牛而右織女：昆明池中兩個石人。李善引《漢宮闕疏》云："昆明池有二石人，牽牛織女象。"《三輔黄圖》引《關輔古語》："昆明池中有二石人，立牽牛、織女於池之東西，以象天河。"　雲漢：天漢，天河。　蔭蔚：草木濃密茂盛。　被堤：覆蓋了堤岸。　蘭茝（chǎi）：蘭草、白芷。都是香草。　發色：色澤鮮艷。　曄（yè）曄：光彩耀眼。形容花葉的顔色照眼。《説文》："曄，光也。"《廣雅·釋詁四》："曄，明也。"則本爲形容光彩之詞。　猗（yī）猗：隨風摇曳的樣子。　摛（chī）：舒展。　錦：用彩色經緯絲織出各種花紋圖案的絲織品。　布：散布，鋪開。與"摛"字含義相近。　繡：在綢緞上繡花紋圖案。也指繡有花紋圖案的綢緞。　燭燿：照耀。　陂（bēi）：池畔，堤岸。

［16］【李賢注】郭璞注《爾雅》云："鵁似鳧，脚近尾，略不能地行，江東謂之魚鵁。"音火交反。《説文》曰："鸛，鸛雀也。"《爾雅》曰："鶬，麋鴰。"音括。郭璞注曰："即鶬鴰也，今關西呼爲鴰鹿。"鴇似鴈而大，無指（指，殿本作"趾"）。音保。鶂，水鳥也。莊子曰："白鶂之相視（鶂，大德本、殿本作"鵙"），眸子不運而風化。"李巡注《爾雅》曰："在野曰鳧，在家曰鶩。"竝鴨也。鄭玄注《詩》云："鷖，鳧屬也。"音一兮反。周處《風土記》曰："鷖，鷖鷗也，以名自呼（名，大德本作'各'），大如雞，生卵於荷葉上。"毛萇注《詩》云："大曰鴻，小曰鴈。"【今注】玄鶴：鳥名。黑鶴。一種極珍貴罕見的鶴。　黄鵠（hú）：鳥名。天鵝。　鵁（jiāo）：傳説中的鳥名。《山海經·北山經》："有鳥焉，群居而朋飛，其毛如雌雉，名曰鵁。"　鸛（guàn）：水鳥名。羽毛灰白，嘴長而直，捕食魚蝦。　鶬（cāng）鴰（guā）：鳥名。大如鶴，多爲青蒼色，亦有灰色者。　鴇（bǎo）：鳥名。似雁而大，頭小頸長，無後趾，善走而不善飛。

鶂（yì）：又作“鷁”。形如鸕鷀而大，羽毛蒼白色，善高飛。　鳧（fú）：野鴨。　鷖（yī）：即鷗，蒼黑色，似鶬鶊而小，常隨潮汐往來，群飛，稱信鳧。　鴻鴈：即大雁。　發：出發，起飛。　沈：同“沉”。　雲集霧散：形容鳥群飛時多的樣子。

［17］【李賢注】《埤蒼》曰：“輚，卧車也。”音仕板反。《淮南子》曰：“龍舟鷁首，浮吹以虞（吹，大德本、殿本作‘次’）。”桓譚《新論》曰：“乘車，玉爪（爪，紹興本、大德本、殿本作‘瓜’，是）、華芝及鳳皇三蓋（皇，殿本作‘凰’）。”《上林賦》曰：“乘法駕，建華旗。”高誘注《淮南子》曰：“袪，舉也。”澹，隨風之貌也。澹音徒濫反（徒，大德本、殿本作“走”）。淡音徒敢反。【今注】後宫：此處代指天子的嬪妃。　輚（zhàn）路：天子的卧車，由人拉，有車帷。李善引《埤蒼》：“輚，卧車也。”路，通“輅”。　龍舟：龍形船。　張：撑起。　鳳蓋：以鳳凰爲圖案的車蓋。　建：樹起。　華旗：有各種圖案色彩的旗幟。　袪（qū）：舉起，撩起。《吕氏春秋·達鬱》：“特會朝雨，袪步堂下。”注：“袪步，舉衣而步也。”　黼（fǔ）帷：上面綉有黑白相間花紋的車帷或船帷。　鏡：此處用爲動詞，照。《墨子·非攻》：“君子不鏡於水而鏡於人，則知吉凶。”指撩起車帷，從水中看自己的影子。　靡（mǐ）：隨着，順着。　澹淡：水面摇蕩的樣子。

［18］【李賢注】櫂，楫也。謳，歌也。震，協韻音真。謍，聲也，音火宏反。【今注】櫂（zhào）女：船女。櫂，同“棹”，划船撥水的工具。短的叫楫，長的叫棹。　謳（ōu）：歌唱。　鼓吹：此指鼓吹音樂之聲。漢代有鼓吹樂，主要用鼓、鉦、蕭、笳。本爲軍中之樂，其中《朱路》等十八曲列於殿庭，用於宴會群臣及上食。大駕出游用短簫鐃歌，軍中行部用横吹。統稱鼓吹。　謍（yíng）厲天：衆人之小聲而厲天，可見人之多，場面之大。謍，小聲。厲，涌起。　魚闚淵：言魚潛藏起來。

［19］【李賢注】招猶舉也。弩有黄閒之名，此言白閒，蓋弓

弩之屬。本或作“白鷳”，謂鳥也。《西京雜記》曰：“越王獻高帝白鷳、黑鷳各一雙。”《説文》曰：“揄，引也。”音投。文竿，以翠羽爲文飾也（大德本、殿本無“以”字）。闞子曰：“魯人有好釣者，以桂爲餌，鍛黄金之鉤（鉤，大德本、殿本作‘鈎’），錯以銀碧，垂翡翠之綸。”《爾雅》曰：“東方有比目魚，不比不行。”【今注】招：舉。　白閒：弓弩名。《證類本草》引《圖經》，江南有一種鳥，色白而背有細黑文，名曰白鷳。亦堪畜養，彼人食其肉，亦雉之類。　下：用爲動詞，射落。　揄（yú）：揮動。即“揄袂”之“揄”。　文竿：飾以花紋的釣竿。　比目：魚名。比目魚。《爾雅·釋地》：“東方有比目魚焉，不比不行，其名謂之鰈。”郭璞注：“鰈，狀似牛脾，鱗細，紫黑色，一眼，兩片相合乃得行。今水中所在有之。江東又呼爲王餘魚。”

［20］【李賢注】《廣雅》曰：“幢謂之幬。”幢音直江反，即舟中之幢蓋也。本或作“罿”。罿，鳥網也，音衝。矰，弋矢也。繳，以繫箭也。方舟，竝兩舟也。【今注】撫：按、持。　鴻幢（tóng）：大的帷幔。鴻，大。幢，掛在船、車上的帷幔。　御：掌握。　矰（zēng）繳（zhuó）：絹絲做成的弓弦。　方舟：兩船相並。　鶩：奔馳。　俛仰：前俯後仰。形容船行進中人們快樂的樣子。或者俯謂釣，仰謂射，即“俯而釣，仰而射”。

［21］【今注】風舉雲摇：風起雲飛。舉，起。摇，與“舉”意思相近，起來。《廣雅·釋詁》：“摇，上也。”《管子·君臣》“夫水波而上，盡其摇而復下”，《楚辭·九章·抽思》“願摇起而横奔兮”，《漢書·禮樂志》“將摇舉，誰與期”，“摇”均爲“起來”的含義。此句寫天氣變化，藉以烘托氣氛。

［22］【今注】普：同“溥”。遍觀。

［23］【今注】乘：登，升。　秦領：秦嶺。在今陝西中南部、渭河與漢江之間的山地，東以灞河與丹江河谷爲界，西止於嘉陵江。又因位於關中以南，又名南山，終南山。領，通“嶺”。

［24］【李賢注】協韻音綜。

［25］【李賢注】薄，迫也。岐，山；雍，縣。在扶風。儲，積也。供，協韻音九用反。【今注】河：黄河。　華：華山，即上文所謂“太華”。　涉：到達。　岐：岐山。在今陕西岐山縣東北。　雍：雍水。發源於今陕西鳳翔縣雍山東南，東南流經岐山縣西爲漳水，東經扶風、武功入渭水。　宫館所歷：所歷之宫館。　區：所，處。　行所：即行在、行在所，指天子所至之處。此二句李周翰注云：“言此中宫館百有餘所，朝夕行止，不改易其儲蓄供具也。”是説各宫館都有一整套完善的設施和充裕的物質儲備，不需臨時從另外的地方調用。　改：改變。　供：供具，此處指器具和酒食之類。

［26］【李賢注】上下謂天地也。接亦祭也。究，盡也。用謂犧牲玉帛之物也（玉，紹興本作“王”）。列子曰：“堯理天下五十年，不知天下理歟？亂歟？堯乃微服遊於康衢，聞兒童謡曰：‘立我蒸人，莫匪爾極，不識不知，順帝之則（則，大德本作“側”，二字可通）。’”言今同於堯也。《前書》曰：“宣帝頗好神仙（仙，紹興本誤作‘伯’），王褒、張子僑等竝待詔，所幸宫館，輒爲歌頌，第其高下，以差賜帛焉。”【今注】禮上下：祭祀天地。　接山川：祭祀山川之神。　究休佑之所用：儘量祈求所需的各種福祐。究，窮盡。休，美。　第：次第。此用爲動詞，排出順序。　從臣：隨從的臣子。指文學侍從等。　嘉頌：美好的頌詞。

［27］【李賢注】十代、百年，竝舉全數也。《易》曰：“食舊德，貞厲終吉。”《穀梁傳》曰：“古者有士人、商人、農人、工人。”《淮南子》曰“古者至德之時，賈便其肆，農安其業，大夫安其職，而處士修其道”也。【今注】相望：一個連着一個。都都相望，指一個城市可望見另一個。　相屬（zhǔ）：連接。　國：分封的諸侯之國。　藉（jiè）：憑藉，依靠。大德本、殿本作“籍”。　十世之基：延續了十代的基業。十世，指自漢高祖、吕后至漢成帝的西漢世系。　家：卿大夫的采地食邑。　舊德：先代的功德。

名氏：名位，名號。西漢文帝時居官者或長子長孫以官爲氏，如倉氏、庫氏即倉庫吏之後。　服：從事。　先疇：祖先遺留的田地。　畎畝：田地，田間。田中高處叫“畝”，田地中間的溝叫“畎”。畎，殿本作“畝”。　修：依照，遵循。　族世：世代家族。　所鬻：所賣貨物。　高曾：高祖、曾祖。　規：畫圓的工具。　矩：畫方的工具。以上六句指天下承平，官則世守其職，民則世習其業。　粲乎：鮮明。指分職明顯。　隱隱：盛貌。指各職各業都很興盛。

若臣者，[1]徒觀迹乎舊墟，[2]聞之乎故老，[3]什分而未得其一端，故不能徧舉也。

［1］【今注】臣：西都賓自稱。

［2］【今注】舊墟：舊迹，指西都長安。

［3］【今注】故老：年老多閱歷的人，多指舊臣。